はじめに

　本書は、ドイツ語の単語を効果的に覚えられるように、単語を関連したイラストとともに収録したイラスト単語集です。ドイツ語検定試験の過去問題を分析し、3・4級だけでなく、2級にも対応した範囲の単語を扱っています。

　ただ単語とその訳を並べてみるだけでなく、イラストを参照することによって直感的な理解を深めることができます。それぞれの単語は「人と家」や「食事」、「社会」といった分野別にわけられており、場面毎に頻出するものを、関連するイラストとともにわかりやすくまとめてあります。本書では、朝倉亜美氏が素敵なイラストを付けてくださいました。

　語学を料理にたとえるならば、単語は材料、用法は料理のレシピにあたります。材料がなければ料理はできないし、レシピがなければおいしい料理は作れません。本書は単語集ですが、簡単な「レシピ」として、できる限り例文・成句をつけ、単語の使い方を示しています。豊富な例文は、実際にドイツ語で書く・話すなどの語学能力アップに役立つことでしょう。

　見出し語には発音をカタカナで付けました。実際の発音に近いものを採用していますが、あくまでも補助的なものとしてお使いください。ドイツ語では用法によって発音が変化する単語もありますので、複雑な格変化をする単語に関しては、辞書で確認するようにしましょう。また、名詞には性を、男性形、女性形、中性形それぞれに $m.$、$f.$、$n.$ で表示してあります。

　各章末には、「まとめの問題」をつけました。クロスワード形式なので、楽しみながら単語の綴りを確認することができます。

　巻末には索引を付けました。2000語以上の見出し語を収録しており、名詞には性と複数形を示しました。試験前のチェックなどに活用していただければと思います。

　本書が、ドイツ語の学習を楽しみながら深めていくための手助けとなれば幸いです。

Wolfgang Schlecht
木川弘美

本書の見方

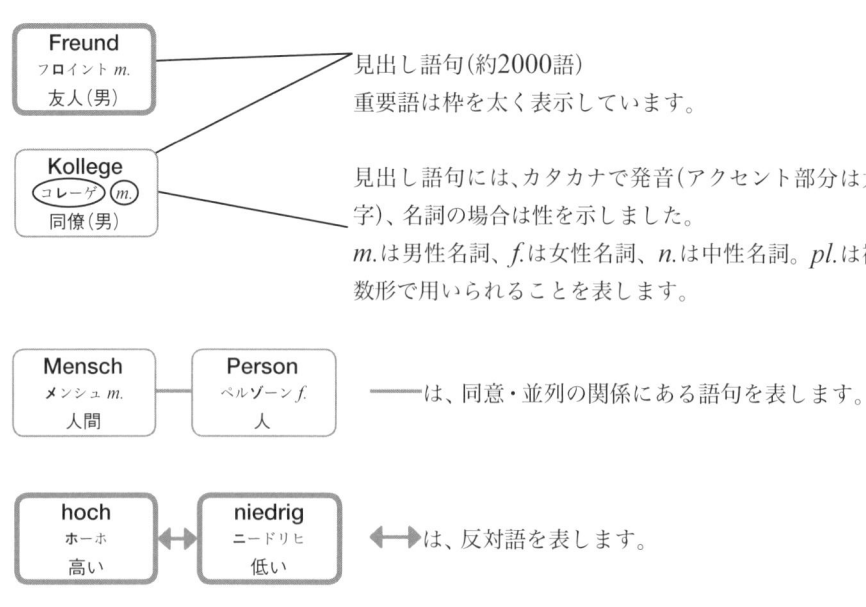

見出し語句(約2000語)
重要語は枠を太く表示しています。

見出し語句には、カタカナで発音(アクセント部分は太字)、名詞の場合は性を示しました。
*m.*は男性名詞、*f.*は女性名詞、*n.*は中性名詞。*pl.*は複数形で用いられることを表します。

―は、同意・並列の関係にある語句を表します。

⇔は、反対語を表します。

<←→は、対の関係にある語句を表します(11章で使用)。

▶Ich bin 22 Jahre alt.
私は22歳です。

▶は、関連語句、例文を表します。

網掛けされている語句は、まとめて覚えておくと便利な関連語リストです。

名詞の複数形について
　本書では、覚えておきたい名詞の複数形と性をまとめて索引にも掲載しています。
・**Abend** *m.* / -e ················· 117, 187
　複数形が本文中にも出てくる場合は、単数形を次のように入れています。
・**Eier** *pl.* (→ **Ei**) ················· 85

目　次

本書の見方 ……………………………………………………………………………… 4

第1章　人と家

1　自己紹介 ………………………………………………………………… 10
2　家族、親戚 ……………………………………………………………… 12
3　人生 ……………………………………………………………………… 14
4　人間関係 ………………………………………………………………… 16
5　住まい …………………………………………………………………… 18
6　部屋の中 ………………………………………………………………… 20
7　台所 ……………………………………………………………………… 22
8　浴室 ……………………………………………………………………… 24
9　住まいと環境 …………………………………………………………… 26
　　クロスワードパズル ① ……………………………………………… 28

第2章　仕事

1　職業と職業訓練 ………………………………………………………… 30
2　仕事場 ①（オフィス）………………………………………………… 32
3　仕事場 ②（工場）……………………………………………………… 34
4　会社 ……………………………………………………………………… 36
5　コンピュータ・デジタル機器 ………………………………………… 38
6　仕事探し ………………………………………………………………… 40
7　よく使うビジネス用語 ………………………………………………… 42
　　クロスワードパズル ② ……………………………………………… 44

第3章　休暇・旅行・娯楽

1　休暇 ……………………………………………………………………… 46
2　休暇の過ごし方 ………………………………………………………… 48
3　旅行 ① ………………………………………………………………… 50
4　旅行 ②（宿泊）………………………………………………………… 52
5　余暇と趣味 ……………………………………………………………… 54

	6	スポーツ・試合	56
	7	音楽	58
	8	来客	60
	9	祭り	62
		クロスワードパズル ③	64

第4章　学校

	1	学校制度	66
	2	教室の中 ①	68
	3	教室の中 ②	70
	4	学生生活 ①	72
	5	学生生活 ②	74
	6	科目	76
	7	試験と成績	78
		クロスワードパズル ④	80

第5章　買い物

	1	店	82
	2	スーパーマーケットで	84
	3	デパートで	86
	4	八百屋で	88
	5	パン屋と肉屋	90
	6	文房具店と書店	92
	7	衣類、アクセサリー、雑貨	94
	8	単位と値段	96
		クロスワードパズル ⑤	98

第6章　食事

	1	朝食	100
	2	食事と食事をする場所	102
	3	レストラン、メニュー ①	104
	4	レストラン、メニュー ②	106

5	カフェで	108
6	料理	110
7	食卓	112
	クロスワードパズル ⑥	114

第7章　日常の暮らし

1	日々の生活　朝～夕方	116
2	郵便局で	118
3	銀行で	120
4	警察で	122
5	電話で	124
6	公共交通機関	126
7	自動車・飛行機・船 ①	128
8	自動車・飛行機・船 ②	130
9	掲示・標識	132
	クロスワードパズル ⑦	134

第8章　健康と体

1	体の部位	136
2	病院と医者	138
3	治療と薬	140
4	体の状態	142
5	感情・知覚	144
	クロスワードパズル ⑧	146

第9章　社会

1	国名・民族	148
2	国際関係・時事	150
3	政治と政治機構	152
4	役所	154
5	法律に関わること	156
6	経済と財政	158

	7	歴史	160
	8	宗教	162
		クロスワードパズル ⑨	164

第10章　町と田舎

	1	都市、都会、町	166
	2	町の中にあるもの	168
	3	歩行者、道を尋ねる	170
	4	農村地帯、田舎	172
	5	地理、風景	174
	6	エネルギーと環境	176
	7	天文、気象	178
		クロスワードパズル ⑩	180

第11章　表現することば

	1	日時 ①	182
	2	日時 ②	184
	3	日時 ③	186
	4	場所、程度、頻度 ①	188
	5	場所、程度、頻度 ②	190
	6	前置詞 ①	192
	7	前置詞 ②	194
	8	形容詞 ①	196
	9	形容詞 ②	198
	10	動物	200
	11	植物、無機物	202
	12	抽象名詞	204
		クロスワードパズル ⑪	206

索引　　207

第1章
人と家

1-1 自己紹介

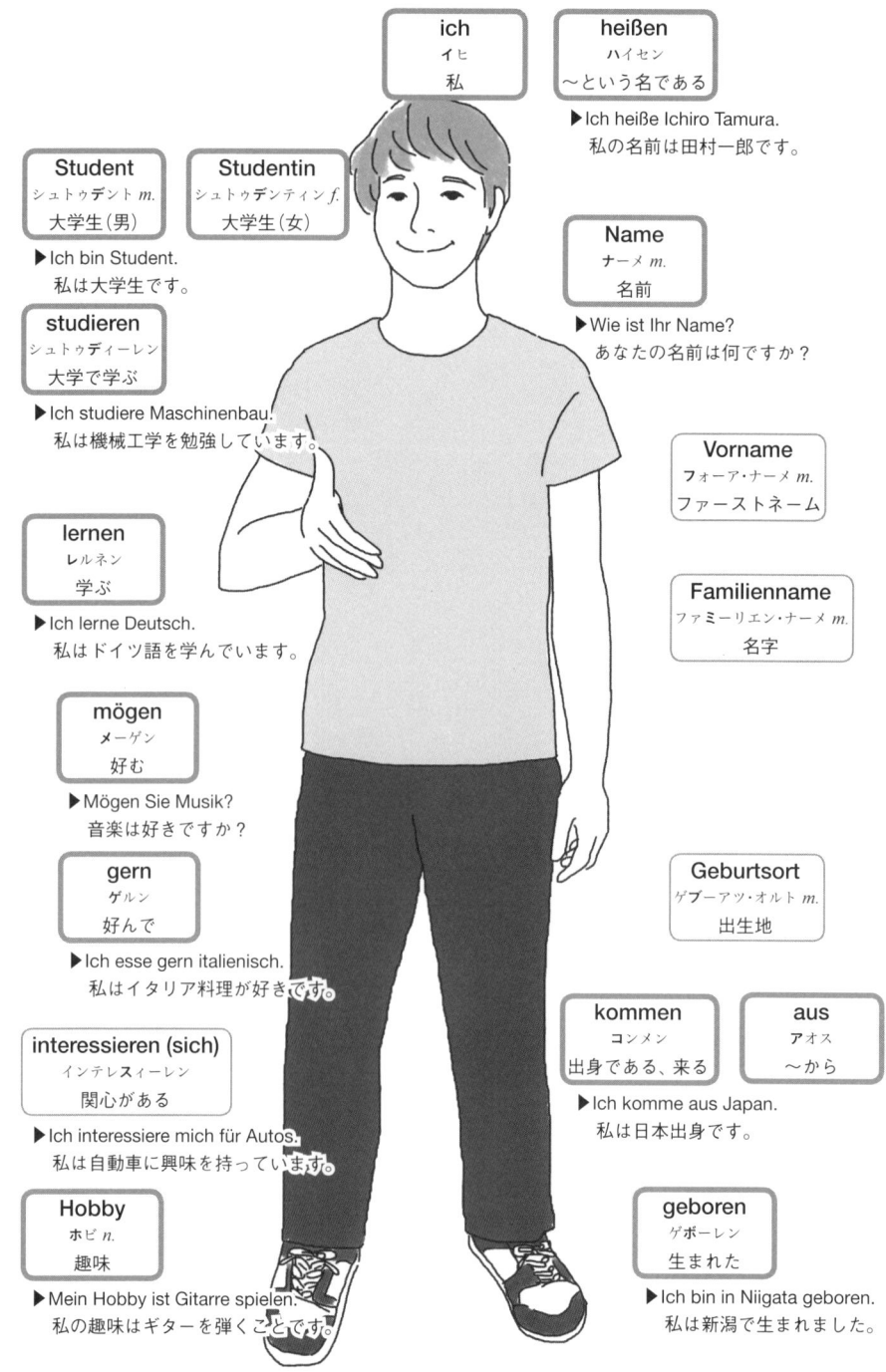

Jahr
ヤール n.
年

alt
アルト
～歳の、古い

Alter
アルター n.
年齢

▶ Ich bin 22 Jahre alt.
私は22歳です。

Geburt
ゲブーアト f.
誕生

Geburtsdatum
ゲブーアツ・ダートゥム n.
生年月日

Geburtstag
ゲブーアツ・ターク m.
誕生日

▶ Ich habe am 25. Mai Geburtstag.
私の誕生日は5月25日です。

wohnen
ヴォーネン
住んでいる

leben
レーベン
暮らす、生きている

▶ Ich wohne in Tokyo.
私は東京に住んでいます。

▶ Meine Eltern leben in Nagoya.
私の両親は名古屋に住んでいます。

Adresse
アドレッセ f.
住所

Arbeit
アルバイト f.
仕事

Beruf
ベルーフ m.
職業

▶ Wie ist Ihre Adresse?
あなたの住所はどこですか？

Wohnort
ヴォーン・オルト m.
居住地

Arbeitsplatz
アルバイツ・プラッツ m.
職場

eigen
アイゲン
自分自身の

arbeiten
アルバイテン
働く

▶ Ich habe ein eigenes Zimmer.
自分の部屋があります。

▶ Was arbeiten Sie?
お仕事は何ですか？

unser
ウンザー
私たちの

mein
マイン
私の

persönlich
ペルゼーンリヒ
個人的な

kennen
ケンネン
知っている

▶ Unser Lehrer kommt aus Deutschland.
私たちの先生はドイツ出身です。

▶ Ich kenne ihn persönlich.
彼のことを個人的に知っています。

1-2 家族、親族

Großeltern
グロース・エルターン *pl.*
祖父母

Familie
ファミーリエ *f.*
家族

▶ Wo lebt Ihre Familie?
あなたの家族はどこに住んでいますか?

Großvater
グロース・ファーター *m.*
祖父

Großmutter
グロース・ムッター *f.*
祖母

▶ Meine Großmutter ist achtzig.
私の祖母は80歳です。

Eltern
エルターン *pl.*
両親

▶ Meine Eltern wohnen in Osaka.
私の両親は大阪に住んでいます。

Vater
ファーター *m.*
父

Mutter
ムッター *f.*
母

Opa
オーパ *m*
おじいちゃん

Oma
オーマ *f.*
おばあちゃん

Hund
フント *m.*
犬

Vogel
フォーゲル *m.*
鳥

Kind
キント *n.*
子ども

▶ Haben Sie Kinder?
お子さんはいらっしゃいますか?

Junge
ユンゲ *m.*
男の子

Mädchen
メートヒェン *n.*
女の子

Sohn
ゾーン *m.*
息子

Tochter
トホター *f.*
娘

▶ Wir haben einen Sohn und eine Tochter.
息子が1人、娘が1人います。

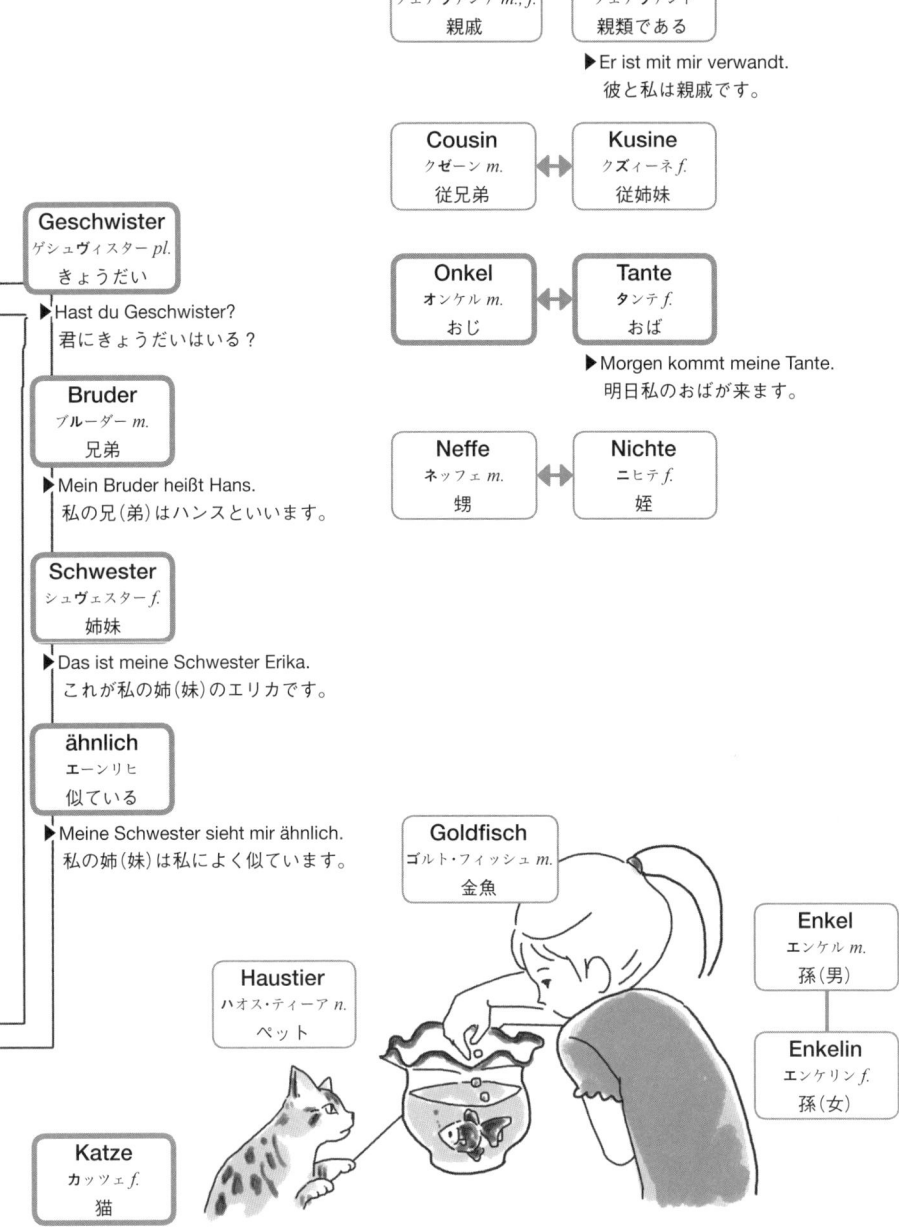

1-3 人生

Leben レーベン n. 生活、生命

leben レーベン 生きる
- in der Stadt leben 都会で暮らす
- auf dem Land leben 田舎で暮らす

sterben シュテルベン 死ぬ
- Mozart ist 1791 gestorben. モーツァルトは1791年に亡くなりました。

tot トート 死んでいる
- Mein Großvater ist schon lange tot. 私の祖父は随分前に亡くなっています。

Tod トート m. 死

Hochzeit ホホ・ツァイト f. 結婚式

verwitwet フェアヴィトヴェット 配偶者と死別した

heiraten ハイラーテン 結婚する

Heirat ハイラート f. 結婚
- Martin und Klara heiraten bald. マーティンとクララはもうじき結婚する。

Freund フロイント m. 友人（男）

Freundin フロインディン f. 友人（女）

Jugendliche ユーゲントリヒェ m., f. 青少年

Jugend ユーゲント f. 青少年期、若者
- die Jugend von heute 今時の若者

Kind キント n. 子ども

Kindheit キントハイト f. 幼年期
- in meiner Kindheit 私が子どもの時に

jung ユング 若い
- Sie ist noch jung. 彼女はまだ若い。

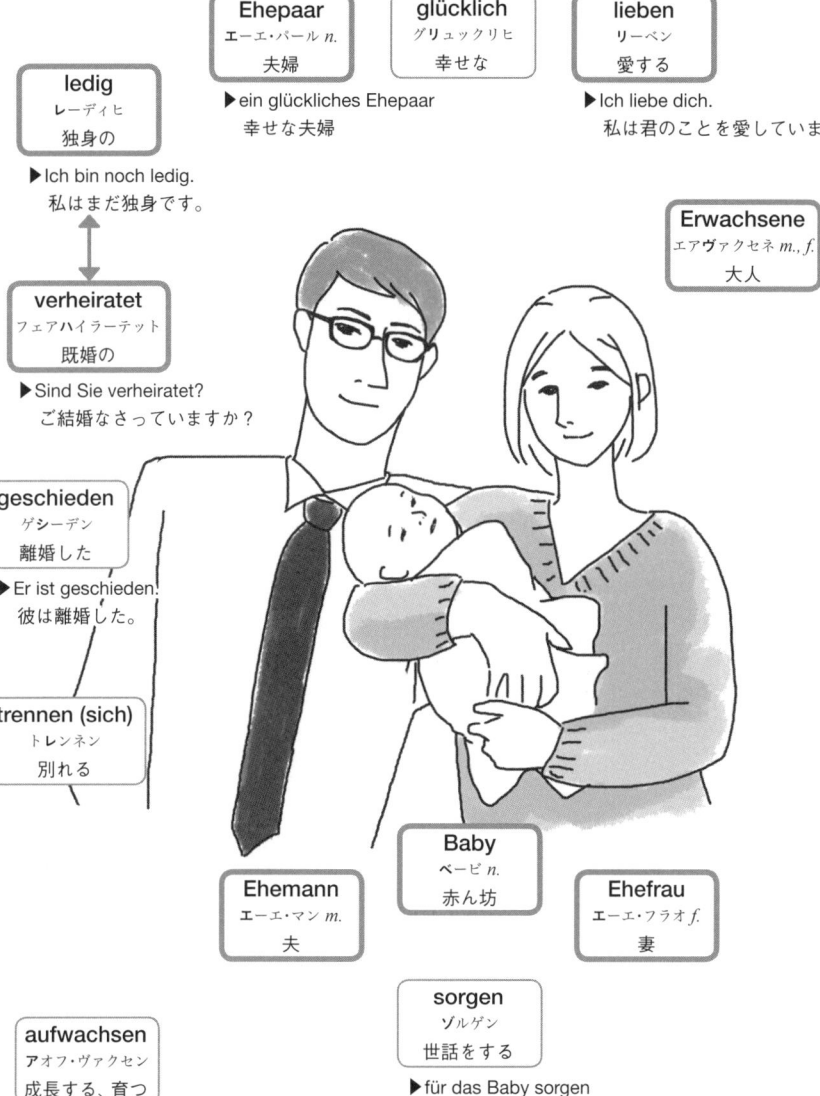

Ehe エーエ *f.* 結婚（生活）

Liebe リーベ *f.* 愛、恋

Ehepaar エーエ・パール *n.* 夫婦
▶ ein glückliches Ehepaar
幸せな夫婦

glücklich グリュックリヒ 幸せな

lieben リーベン 愛する
▶ Ich liebe dich.
私は君のことを愛しています。

ledig レーディヒ 独身の
▶ Ich bin noch ledig.
私はまだ独身です。

verheiratet フェアハイラーテット 既婚の
▶ Sind Sie verheiratet?
ご結婚なさっていますか？

Erwachsene エアヴァクセネ *m., f.* 大人

geschieden ゲシーデン 離婚した
▶ Er ist geschieden.
彼は離婚した。

trennen (sich) トレンネン 別れる

Ehemann エーエ・マン *m.* 夫

Baby ベービ *n.* 赤ん坊

Ehefrau エーエ・フラオ *f.* 妻

aufwachsen アオフ・ヴァクセン 成長する、育つ
▶ Ich bin in Kyushu aufgewachsen.
私は九州で育ちました。

sorgen ゾルゲン 世話をする
▶ für das Baby sorgen
赤ん坊の面倒をみる

1-4 人間関係

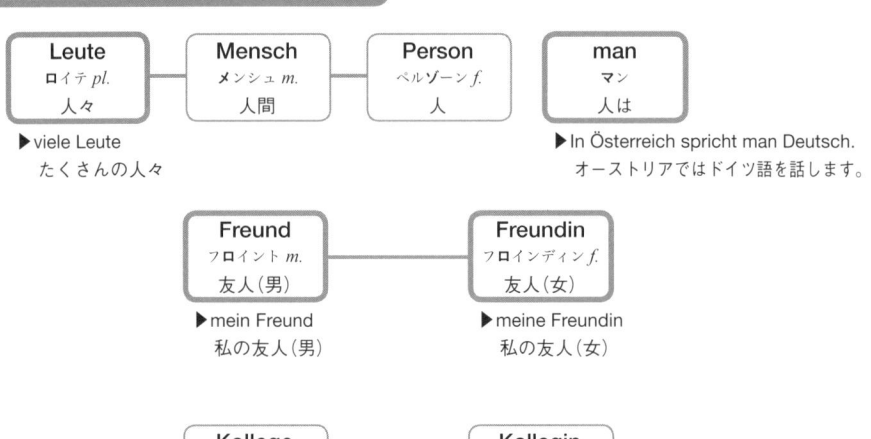

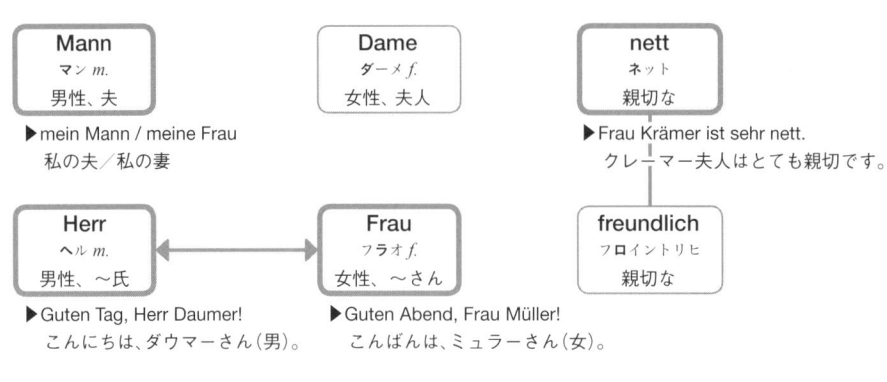

jemand
イェーマント
誰か、ある人
▶ Ist hier jemand?
そこに誰かいますか？

niemand
ニーマント
誰も～ない

Nachbar
ナハバール m.
隣人
▶ Er ist mein Nachbar.
彼は私の隣人です。

Bekannte
ベカンテ m., f.
知り合い
▶ Er ist ein Bekannter von mir.
彼は私の知り合いです。

kennen
ケンネン
知っている
▶ Wir kennen uns schon lange.
私たちはずいぶん前からお互いを知っています。

kennenlernen
ケンネン・レルネン
知り合う
▶ Wo hast du ihn kennengelernt?
彼とはどこで知り合ったの？

treffen
トレッフェン
会う
▶ Ich treffe heute Petra.
私は今日ペトラに会います。

sehen
ゼーエン
見る、見える、会う
▶ Siehst du ihn heute?
君は今日彼に会うの？

begegnen
ベゲーグネン
出会う

wiedersehen
ヴィーダー・ゼーエン
再会する

Wiedersehen
ヴィーダー・ゼーエン n.
再会
▶ Auf Wiedersehen!
さようなら！

1-5 住まい

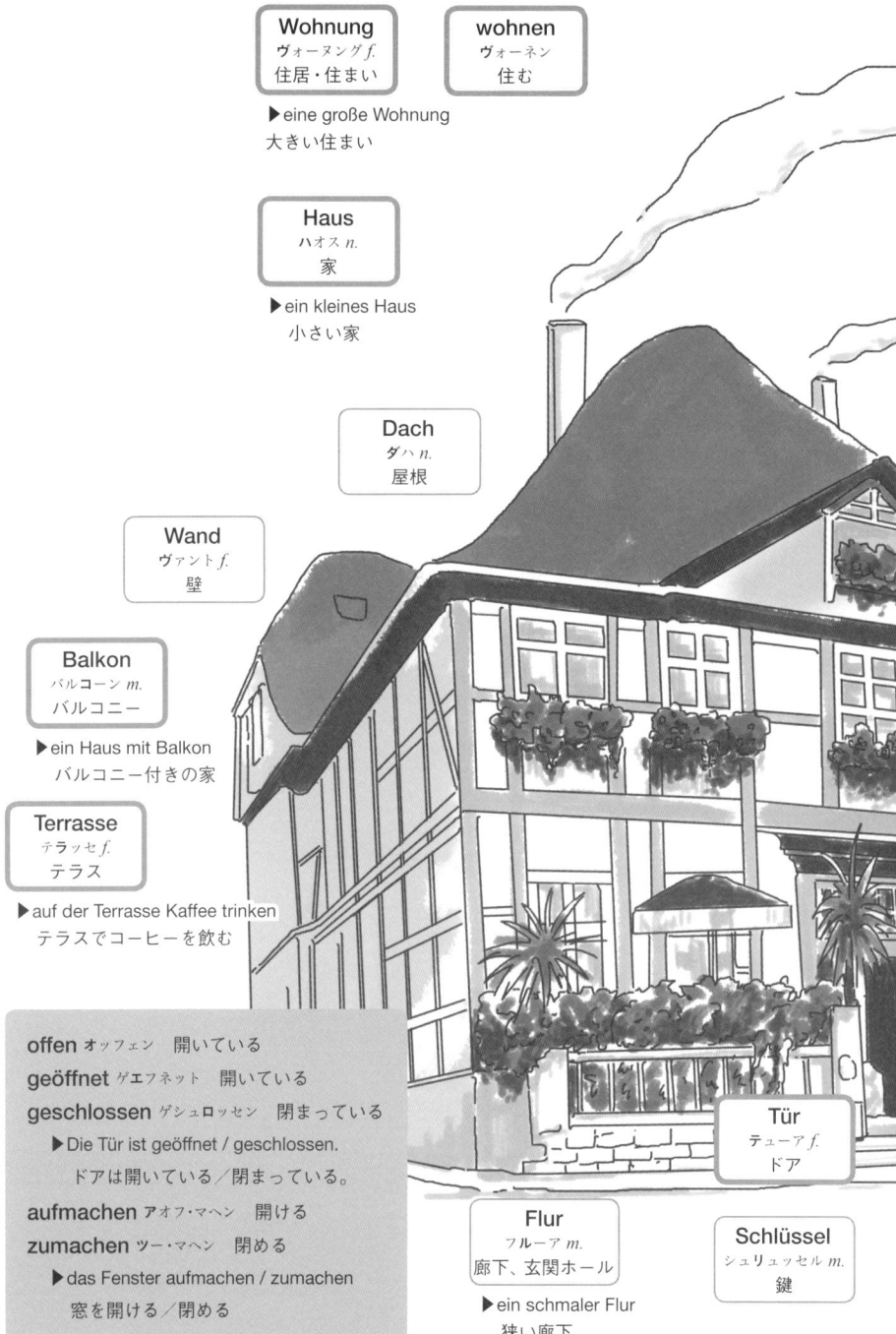

Wohnung ヴォーヌング f. 住居・住まい
▶ eine große Wohnung 大きい住まい

wohnen ヴォーネン 住む

Haus ハオス n. 家
▶ ein kleines Haus 小さい家

Dach ダハ n. 屋根

Wand ヴァント f. 壁

Balkon バルコーン m. バルコニー
▶ ein Haus mit Balkon バルコニー付きの家

Terrasse テラッセ f. テラス
▶ auf der Terrasse Kaffee trinken テラスでコーヒーを飲む

offen オッフェン 開いている
geöffnet ゲエフネット 開いている
geschlossen ゲシュロッセン 閉まっている
▶ Die Tür ist geöffnet / geschlossen. ドアは開いている／閉まっている。
aufmachen アオフ・マヘン 開ける
zumachen ツー・マヘン 閉める
▶ das Fenster aufmachen / zumachen 窓を開ける／閉める

Tür テューア f. ドア

Flur フルーア m. 廊下、玄関ホール
▶ ein schmaler Flur 狭い廊下

Schlüssel シュリュッセル m. 鍵

Wohnzimmer ヴォーン・ツィマー *n.* 居間

Kinderzimmer キンダー・ツィマー *n.* 子ども部屋
▶ ein helles Kinderzimmer
明るい子ども部屋

Esszimmer エス・ツィマー *n.* ダイニングルーム

Schlafzimmer シュラーフ・ツィマー *n.* 寝室

Arbeitszimmer アルバイツ・ツィマー *n.* 仕事部屋、書斎

Zimmer ツィンマー *n.* 部屋
▶ Unsere Wohnung hat drei Zimmer.
私たちの住まいは3部屋あります。

▶ Unser Schlafzimmer ist im Erdgeschoss.
私たちの寝室は1階にあります。

Gästezimmer ゲステ・ツィマー *n.* 客間

Garage ガラージェ *f.* 車庫

Badezimmer バーデ・ツィマー *n.* 浴室

Keller ケラー *m.* 地下室

Toilette トアレッテ *f.* トイレ
▶ Wo ist die Toilette?
トイレはどこですか？

Fenster フェンスター *n.* 窓

Garten ガルテン *m.* 庭
▶ Wir haben einen kleinen Garten.
私たちのところには小さい庭があります。

Erdgeschoss エーアト・ゲショス *n.* 1階

Stock シュトック *m.* 階
▶ Ich wohne im ersten Stock.
私は2階に住んでいます。

hell ヘル 明るい
dunkel ドゥンケル 暗い
groß グロース 大きい
klein クライン 小さい
eng エング 狭い
schmal シュマール 細い
hoch ホーホ 高い
niedrig ニードリヒ 低い
neu ノイ 新しい
alt アルト 古い

Treppe トレッペ *f.* 階段

hinaufsteigen ヒナオフ・シュタイゲン 昇る
▶ die Treppe hinaufsteigen
階段を昇る
hinuntersteigen ヒヌンター・シュタイゲン 降りる

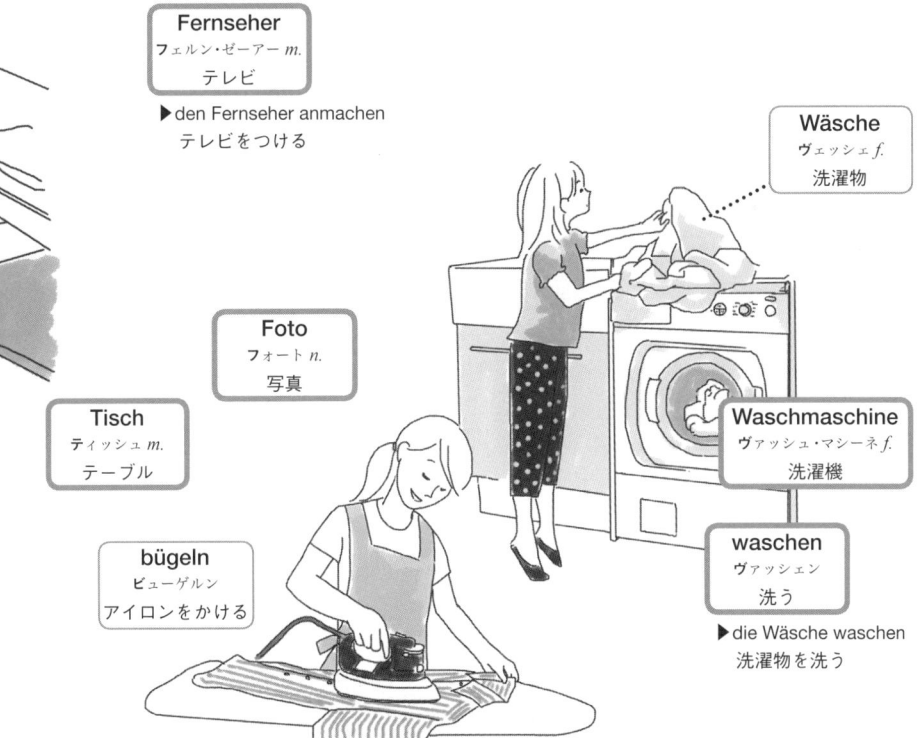

Klimaanlage
クリーマ・アンラーゲ f.
エアコン
▶ die Klimaanlage ausmachen
エアコンを消す

Heizung
ハイツング f.
暖房

Regal レガール n. 棚
Schrank シュランク m. 戸棚
Bücherregal ビューヒャー・レガール n. 本棚
Sessel ゼッセル m. 肘掛け椅子、安楽椅子
bequem ベクヴェーム 快適な
 ▶ Der Sessel ist bequem.
 この肘掛け椅子は快適だ。
Ofen オーフェン m. ストーブ、オーブン
Radio ラーディオ n. ラジオ
 ▶ das Radio anmachen
 ラジオをつける
anmachen アン・マヘン つける
ausmachen アオス・マヘン 消す
Stereoanlage シュテーレオ・アンラーゲ f. ステレオ
Videogerät ヴィーデオ・ゲレート n. ビデオ

fernsehen
フェルン・ゼーエン
テレビを見る
▶ Ich sehe oft fern.
私はテレビをよく見る。

Fernseher
フェルン・ゼーアー m.
テレビ
▶ den Fernseher anmachen
テレビをつける

Wäsche
ヴェッシェ f.
洗濯物

Foto
フォート n.
写真

Tisch
ティッシュ m.
テーブル

Waschmaschine
ヴァッシュ・マシーネ f.
洗濯機

bügeln
ビューゲルン
アイロンをかける

waschen
ヴァッシェン
洗う
▶ die Wäsche waschen
洗濯物を洗う

1-7 台所

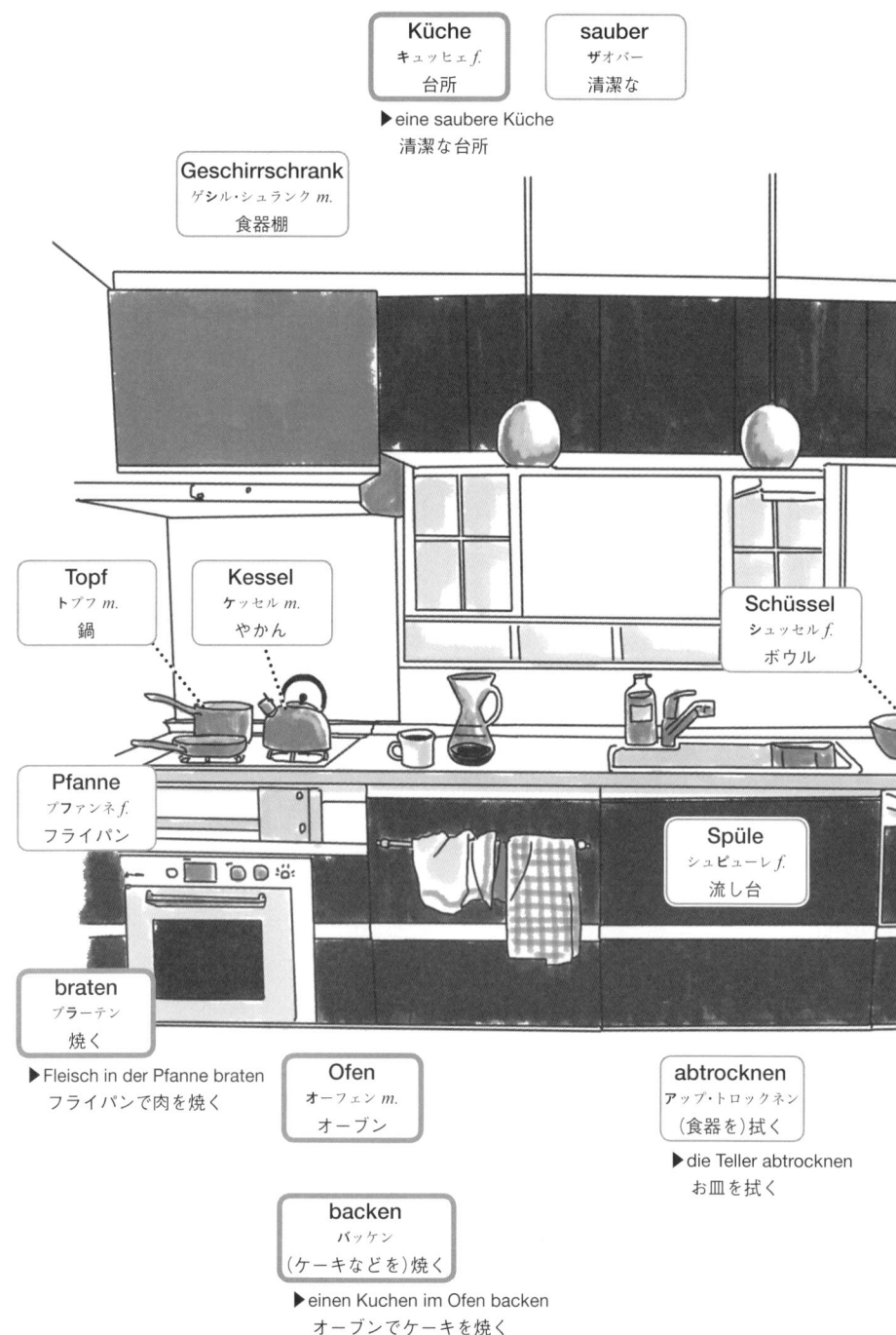

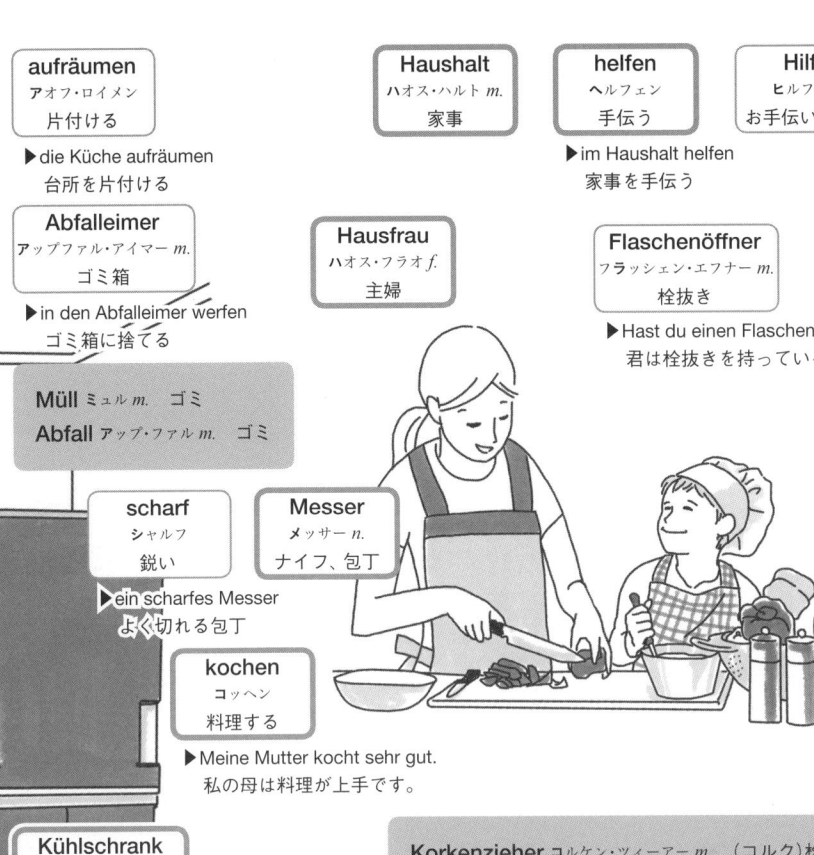

aufräumen アオフ・ロイメン 片付ける
▶ die Küche aufräumen
台所を片付ける

Abfalleimer アップファル・アイマー m. ゴミ箱
▶ in den Abfalleimer werfen
ゴミ箱に捨てる

Müll ミュル m. ゴミ
Abfall アップ・ファル m. ゴミ

Haushalt ハオス・ハルト m. 家事

helfen ヘルフェン 手伝う
▶ im Haushalt helfen
家事を手伝う

Hilfe ヒルフェ f. お手伝い、助け

Hausfrau ハオス・フラオ f. 主婦

Flaschenöffner フラッシェン・エフナー m. 栓抜き
▶ Hast du einen Flaschenöffner?
君は栓抜きを持っている？

scharf シャルフ 鋭い
▶ ein scharfes Messer
よく切れる包丁

Messer メッサー n. ナイフ、包丁

kochen コッヘン 料理する
▶ Meine Mutter kocht sehr gut.
私の母は料理が上手です。

Kühlschrank キュール・シュランク m. 冷蔵庫
▶ Das Bier ist im Kühlschrank.
ビールは冷蔵庫の中にある。

Korkenzieher コルケン・ツィーアー m. （コルク）栓抜き
Dosenöffner ドーゼン・エフナー m. 缶切り

Geschirr ゲシル n. 食器
Geschirrspülmaschine ゲシルシュピュール・マシーネ f. 食器洗い機
abwaschen アップ・ヴァッシェン 食器を洗う
abspülen アップ・シュピューレン （食器を）洗う
▶ das Geschirr abwaschen / abspülen
食器を洗う
Kaffeemaschine カフェ・マシーネ f. コーヒーメーカー
Herd ヘーアト m. こんろ
Gas ガース n. ガス
Strom シュトローム m. 電気
Toaster トースター m. トースター
Mikrowellenherd ミークロヴェレン・ヘーアト m. 電子レンジ

1-8 浴室

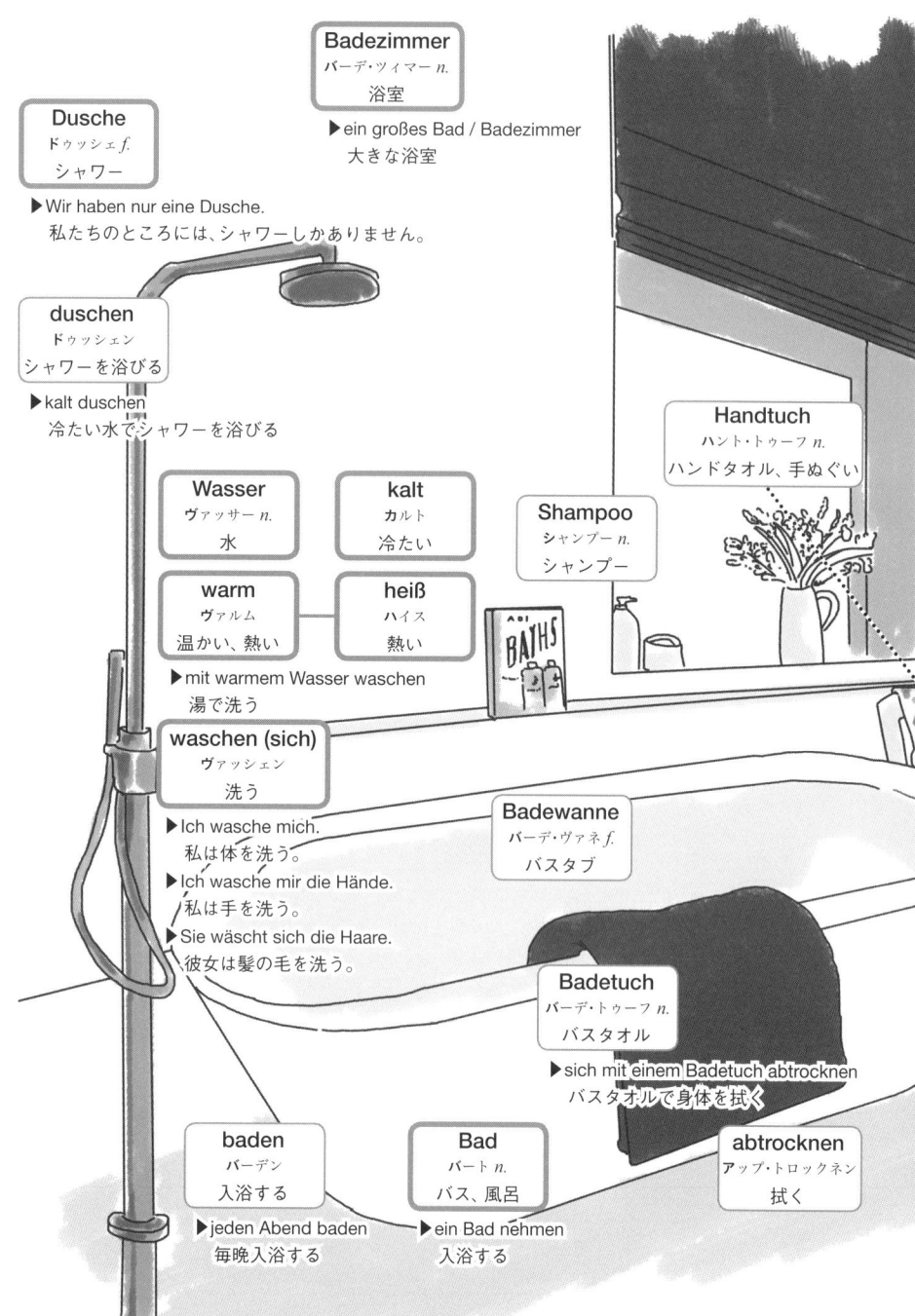

Dusche
ドゥッシェ f.
シャワー
▶ Wir haben nur eine Dusche.
私たちのところには、シャワーしかありません。

Badezimmer
バーデ・ツィマー n.
浴室
▶ ein großes Bad / Badezimmer
大きな浴室

duschen
ドゥッシェン
シャワーを浴びる
▶ kalt duschen
冷たい水でシャワーを浴びる

Wasser
ヴァッサー n.
水

kalt
カルト
冷たい

warm
ヴァルム
温かい、熱い

heiß
ハイス
熱い

▶ mit warmem Wasser waschen
湯で洗う

waschen (sich)
ヴァッシェン
洗う
▶ Ich wasche mich.
私は体を洗う。
▶ Ich wasche mir die Hände.
私は手を洗う。
▶ Sie wäscht sich die Haare.
彼女は髪の毛を洗う。

Handtuch
ハント・トゥーフ n.
ハンドタオル、手ぬぐい

Shampoo
シャンプー n.
シャンプー

Badewanne
バーデ・ヴァネ f.
バスタブ

Badetuch
バーデ・トゥーフ n.
バスタオル
▶ sich mit einem Badetuch abtrocknen
バスタオルで身体を拭く

baden
バーデン
入浴する
▶ jeden Abend baden
毎晩入浴する

Bad
バート n.
バス、風呂
▶ ein Bad nehmen
入浴する

abtrocknen
アップ・トロックネン
拭く

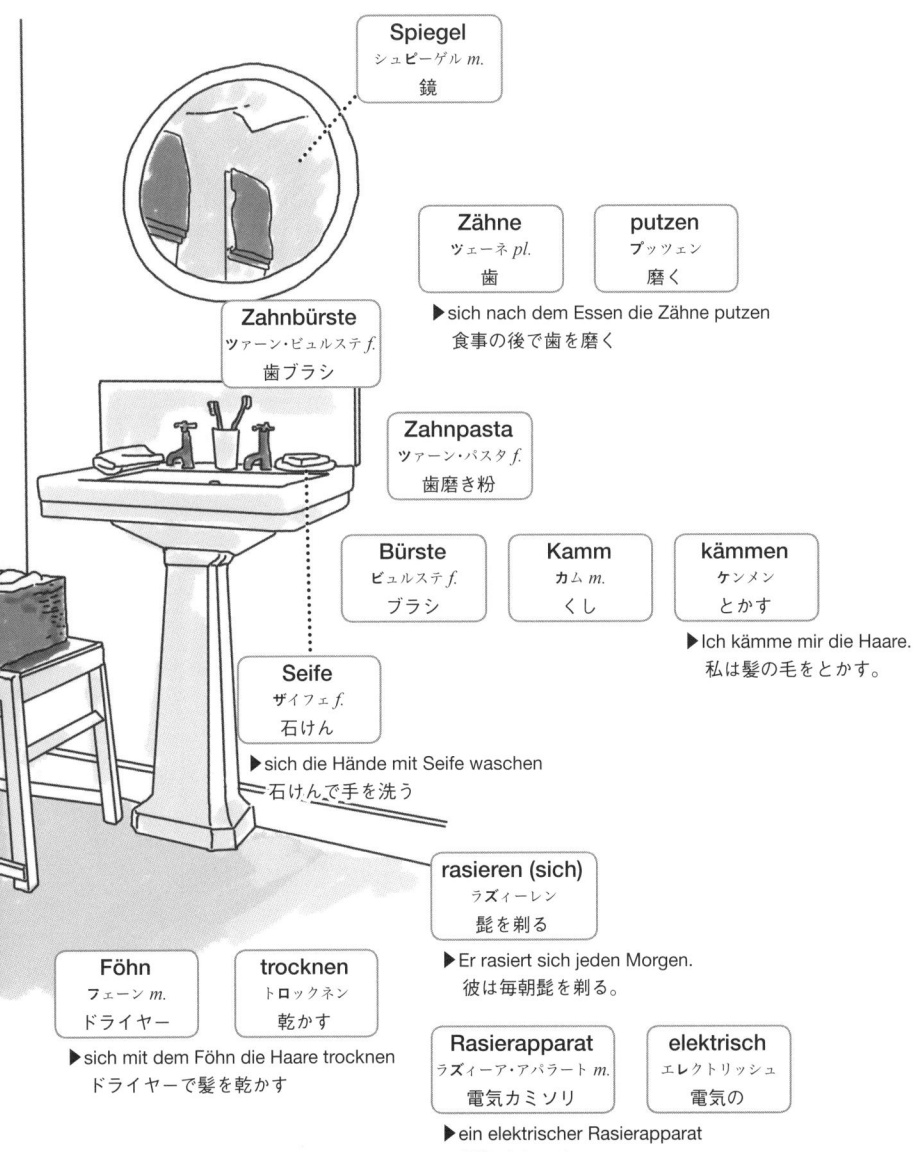

1-9 住まいと環境

Kaution カオツィオーン f. 敷金
▶ Wie hoch ist die Kaution?
敷金はいくらですか？

Miete ミーテ f. 家賃
▶ Wie viel Miete bezahlst du pro Monat?
君は一月あたり幾ら家賃を払っているの？

Makler マークラー m. 不動産屋

einziehen アイン・ツィーエン 入居する
▶ Wann kann ich einziehen?
私はいつ入居できますか？

Mieter ミーター m. 借り主、賃借人

Vermieter フェアミーター m. 家主

suchen ズーヘン 探す
▶ ein Zimmer suchen
部屋を探す

Zimmersuche ツィンマー・ズーヘ f. 部屋探し

allein アライン 一人で
▶ Ich wohne allein.
私は一人で住んでいます。

zusammen ツザンメン ～と一緒に
▶ Ich wohne mit meiner Schwester zusammen.
私は姉(妹)と一緒に住んでいます。

Nebenkosten ネーベン・コステン pl. 雑費
betragen ベトラーゲン ～の金額になる
▶ Die Nebenkosten betragen 180 Euro.
雑費は180ユーロです。
Mietvertrag ミート・フェアトラーク m. 賃貸契約
▶ einen Mietvertrag machen
賃貸契約を結ぶ
mieten ミーテン 借りる
▶ ein Zimmer mieten
部屋を借りる
vermieten フェアミーテン 貸す
▶ ein Zimmer vermieten
部屋を貸す
renovieren レノヴィーレン リフォームする
▶ die Wohnung renovieren
住まいをリフォームする
Renovierung レノヴィールング f. リフォーム

Stadtrand			Hausnummer
シュタット・ラント m.			ハオス・ヌマー f.
郊外			番地

▶ Wir wohnen am Stadtrand.
私たちは郊外に住んでいます。

Gegend	nah	Nachbarschaft
ゲーゲント f.	ナー	ナハバールシャフト f.
地区	近い	近所

▶ In welcher Gegend wohnst du?　　▶ Von hier ist das Hotel ganz nah.
君はどのあたりに住んでいるの？　　ここからそのホテルまではとても近い。

Stadtmitte	Zentrum	verkehrsgünstig
シュタット・ミッテ f.	ツェントルム n.	フェアケーアス・ギュンスティヒ
都心、中心地	中心地	交通の便がよい

▶ in der Stadtmitte / im Zentrum wohnen　　▶ Meine Wohnung liegt sehr verkehrsgünstig.
都心に住む　　私の住まいは交通の便のよいところにある。

Wohngegend	ruhig	still	laut
ヴォーン・ゲーゲント f.	ルーイヒ	シュティル	ラオト
住宅地	静かな	静かな	うるさい

▶ eine ruhige Wohngegend　　▶ Diese Gegend ist sehr still / laut.
静かな住宅地　　この地区はとても静かだ／騒がしい。

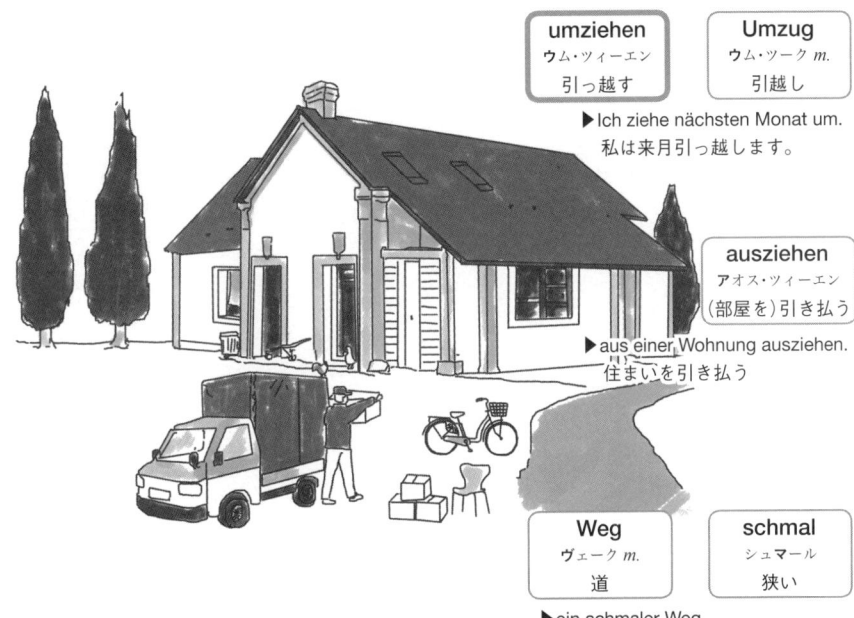

umziehen	Umzug
ウム・ツィーエン	ウム・ツーク m.
引っ越す	引越し

▶ Ich ziehe nächsten Monat um.
私は来月引っ越します。

ausziehen
アオス・ツィーエン
（部屋を）引き払う

▶ aus einer Wohnung ausziehen.
住まいを引き払う

Weg	schmal
ヴェーク m.	シュマール
道	狭い

▶ ein schmaler Weg
狭い道

クロスワードパズル ①

クロスワードではすべて大文字で記入します。ウムラウトは使わず、Ä Ö Ü はそれぞれAE OE UEと表記します。βはSSとなります。

横のカギ
- ② 家族でくつろぐ部屋。
- ④ 男の子と〇〇〇
- ⑤ カメラで撮ったり、壁に飾ったり。
- ⑥ １年に１度のお祝いの日。
- ⑦ 大家さんに支払う。

縦のカギ
- ① 独身ではなく…。
- ③ 新天地に行きます！
- ⑤ 姉妹の反対。

横のカギ ② WOHNZIMMER ④ MAEDCHEN ⑤ BILD ⑥ GEBURTSTAG ⑦ MIETE
縦のカギ ① VERHEIRATET ③ UMZIEHEN ⑤ BRUDER

第2章
仕事

2-1 職業と職業訓練

Journalist ジュルナリスト *m.* ジャーナリスト（男）

Journalistin ジュルナリスティン *f.* ジャーナリスト（女）

Stelle シュテレ *f.* 職
▶ eine Stelle suchen
　職を探す

Beruf ベルーフ *m.* 職業
▶ Was sind Sie von Beruf?
　あなたのお仕事は何ですか？

Arbeit アルバイト *f.* 仕事

arbeiten アルバイテン 働く
▶ Sie arbeitet fleißig.
　彼女は勤勉に働く。

fleißig フライスィヒ 勤勉な

Architekt アルヒテクト *m.* 建築家（男）

Architektin アルヒテクティン *f.* 建築家（女）

Arzt アールツト *m.* 医者（男）

Ärztin エーアツティン *f.* 医者（女）
▶ Ich möchte später Arzt werden.
　私は将来医者になりたいです。

Handwerker ハント・ヴェルカー *m.* 職人（男）

Handwerkerin ハント・ヴェルカーリン *f.* 職人（女）

Koch コホ *m.* 料理人（男）

Köchin ケッヒン *f.* 料理人（女）

Praktikum プラクティクム *n.* インターンシップ
▶ ein zweimonatiges Praktikum
　2ヵ月間のインターンシップ

Praktikant プラクティカント *m.* 実習生（男）

Praktikantin プラクティカンティン *f.* 実習生（女）

Meister マイスター *m.* マイスター

Azubi アツービ *m., f.* 見習い

Lehre レーレ *f.* 職業訓練

Ausbildung アオス・ビルドゥング *f.* 職業訓練

Lehrling レーアリング *m.* 徒弟、見習い
▶ Er ist Lehrling in einer Bäckerei.
　彼はパン屋の見習いだ。

▶ eine dreijährige Lehre
　3年間の見習い期間

Job ジョップ *m.* アルバイト、仕事
　▶ ein gut bezahlter Job
　　給料のよいアルバイト（仕事）
jobben ジョッベン アルバイトする
　▶ in den Ferien jobben
　　学校の休暇中にアルバイトをする

Sekretär ゼクレテーア m. 秘書(男)	
Sekretärin ゼクレテーリン f. 秘書(女)	

angestellt アン・ゲシュテルト 会社勤めの	
Angestellte アン・ゲシュテルテ m., f. 会社員	

selbstständig
ゼルプスト・シュテンディヒ
自営の

▶ Sind Sie angestellt?
— Nein, ich bin selbstständig.
会社員ですか？
——いえ、自営業です。

Arbeiter アルバイター m. 労働者(男)	**Arbeiterin** アルバイテリン f. 労働者(女)

Rechtsanwalt レヒツ・アンヴァルト m. 弁護士(男)
Rechtsanwältin レヒツ・アンヴェルティン f. 弁護士(女)

Beamte ベアムテ m. 公務員(男)	**Beamtin** ベアムティン f. 公務員(女)
Lehrer レーラー m. 教師(男)	**Lehrerin** レーラリン f. 教師(女)

[その他の職業]

男性形	女性形	訳
Bäcker	Bäckerin	パン屋
Bankkaufmann	Bankkauffrau	銀行員
Ingenieur	Ingenieurin	エンジニア
Friseur	Friseuse	理髪師、美容師
Kellner	Kellnerin	ウェイター
Künstler	Künstlerin	芸術家
Metzger	Metzgerin	肉屋
Pilot	Pilotin	パイロット
Polizist	Polizistin	警察官
Programmierer	Programmiererin	プログラマー
Regisseur	Regisseurin	映画監督
Schauspieler	Schauspielerin	俳優
Schriftsteller	Schriftstellerin	作家
Taxifahrer	Taxifahrerin	タクシー運転手

2-2 仕事場 ①(オフィス)

Arbeitsplatz
アルバイツ・プラッツ m.
仕事場

Büro
ビューロー n.
事務所

organisieren
オルガニズィーレン
組織する

Chef
シェフ m.
上司(男)

Chefin
シェフィン f.
上司(女)

Angestellte
アン・ゲシュテルテ m., f.
サラリーマン

Kollege
コレーゲ m.
同僚(男)

Kollegin
コレーギン f.
同僚(女)

▶ Frau Neumann ist meine Chefin.
ノイマンさん(女)が私の上司です。

▶ der neue Kollege
新しい同僚

Bericht
ベリヒト m.
報告書

▶ einen Bericht schreiben
報告書を書く

berichten
ベリヒテン
報告する

Telefon
テレフォーン n.
電話

▶ Wer ist bitte am Telefon?
どちら様ですか?

telefonieren
テレフォニーレン
電話する

▶ Frau Berger telefoniert gerade.
ベルガーさん(女)はちょうど電話中です。

anrufen
アン・ルーフェン
電話する

▶ Rufen Sie mich morgen bitte an!
明日私に電話していただけますか?

Schreibtisch
シュライプ・ティッシュ m.
机

Unterlagen
ウンターラーゲン pl.
書類

Arbeitszeit
アルバイツ・ツァイト f.
勤務時間

▶ Wie lang ist die Arbeitszeit?
勤務時間はどのぐらいですか？

Überstunden
ユーバー・シュトゥンデン pl.
残業

▶ Ich muss oft Überstunden machen.
私はしばしば残業しなければならない。

geschäftlich
ゲシェフトリヒ
商用で

▶ Sie reist oft geschäftlich in die USA.
彼女はしばしば商用でアメリカを旅行する。

Geschäftsreise
ゲシェフツ・ライゼ f.
出張

Verabredung
フェアアップレードゥング f.
会う約束

Termin
テルミーン m.
約束、期日

▶ Ich habe um drei Uhr eine Verabredung.
私は３時に約束があります。

Drucker
ドルッカー m.
プリンター

ausdrucken
アオス・ドルッケン
印刷する

▶ einen Bericht ausdrucken
報告書をプリントアウトする

kopieren
コピーレン
コピーする

Kopiergerät
コピーア・ゲレート n.
コピー機

▶ Bitte kopieren Sie diese Unterlagen!
この書類をコピーしていただけますか？

Fax
ファクス n.
ファックス

schicken
シッケン
送る

▶ ein Fax schicken
ＦＡＸを送る

lang
ラング
長い

Sitzung
ズィッツング f.
会議

▶ eine lange Sitzung
長い会議

2-3 仕事場 ②（工場）

Fabrik	Werkstatt	Labor	angestellt
ファブリーク f.	ヴェルク・シュタット f.	ラボーア n.	アン・ゲシュテルト
工場	工房	ラボ、実験室	雇われている

▶ in einer Fabrik arbeiten
　工場で働いている

▶ in einem Labor angestellt sein
　ラボで働いている

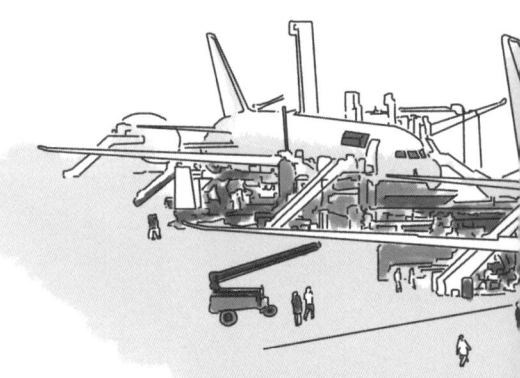

pünktlich	anfangen	beginnen
ピュンクトリヒ	アン・ファンゲン	ベギンネン
時間通りの	始まる	始める、始まる

▶ Wir fangen pünktlich um acht Uhr an.
　私たちは8時ぴったりから始めます。

organisieren	Verantwortung	tragen
オルガニズィーレン	フェアアントヴォルトゥング f.	トラーゲン
組織する	責任	負う、引き受ける

▶ die Verantwortung tragen
　責任がある

Gehalt ゲハルト n. 給料
　▶ Wie hoch ist dein Gehalt?
　　君の給料はどのくらい？
Monatsgehalt モーナッ・ゲハルト n. 月給
Einkommen アイン・コメン n. 所得
　▶ ein hohes Einkommen
　　高収入

Lohn ローン m. 賃金
Stundenlohn シュトゥンデン・ローン m.
　時間給
Bonus ボーヌス m. 特別賞与、ボーナス
Steuer シュトイアー f. 税金

Produktion
プロドゥクツィオーン f.
生産

herstellen
ヘーア・シュテレン
生産する

produzieren
プロドゥツィーレン
生産する

▶ Waren produzieren
品物を生産する

Ware
ヴァーレ f.
品物

Produkt
プロドゥクト n.
生産物

anstrengend
アン・シュトレンゲント
きつい

▶ eine anstrengende Arbeit
きつい仕事

momentan
モメンターン
目下

beschäftigt
ベシェフティヒト
忙しい

▶ 私は目下のところとても忙しい。
Ich bin momentan sehr beschäftigt.

wichtig
ヴィヒティヒ
重要な

Entscheidung
エントシャイドゥング f.
決定

entscheiden
エントシャイデン
決定する

▶ eine wichtige Entscheidung
重要な決定

---

brutto ブルット　税込みで
netto ネット　手取りで
hoch ホーホ　高い
verdienen フェアディーネン　稼ぐ
▶ Wie viel verdienst du pro Monat?
君は1ヵ月にどのくらい稼ぐの？

Pause パオゼ f. 休憩
▶ Machen wir eine Pause!
ひと休みしましょう！

2-4 会社

Direktor
ディレクトア m.
社長
▶ Er ist Direktor einer Zeitung.
彼は新聞社の社長です。

Arbeitgeber
アルバイト・ゲーバー m.
雇い主

gründen
グリュンデン
創立する
▶ ein neues Unternehmen gründen
新しい企業を立ち上げる

Gründer
グリュンダー m.
創業者

Unternehmer
ウンターネーマー m.
経営者

Abteilung
アプタイルング f.
部署

tätig
テーティヒ
働いている

▶ In welcher Abteilung bist du tätig?
どの部署で働いているの？

Abteilungsleiter
アプタイルングス・ライター m.
部長、課長

Geschäftsmann
ゲシェフツ・マン m.
ビジネスマン

▶ zum Abteilungsleiter befördert werden
部長に昇格する

Mitarbeiter
ミット・アルバイター m.
従業員

Arbeitnehmer
アルバイト・ネーマー m.
従業員

▶ Unsere Firma hat über 200 Mitarbeiter.
私たちの会社には200人以上の従業員がいる。

Leiter
ライター m.
長、責任者

streng
シュトレング
厳しい

Vorgesetzte
フォーア・ゲゼッツテ m., f.
上司

Mitglied
ミット・グリート n.
メンバー

Gewerkschaft
ゲヴェルクシャフト f.
労働組合

▶ Mein Vorgesetzter ist sehr streng.
私の上司はとても厳しい。

▶ Ich bin Mitglied in der Gewerkschaft.
私は労働組合の組合員です。

Firma フィルマ f. 会社

Filiale フィリアーレ f. 支社、支店

Gruppe グルッペ f. グループ

Gesellschaft ゲゼルシャフト f. 企業

▶ Unsere Firma hat eine Filiale in Düsseldorf.
私たちの会社はデュッセルドルフに支店があります。

Unternehmen ウンターネーメン n. 企業

international インターナツィオナール 国際的な

bekannt ベカント 有名な

Tochtergesellschaft トホター・ゲゼルシャフト f. 子会社

▶ ein international bekanntes Unternehmen
国際的に有名な企業

Verlag フェアラーク m. 出版社

erscheinen エアシャイネン 出版される

Zeitung ツァイトゥング f. 新聞

▶ In welchem Verlag ist das Buch erschienen?
この本はどの出版社から刊行されていますか？

Autohersteller アオト・ヘアシュテラー m. 自動車会社

▶ ein bekannter deutscher Autohersteller
ドイツの有名自動車会社

Handelsfirma ハンデルス・フィルマ f.
商社
Versicherung フェアズィッヒェルング f.
保険会社
▶ bei einer Versicherung arbeiten
保険会社で働く

Bank バンク f. 銀行

Schalter シャルター m. 窓口

▶ in einer Bank am Schalter arbeiten
銀行の窓口で働く

2-5 コンピュータ・デジタル機器

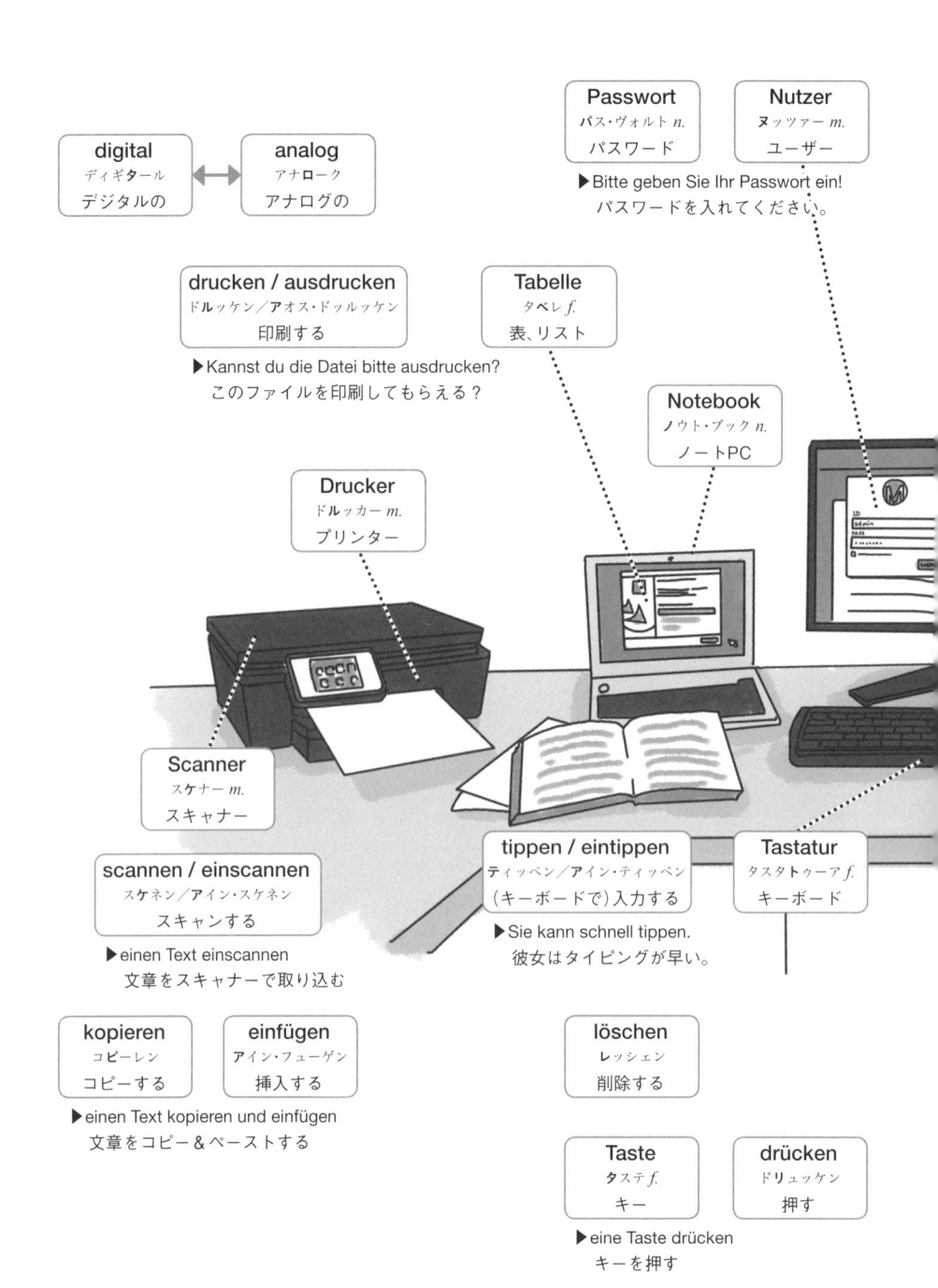

digital
ディギタール
デジタルの

⇔

analog
アナローク
アナログの

Passwort
パス・ヴォルト n.
パスワード

▶ Bitte geben Sie Ihr Passwort ein!
パスワードを入れてください。

Nutzer
ヌッツァー m.
ユーザー

drucken / ausdrucken
ドルッケン／アオス・ドゥルッケン
印刷する

▶ Kannst du die Datei bitte ausdrucken?
このファイルを印刷してもらえる？

Tabelle
タベレ f.
表、リスト

Notebook
ノウト・ブック n.
ノートPC

Drucker
ドルッカー m.
プリンター

Scanner
スケナー m.
スキャナー

scannen / einscannen
スケネン／アイン・スケネン
スキャンする

▶ einen Text einscannen
文章をスキャナーで取り込む

tippen / eintippen
ティッペン／アイン・ティッペン
（キーボードで）入力する

▶ Sie kann schnell tippen.
彼女はタイピングが早い。

Tastatur
タスタトゥーア f.
キーボード

kopieren
コピーレン
コピーする

einfügen
アイン・フューゲン
挿入する

▶ einen Text kopieren und einfügen
文章をコピー＆ペーストする

löschen
レッシェン
削除する

Taste
タステ f.
キー

▶ eine Taste drücken
キーを押す

drücken
ドリュッケン
押す

38

Internet
インターネット *n.*
インターネット
▶ im Internet surfen
ネットサーフィンをする

herunterladen
ヘルンター・ラーデン
ダウンロードする
▶ ein Bild von einer Webseite herunterladen
ウェブサイトから画像をダウンロードする

Dokument
ドクメント *n.*
文書

Programm
プログラム *n.*
プログラム

installieren
インスタリーレン
インストールする
▶ ein Programm installieren
プログラムをインストールする

speichern
シュパイヒャーン
保存する
▶ ein Dokument speichern
文書を保存する

Datei
ダタイ *f.*
ファイル

Bildschirm
ビルト・シルム *m.*
ディスプレイ

Daten
ダーテン *pl.*
データ
▶ Daten eingeben
データを入力する

eingeben
アイン・ゲーベン
入力する

Computer
コンピューター *m.*
コンピューター
▶ einen Computer benutzen
コンピューターを使う

benutzen
ベヌッツェン
使用する

E-Mail
イーメイル *f.*
電子メール
▶ Ich schreibe dir eine E-Mail.
私は君に電子メールを書く。

schreiben
シュライベン
書く

Maus
マオス *f.*
マウス

Smartphone
スマートフォウン *n.*
スマートフォン

bekommen
ベコンメン
受け取る
▶ eine E-Mail bekommen
電子メールを受け取る

schicken
シッケン
送る

senden
ゼンデン
送る
▶ per E-Mail schicken / senden
電子メールで送る

Homepage ホーム・ペーチュ *f.* ホームページ
Webseite ヴェップ・ザイテ *f.* ウェブサイト
Software ゾフトヴェーア *f.* ソフトウェア
Rechner レヒナー *m.* 計算機、ＰＣ
funktionieren フンクツィオニーレン 機能する
E-Mail-Adresse イーメイル・アドレッセ *f.* 電子メールアドレス
elektronisch エレクトローニッシュ 電子の
  ▶ ein elektronisches Wörterbuch 電子辞書
Nachricht ナーハ・リヒト *f.* メッセージ
Handy ヘンディ *n.* 携帯電話
aufladen アオフ・ラーデン 充電する

2-6 仕事探し

Arbeit
アルバイト f.
仕事

Job
ジョップ／ジョブ m.
アルバイト、仕事

wechseln
ヴェクセルン
変える

▶ Ich möchte meine Arbeit wechseln.
私は転職したい。

aufhören
アオフ・ヘーレン
辞める

▶ die Arbeit aufhören
仕事を辞める

Stellenangebot
シュテレン・アンゲボート n.
求人広告

▶ ein Stellenangebot in der Zeitung
新聞の求人広告

entlassen
エントラッセン
解雇する

kündigen
キュンディゲン
解雇通告をする、退職する

▶ Er ist entlassen worden.
彼は解雇された。

finden
フィンデン
見つかる

Stelle
シュテレ f.
職

suchen
ズーヘン
探す

▶ eine Stelle suchen
職を探す

Arbeitslosigkeit
アルバイツ・ローズィヒカイト f.
失業

Arbeitslose
アルバイツ・ローゼ m., f.
失業者

arbeitslos
アルバイツ・ロース
失業している

▶ Er ist seit drei Monaten arbeitslos.
彼は3ヵ月前から失業中である。

Arbeit(s)suche
アルバイツ・ズーヘ f.
職探し

gerade
ゲラーデ
ちょうど今

▶ Ich bin gerade auf Arbeitsuche.
私は今仕事を探しています。

Vorstellungsgespräch
フォーアシュテルングス・ゲシュプレーヒ n.
面接

stattfinden
シュ**タ**ット・フィンデン
開催される

▶ Das Vorstellungsgespräch findet morgen statt.
面接が明日行われる。

Personalabteilung
ペルゾ**ナー**ル・アプタイルング f.
人事課

Karriere
カリ**エー**レ f.
出世、キャリア

▶ Karriere machen
出世する

Bewerbungsunterlagen
ベ**ヴェ**ルブングス・ウンターラーゲン pl.
応募書類、願書

Empfehlungsschreiben
エンプ**フェー**ルングス・シュライベン n.
推薦状

▶ die Bewerbungsunterlagen an die Personalabteilung schicken
人事課に応募書類を送る

Lebenslauf
レーベンス・ラオフ m.
履歴書

Bild
ビルト n.
写真

▶ ein Bild beilegen
写真を添える

beilegen
バイ・レーゲン
添付する、同封する

einstellen
アイン・シュテレン
雇う

▶ neue Mitarbeiter einstellen
新しい従業員を雇う

bewerben (sich)
ベ**ヴェ**ルベン
応募する

▶ Ich habe mich für diese Stelle beworben.
私はこの職に応募しました。

beschäftigen
ベ**シェ**フティゲン
雇う

▶ Die Fabrik beschäftigt 2.000 Arbeiter.
この会社は2000人の従業員を雇っている。

2-7 よく使うビジネス用語

Besuch
ベズーフ m.
訪問

▶ Herzlichen Dank für Ihren Besuch!
ご来社いただき、こころより御礼申し上げます。

vorstellen
フォーア・シュテレン
紹介する

freuen (sich)
フロイエン
喜ぶ

angenehm
アンゲネーム
うれしい

▶ A: Frau Suzuki, darf ich vorstellen: Das ist Herr Dr. Müller.
鈴木さん(女)、ご紹介させてください。こちらがミュラー博士(男)です。
B: Freut mich.
お会いできてうれしいです。
C: Angenehm.
はじめまして。

womit
ヴォ・ミット
何をもって

▶ Guten Tag, womit kann ich Ihnen helfen?
こんにちは、何かご用でしょうか?

Tut mir leid, aber ...
トゥート ミーア ライド アーバー
残念ですが~です

Besprechung
ベシュプレッヒュング f.
会議

setzen (sich)
ゼッツェン
座る、座らせる

▶ Tut mir leid, aber Herr Lange ist gerade in einer Besprechung.
申し訳ありません、ランゲ氏は今会議中です。

▶ Bitte, setzen Sie sich!
どうぞお掛けください。

Visitenkarte
ヴィズィーテン・カルテ f.
名刺

▶ Darf ich Ihnen meine Visitenkarte geben?
名刺をお渡ししてもよろしいでしょうか?

kennenlernen
ケンネンレルネン
知り合う

ganz meinerseits
ガンツ マイナーザイツ
こちらこそ

▶ A: Ich freue mich, Sie kennenzulernen.
あなたとお知り合いになれてうれしいです。
B: Ganz meinerseits.
こちらこそ。

Mühe
ミューエ f.
骨折り、尽力

▶ Vielen Dank für Ihre Mühe!
ご尽力いただき、ありがとうございます。

sprechen
シュプレッヒェン
話す

▶ Kann ich bitte Herrn Wagner sprechen?
ワグナーさんはいらっしゃいますか？

leider
ライダー
残念ながら

▶ Herr Wagner ist leider nicht da.
ワグナー氏は残念ながらおりません。

Verzeihung
フェアツァイウング f.
すみません

verwählen (sich)
フェアヴェーレン
番号を間違える

▶ Verzeihung, ich habe mich verwählt.
すみません、番号を間違えました。

Moment
モメント m.
少しの間

Geschäftsführer
ゲシェフツ・フューラー m.
経営者、事務局長

verbinden
フェアビンデン
つなぐ

▶ Moment, ich verbinde Sie mit dem Geschäftsführer.
少々お待ちください、上の者にかわります。

besetzt
ベゼット
ふさがっている

▶ Die Leitung ist besetzt.
この回線は話し中です。

niemand
ニーマント
誰も〜ない

melden (sich)
メルデン
電話に出る

▶ Niemand meldet sich.
電話に誰も出ない。

Telefonnummer
テレフォーン・ヌマー f.
電話番号

erreichen
エアライヒェン
到達する

▶ Unter welcher Telefonnummer sind Sie zu erreichen?
何番におかけしたらよいですか？

Hörer
ヘーラー m.
受話器

auflegen
アオフ・レーゲン
（受話器を）置く

▶ Legen Sie bitte den Hörer auf.
受話器を置いてください。

bis wann
ビス ヴァン
いつまで

▶ Bis wann kann ich bei Ihnen anrufen?
何時までお電話差し上げてもよろしいですか？

bleiben
ブライベン
とどまる

Apparat
アパラート m.
電話機

▶ Bleiben Sie bitte am Apparat.
電話を切らないでお待ちください。

später
シュペーター
後ほど

noch einmal
ノホ アインマール
もう一度

▶ Ich werde später noch einmal anrufen.
後ほどまたお電話させていただきます。

zurückrufen
ツリュック・ルーフェン
折り返し電話する

▶ Könnten Sie mich bitte zurückrufen?
折り返しお電話いただけますか？

Auf Wiederhören!
アオフ ヴィーダー・ヘーレン
（電話で）さようなら。

クロスワードパズル ②

クロスワードではすべて大文字で記入します。ウムラウトは使わず、Ä Ö Ü はそれぞれAE OE UEと表記します。βはSSとなります。

横のカギ
① ものを作るところ。
⑤ 日本ではパートタイムを意味しますが…。
⑨ 就職活動に使う書類。

縦のカギ
② 病気を治してくれる人。
③ 会社の上司。
④ プリントアウトする機械。
⑥ 英語だとcompany。
⑦ 私の〇〇は教師です。
⑧ 持ち運びできる電話。

横のカギ ① FABRIK ⑤ ARBEIT ⑨ LEBENSLAUF
縦のカギ ② ARZT ③ CHEF ④ DRUCKER ⑥ FIRMA ⑦ BERUF ⑧ HANDY

第3章
休暇・旅行・娯楽

3-1 休暇

Gute Reise!
グーテ ライゼ
よい旅を！

fliegen
フリーゲン
（飛行機で）行く
▶ Wir sind nach Spanien geflogen.
私たちはスペインに飛行機で行きました。

schwer
シュヴェーア
重い

leicht
ライヒト
軽い

abfahren
アップ・ファーレン
出発する
▶ Wir fahren morgen ab.
私たちは明日出発します。

Rucksack
ルック・ザック m.
リュックサック
▶ ein schwerer / leichter Rucksack
重い／軽いリュックサック

Handgepäck
ハント・ゲペック n.
手荷物

Reisetasche
ライゼ・タッシェ f.
旅行カバン

reisen
ライゼン
旅行する

verreisen
フェアライゼン
旅に出る

Reise
ライゼ f.
旅行
▶ eine Reise machen
旅行する

Koffer
コッファー m.
スーツケース
▶ den Koffer packen
スーツケースに詰める

packen
パッケン
詰める

Gepäck
ゲペック n.
荷物
▶ viel Gepäck haben
たくさん荷物がある

Urlaub	Ferien
ウーアラオプ m.	フェーリエン pl.
休暇	休暇、休み

▶ im Urlaub verreisen
休暇中に旅行する

bald	beginnen
バルト	ベギンネン
まもなく、すぐに	始まる、始める

▶ Bald beginnen die Ferien!
まもなく休みが始まります！

Urlaubsreise ウーアラオプス・ライゼ f. 休暇旅行
Auslandsreise アオスランツ・ライゼ f. 海外旅行
Sommerferien ゾンマー・フェーリエン pl. 夏休み
Winterferien ヴィンター・フェーリエン pl. 冬休み
Semesterferien ゼメスター・フェーリエン pl. 学期末休暇
dauern ダオアーン 続く、かかる
　▶ Wie lange dauern die Semesterferien?
　　学期末休暇はいつまでですか？

ankommen
アン・コメン
到着する

▶ Ich komme um drei Uhr in Rom an.
私は３時にローマに到着します。

Plan
プラーン m.
計画

▶ Hast du schon Pläne für den Sommer?
夏に何かもう計画がある？

Ausland
アオス・ラント n.
外国

▶ Warst du schon einmal im Ausland?
君は外国に行ったことがある？

bleiben
ブライベン
滞在する、とどまる

▶ Wir bleiben drei Wochen in Frankreich.
私たちは３週間フランスに滞在します。

fremd
フレムト
よその、外国の

Land
ラント n.
国、田舎

besuchen
ベズーヘン
訪問する

auspacken
アオス・パッケン
荷ほどきをする

▶ fremde Länder besuchen
外国を訪れる

zurückkommen
ツリュック・コメン
戻る、帰る

▶ Wir kommen nächste Woche aus Österreich zurück.
私たちは来週オーストリアから戻ってきます。

3-2 休暇の過ごし方

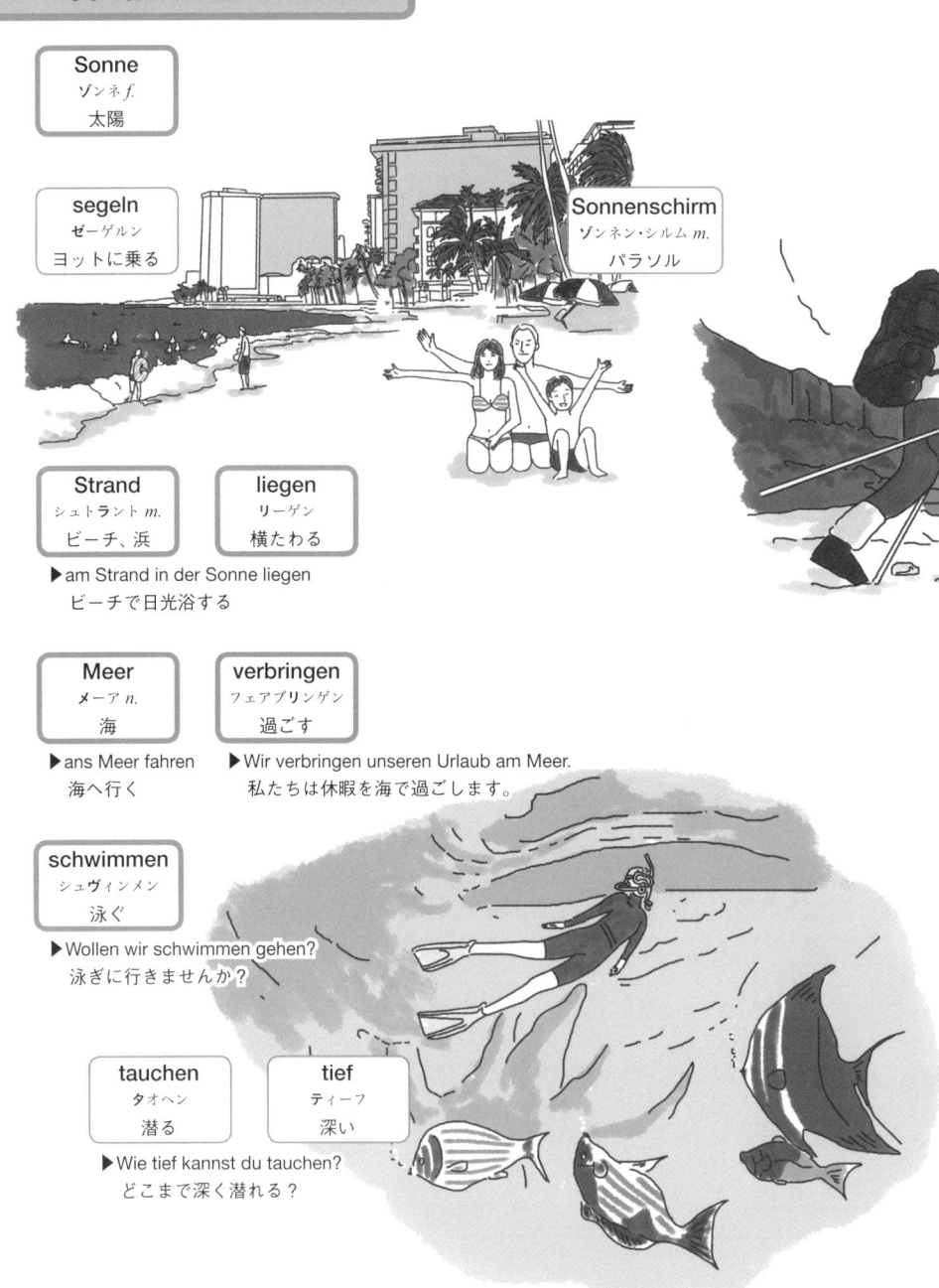

Sonne
ゾンネ *f.*
太陽

segeln
ゼーゲルン
ヨットに乗る

Sonnenschirm
ゾンネン・シルム *m.*
パラソル

Strand
シュトラント *m.*
ビーチ、浜

liegen
リーゲン
横たわる

▶ am Strand in der Sonne liegen
ビーチで日光浴する

Meer
メーア *n.*
海

verbringen
フェアブリンゲン
過ごす

▶ ans Meer fahren
海へ行く

▶ Wir verbringen unseren Urlaub am Meer.
私たちは休暇を海で過ごします。

schwimmen
シュヴィンメン
泳ぐ

▶ Wollen wir schwimmen gehen?
泳ぎに行きませんか？

tauchen
タオヘン
潜る

tief
ティーフ
深い

▶ Wie tief kannst du tauchen?
どこまで深く潜れる？

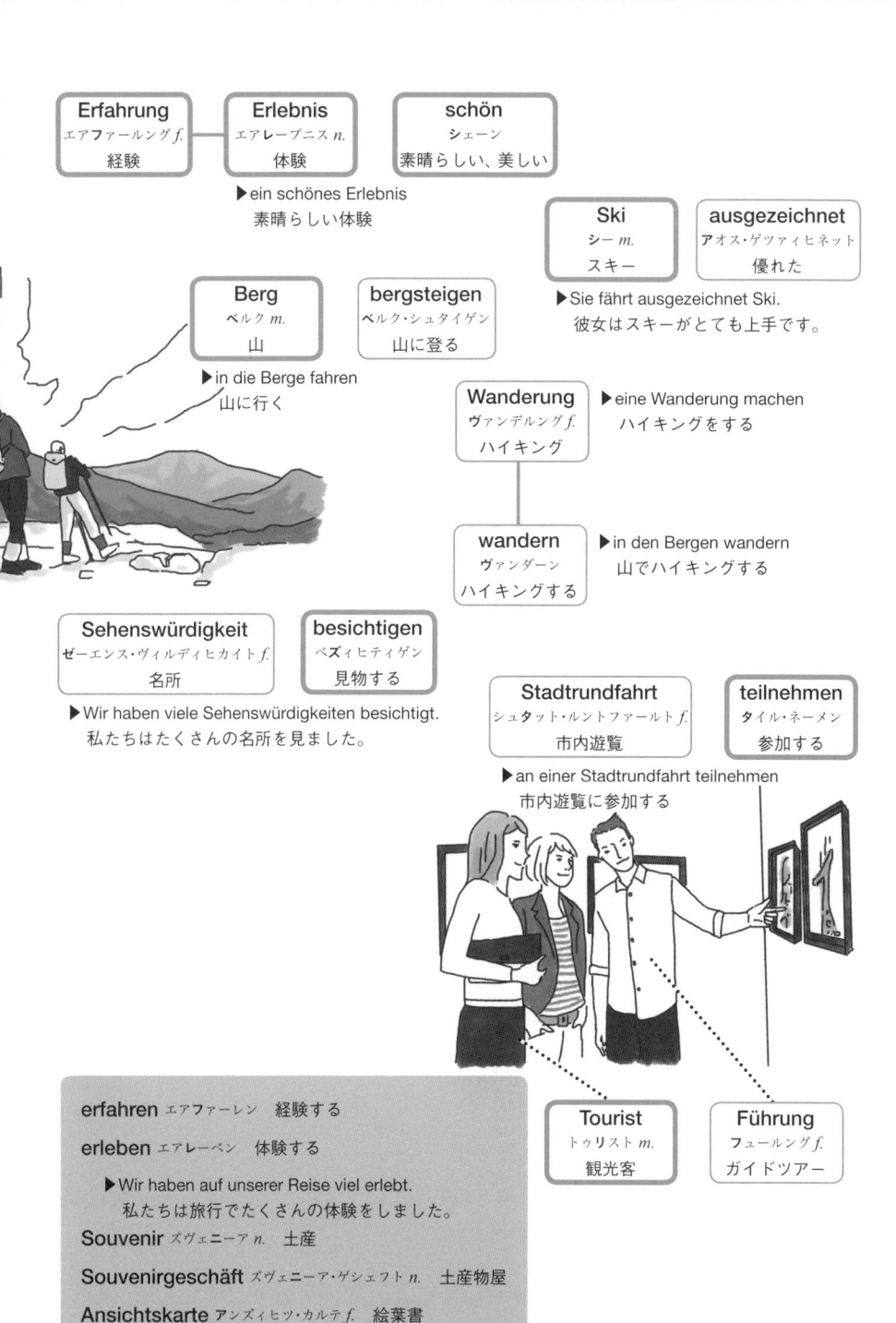

Erfahrung	Erlebnis	schön
エア**ファー**ルング f.	エア**レー**プニス n.	**シェー**ン
経験	体験	素晴らしい、美しい

▶ ein schönes Erlebnis
素晴らしい体験

Ski	ausgezeichnet
シー m.	**ア**オス・ゲツァイヒネット
スキー	優れた

▶ Sie fährt ausgezeichnet Ski.
彼女はスキーがとても上手です。

Berg	bergsteigen
ベルク m.	**ベ**ルク・シュタイゲン
山	山に登る

▶ in die Berge fahren
山に行く

Wanderung	▶ eine Wanderung machen
ヴァンデルング f.	ハイキングをする
ハイキング	

wandern	▶ in den Bergen wandern
ヴァンダーン	山でハイキングする
ハイキングする	

Sehenswürdigkeit	besichtigen
ゼーエンス・ヴィルディヒカイト f.	ベ**ズィ**ヒティゲン
名所	見物する

▶ Wir haben viele Sehenswürdigkeiten besichtigt.
私たちはたくさんの名所を見ました。

Stadtrundfahrt	teilnehmen
シュ**タッ**ト・ルントファールト f.	**タ**イル・ネーメン
市内遊覧	参加する

▶ an einer Stadtrundfahrt teilnehmen
市内遊覧に参加する

Tourist	Führung
トゥ**リ**スト m.	**フュー**ルング f.
観光客	ガイドツアー

erfahren エア**ファー**レン 経験する

erleben エア**レー**ベン 体験する

▶ Wir haben auf unserer Reise viel erlebt.
私たちは旅行でたくさんの体験をしました。

Souvenir ズ**ヴェ**ニーア n. 土産

Souvenirgeschäft ズ**ヴェ**ニーア・ゲシェフト n. 土産物屋

Ansichtskarte **ア**ンズィヒツ・カルテ f. 絵葉書

3-3 旅行 ①

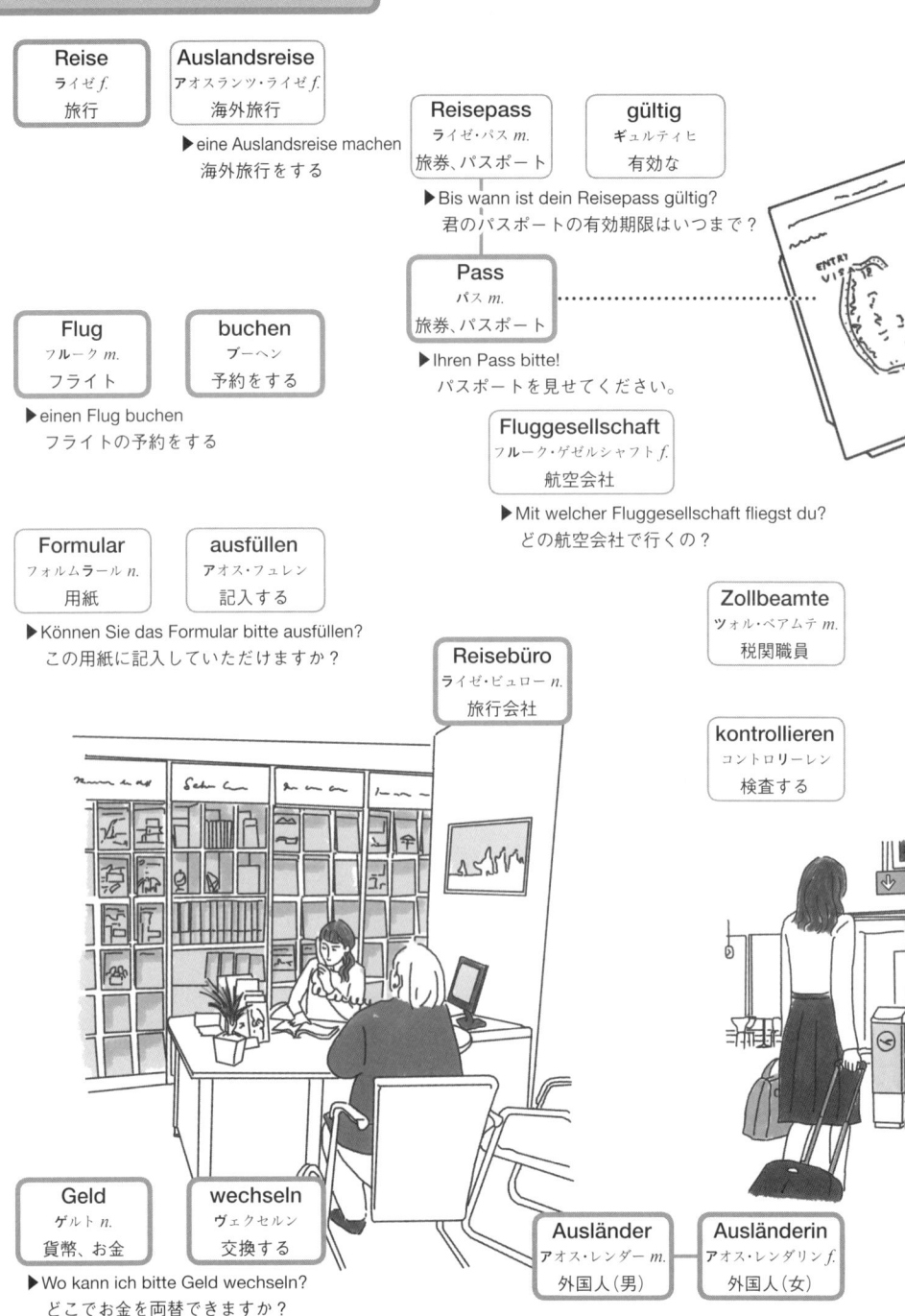

Reise
ライゼ *f.*
旅行

Auslandsreise
アオスランツ・ライゼ *f.*
海外旅行
▶ eine Auslandsreise machen
海外旅行をする

Reisepass
ライゼ・パス *m.*
旅券、パスポート

gültig
ギュルティヒ
有効な
▶ Bis wann ist dein Reisepass gültig?
君のパスポートの有効期限はいつまで？

Pass
パス *m.*
旅券、パスポート
▶ Ihren Pass bitte!
パスポートを見せてください。

Flug
フルーク *m.*
フライト

buchen
ブーヘン
予約をする
▶ einen Flug buchen
フライトの予約をする

Fluggesellschaft
フルーク・ゲゼルシャフト *f.*
航空会社
▶ Mit welcher Fluggesellschaft fliegst du?
どの航空会社で行くの？

Formular
フォルムラール *n.*
用紙

ausfüllen
アオス・フュレン
記入する
▶ Können Sie das Formular bitte ausfüllen?
この用紙に記入していただけますか？

Zollbeamte
ツォル・ベアムテ *m.*
税関職員

kontrollieren
コントロリーレン
検査する

Reisebüro
ライゼ・ビューロー *n.*
旅行会社

Geld
ゲルト *n.*
貨幣、お金

wechseln
ヴェクセルン
交換する
▶ Wo kann ich bitte Geld wechseln?
どこでお金を両替できますか？

Ausländer
アオス・レンダー *m.*
外国人（男）

Ausländerin
アオス・レンダリン *f.*
外国人（女）

Visum ヴィーズム n.
ビザ
▶ ein Visum beantragen
　ビザを申請する

beantragen ベアントラーゲン
申し込む

Staatsangehörigkeit シュターツ・アンゲヘーリヒカイト f.
国籍
▶ Welche Staatsangehörigkeit haben Sie?
　あなたの国籍はどちらですか？

Mietwagen ミート・ヴァーゲン m.　レンタカー
kosten コステン　〜の値段である
▶ Der Mietwagen kostet 60 Euro pro Tag.
　レンタカーの料金は1日60ユーロです。
zollfrei ツォル・フライ　免税の
▶ Hier kann man zollfrei einkaufen.
　ここでは免税で買い物ができる。
verzollen フェアツォレン　関税を払う
▶ Muss ich das verzollen?
　これには関税を払う必要がありますか？
Zoll ツォル m.　関税

Grenzkontrolle グレンツ・コントロレ f.
国境での検問

Grenze グレンツェ f.
国境

zwischen ツヴィッシェン
〜の間に

▶ die Grenze zwischen Deutschland und Frankreich
　ドイツとフランスの国境

Reiseführer ライゼ・フューラー m.
ガイドブック
▶ einen Reiseführer mitnehmen
　ガイドブックを持って行く

Reisende ライゼンデ m., f.
旅行者

Gruppenreise グルッペン・ライゼ f.
団体旅行

Gruppe グルッペ f.
グループ
▶ in einer Gruppe reisen
　グループで旅行する

Stadtplan シュタット・プラーン m.
市街地図

mitnehmen ミット・ネーメン
持って行く

3-4 旅行 ② (宿泊)

Übernachtung
ユーバーナハトゥング f.
宿泊

übernachten
ユーバーナハテン
宿泊する

reservieren
レゼルヴィーレン
予約する

⇔

abbestellen
アップ・ベシュテレン
キャンセルする

▶ ein Hotelzimmer reservieren
ホテルの部屋を予約する

▶ Ich möchte mein Zimmer abbestellen.
私は部屋の予約をキャンセルしたい。

Hotel
ホテル n.
ホテル

Information
インフォルマツィオーン f.
インフォメーション

Prospekt
プロスペクト m.
パンフレット

▶ Haben Sie einen Prospekt von diesem Hotel?
このホテルのパンフレットはありますか？

Rezeption
レツェプツィオーン f.
フロント

Schlüssel
シュリュッセル m.
鍵

abgeben
アップ・ゲーベン
手渡す

▶ den Schlüssel an der Rezeption abgeben
鍵をフロントに預ける

einchecken
アイン・チェッケン
チェックインする

⇔

auschecken
アオス・チェッケン
チェックアウトする

Frühstück
フリューシュテュック n.
朝食

▶ Die Übernachtung kostet mit Frühstück 85 Euro.
1泊朝食付きで85ユーロです。

| **Hotelzimmer** |
| ホテル・ツィマー n. |
| ホテルの部屋 |

| **Zimmernummer** |
| ツィマー・ヌマー f. |
| 部屋番号 |

▶Wie ist Ihre Zimmernummer?
あなたのお部屋番号は？

| **Einzelzimmer** |
| アインツェル・ツィマー n. |
| １人部屋 |

| **Doppelzimmer** |
| ドッペル・ツィマー n. |
| ２人部屋 |

| **frei** |
| フライ |
| 空いている |

▶Haben Sie ein Doppelzimmer frei?
２人部屋は空いていますか？

| **wecken** |
| ヴェッケン |
| 起こす |

▶Können Sie mich bitte um 6 Uhr wecken?
６時に起こしてもらえますか？

| **Bad** |
| バート n. |
| バスタブ |

| **Dusche** |
| ドゥッシェ f. |
| シャワー |

▶Möchten Sie ein Zimmer mit Dusche oder mit Bad?
シャワー付きの部屋とバスタブ付きの部屋、どちらがいいですか？

| **Pension** |
| ペンスィオーン f. |
| ペンション、民宿 |

▶Wir haben in einer Pension übernachtet.
私たちはペンションに泊まりました。

| **Jugendherberge** |
| ユーゲント・ヘルベルゲ f. |
| ユースホテル |

3-5 余暇と趣味

Oper オーパー *f.* オペラ
▶ in die Oper gehen オペラを観に行く

Freizeit フライ・ツァイト *f.* 余暇
▶ Was machst du in deiner Freizeit? 余暇には何をしているの？

Hobby ホビ *n.* 趣味
▶ Hast du ein Hobby? 君は趣味がある？

Kino キーノ *n.* 映画館
▶ ins Kino gehen 映画を観に行く

Musik ムズィーク *f.* 音楽

Museum ムゼーウム *n.* 美術館、博物館

Kunstmuseum クンスト・ムゼーウム *n.* 美術館

Ausstellung アオス・シュテルング *f.* 展覧会
▶ eine interessante Ausstellung 興味深い展覧会

interessant インテレサント 興味をひく

Kunst クンスト *f.* 芸術、美術
▶ moderne Kunst 現代アート

Bild ビルト *n.* 絵、写真

fotografieren フォトグラフィーレン 写真を撮る

zeichnen ツァイヒネン デッサンする

malen マーレン 絵を描く
▶ ein Bild malen 絵を描く

Film フィルム *m.* 映画
ansehen アン・ゼーエン 見る、見つめる
▶ einen Film ansehen 映画を観る
Konzert コンツェルト *n.* コンサート
Theater テアーター *n.* 劇場、芝居
Vortrag フォーア・トラーク *m.* 講演会
▶ Der Vortrag war ziemlich langweilig. 講演会はかなり退屈だった。
Sprachkurs シュプラーハ・クルス *m.* 語学講座

Ausflug
アオス・フルーク *m.*
遠足
▶ einen Ausflug zum Bodensee machen
ボーデン湖へ遠足に行く

Camping
ケンピング *n.*
キャンプ

grillen
グリレン
バーベキューをする

tanzen
タンツェン
踊る

Party
パールティ *f.*
パーティ

angeln
アンゲルン
釣りをする

Radtour
ラート・トゥーア *f.*
サイクリングツアー

Fahrt
ファールト *f.*
ドライブ

Park パルク *m.* 公園
Zoo ツォー *m.* 動物園
Schloss シュロス *n.* 城
▶ ein Schloss besichtigen
城を見学する
Burg ブルク *f.* 城、城塞
bauen バオエン 建てる、建設する
▶ Wann wurde diese Burg gebaut?
この城はいつ建てられましたか？
Denkmal デンク・マール *n.* 記念碑、記念像

regelmäßig
レーゲル・メースィヒ
規則的な

treiben
トライベン
（スポーツを）する

▶ Er treibt regelmäßig Sport.
彼は定期的にスポーツをしています。

Schach
シャハ *n.*
チェス

Stadtbummel
シュタット・ブメル *m.*
街歩き

spazieren gehen
シュパツィーレン　ゲーエン
散歩する

▶ Ich gehe gern spazieren.
私は散歩が好きです。

Spaziergang
シュパツィーア・ガング *m.*
散歩

▶ Wollen wir einen Spaziergang im Park machen?
公園に散歩に行きませんか？

sammeln ザンメルン　集める
▶ Briefmarken sammeln
切手を集める
Spiel シュピール *n.* ゲーム、遊び
Computerspiel コンピューター・シュピール *n.*
コンピューター・ゲーム

3-6 スポーツ・試合

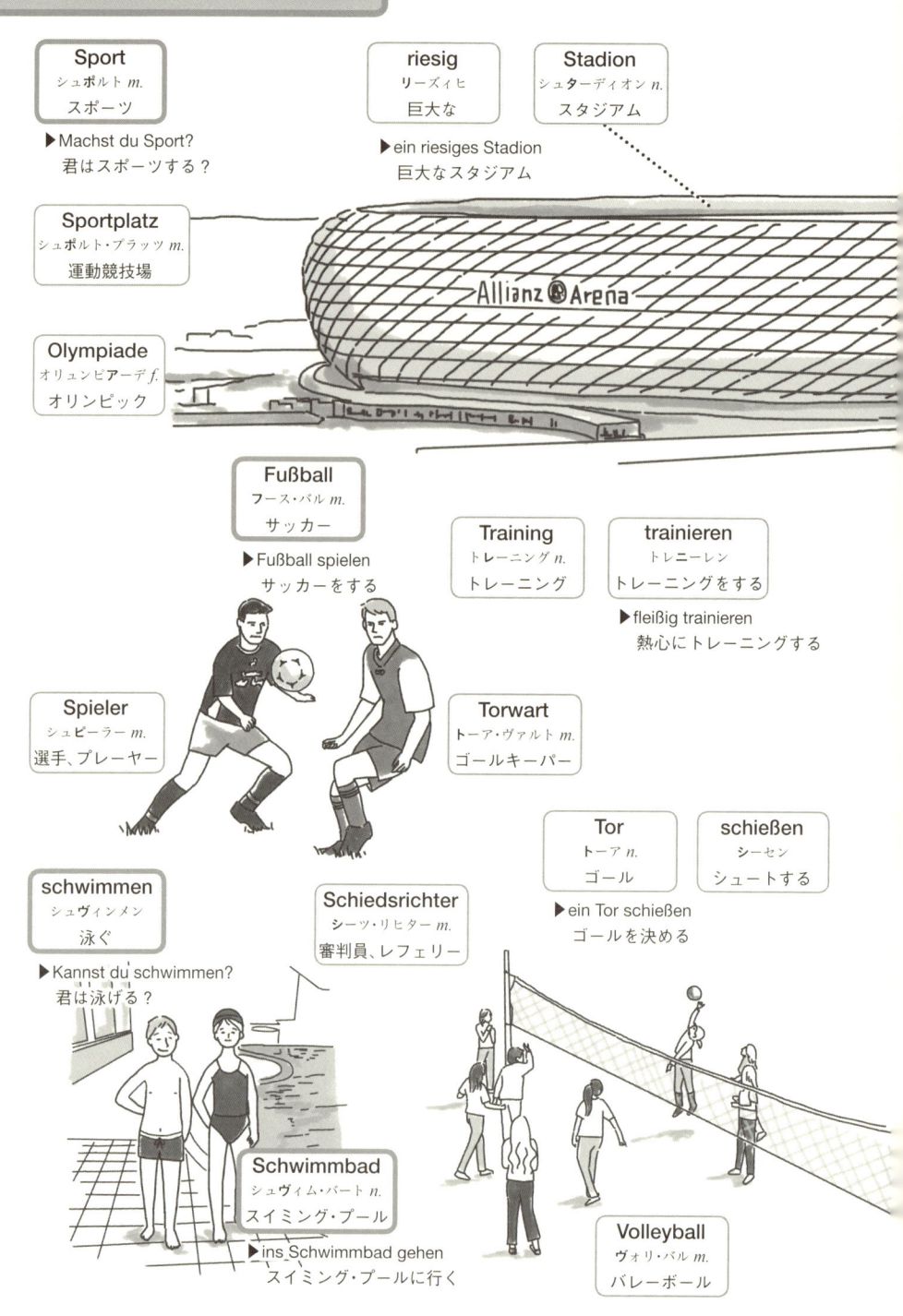

Sport シュポルト m.
スポーツ
▶ Machst du Sport?
君はスポーツする？

riesig リーズィヒ
巨大な
▶ ein riesiges Stadion
巨大なスタジアム

Stadion シュターディオン n.
スタジアム

Sportplatz シュポルト・プラッツ m.
運動競技場

Olympiade オリュンピアーデ f.
オリンピック

Fußball フース・バル m.
サッカー
▶ Fußball spielen
サッカーをする

Training トレーニング n.
トレーニング

trainieren トレニーレン
トレーニングをする
▶ fleißig trainieren
熱心にトレーニングする

Spieler シュピーラー m.
選手、プレーヤー

Torwart トーア・ヴァルト m.
ゴールキーパー

schwimmen シュヴィンメン
泳ぐ
▶ Kannst du schwimmen?
君は泳げる？

Schiedsrichter シーツ・リヒター m.
審判員、レフェリー

Tor トーア n.
ゴール

schießen シーセン
シュートする
▶ ein Tor schießen
ゴールを決める

Schwimmbad シュヴィム・バート n.
スイミング・プール
▶ ins Schwimmbad gehen
スイミング・プールに行く

Volleyball ヴォリ・バル m.
バレーボール

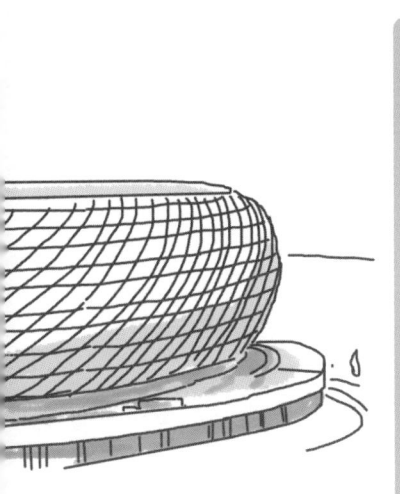

Baseball ベース・ボール m.　野球
Handball ハント・バル m.　ハンドボール
Tischtennis ティッシュ・テニス n.　卓球
Tennis テニス n.　テニス
Gymnastik ギュムナスティック f.　体操
Aerobic エローピック n.　エアロビクス
turnen トゥルネン　体操をする
boxen ボクセン　ボクシングをする
Judo ユード n.　柔道
Karate カラーテ n.　空手
Wintersport ヴィンター・シュポルト m.　ウィンター・スポーツ
Ski シー m.　スキー
Snowboard スノー・ボート n.　スノーボード
Leichtathletik ライヒト・アトレーティック f.　陸上競技
joggen ジョゲン　ジョギングをする
laufen ラオフェン　走る
segeln ゼーゲルン　ヨットに乗る
reiten ライテン　乗馬する

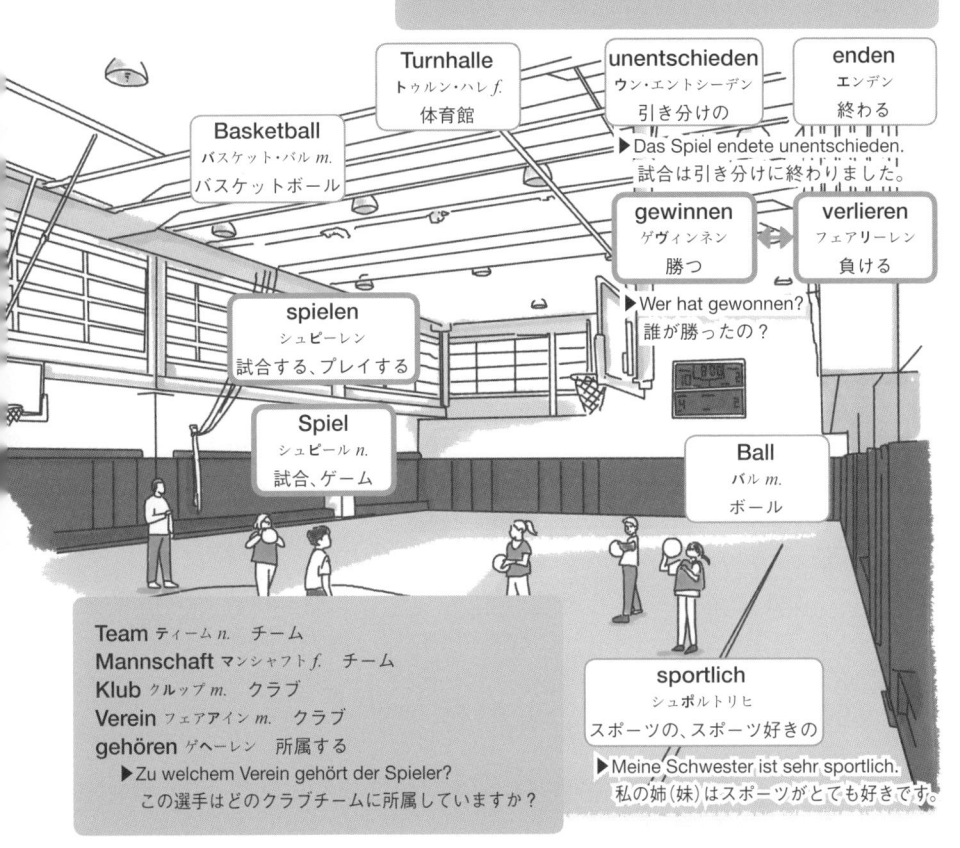

Basketball バスケット・バル m.　バスケットボール

Turnhalle トゥルン・ハレ f.　体育館

unentschieden ウン・エントシーデン　引き分けの

enden エンデン　終わる
▶ Das Spiel endete unentschieden.
　試合は引き分けに終わりました。

gewinnen ゲヴィンネン　勝つ

verlieren フェアリーレン　負ける
▶ Wer hat gewonnen?
　誰が勝ったの？

spielen シュピーレン　試合する、プレイする

Spiel シュピール n.　試合、ゲーム

Ball バル m.　ボール

Team ティーム n.　チーム
Mannschaft マンシャフト f.　チーム
Klub クルップ m.　クラブ
Verein フェアアイン m.　クラブ
gehören ゲヘーレン　所属する
▶ Zu welchem Verein gehört der Spieler?
　この選手はどのクラブチームに所属していますか？

sportlich シュポルトリヒ　スポーツの、スポーツ好きの
▶ Meine Schwester ist sehr sportlich.
　私の姉(妹)はスポーツがとても好きです。

3-7 音楽

Musik ムズィーク f.
音楽
▶ Ich höre gern Musik.
私は音楽を聴くのが好きです。

Musikinstrument ムズィーク・インストルメント n.
楽器
▶ Spielst du ein Musikinstrument?
君は何か楽器を弾く？

Musiker ムーズィカー m.
音楽家

Cello チェロ n.
チェロ

Horn ホルン n.
ホルン

Trompete トロンペーテ f.
トランペット

Orchester オルケスター n.
オーケストラ

Violine ヴィオリーネ f.
バイオリン

Geige ガイゲ f.
バイオリン

Chor コーア m.
合唱
▶ Ich singe in einem Chor.
私は合唱団に入っています。

Dirigent ディリゲント m.
指揮者

Noten ノーテン pl.
楽譜

dirigieren ディリギーレン
指揮する

Oboe オボーエ f.
オーボエ

Stimme シュティンメ f.
声
▶ Sie hat eine schöne Stimme.
彼女はきれいな声をしている。

singen ズィンゲン
歌う

Klavier クラヴィーア n.
ピアノ
▶ Sie spielt seit ihrem achten Lebensjahr Klavier.
彼女は8歳の時からピアノを弾いている。

proben プローベン
リハーサルをする

üben ユーベン
練習する

Klavierunterricht クラヴィーア・ウンターリヒト m.
ピアノのレッスン
▶ Ich nehme einmal pro Woche Klavierunterricht.
私は週に1度ピアノのレッスンを受けます。

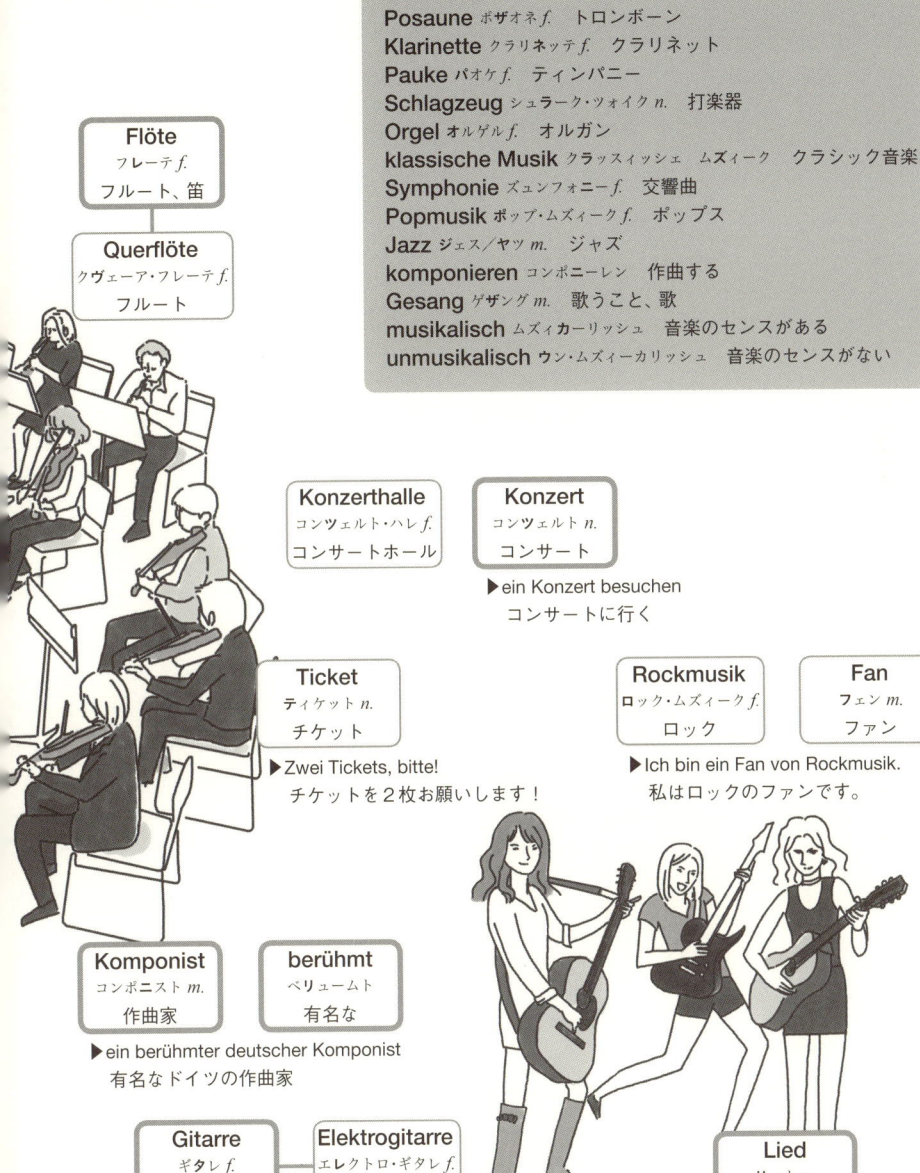

Blockflöte	ブロック・フレーテ f.	リコーダー
Posaune	ポザオネ f.	トロンボーン
Klarinette	クラリネッテ f.	クラリネット
Pauke	パオケ f.	ティンパニー
Schlagzeug	シュラーク・ツォイク n.	打楽器
Orgel	オルゲル f.	オルガン
klassische Musik	クラッスィッシェ ムズィーク	クラシック音楽
Symphonie	ズュンフォニー f.	交響曲
Popmusik	ポップ・ムズィーク f.	ポップス
Jazz	ジェス／ヤツ m.	ジャズ
komponieren	コンポニーレン	作曲する
Gesang	ゲザング m.	歌うこと、歌
musikalisch	ムズィカーリッシュ	音楽のセンスがある
unmusikalisch	ウン・ムズィーカリッシュ	音楽のセンスがない

Flöte
フレーテ f.
フルート、笛

Querflöte
クヴェーア・フレーテ f.
フルート

Konzerthalle
コンツェルト・ハレ f.
コンサートホール

Konzert
コンツェルト n.
コンサート
▶ ein Konzert besuchen
コンサートに行く

Ticket
ティケット n.
チケット
▶ Zwei Tickets, bitte!
チケットを2枚お願いします！

Rockmusik
ロック・ムズィーク f.
ロック
▶ Ich bin ein Fan von Rockmusik.
私はロックのファンです。

Fan
フェン m.
ファン

Komponist
コンポニスト m.
作曲家

berühmt
ベリュームト
有名な
▶ ein berühmter deutscher Komponist
有名なドイツの作曲家

Gitarre
ギタレ f.
ギター
▶ Ich lerne jetzt Gitarre.
私は今ギターを習っている。

Elektrogitarre
エレクトロ・ギタレ f.
エレキギター

Lied
リート n.
歌
▶ Kennst du dieses Lied?
君はこの歌を知ってる？

3-8 来客

Party
パールティ f.
パーティ

Fete
フェーテ f.
パーティ

Einladung
アイン・ラードゥング f.
招待

▶ eine Einladung schicken
招待状を送る

einladen
アイン・ラーデン
招待する

vorhaben
フォーア・ハーベン
予定がある

absagen
アップ・ザーゲン
断る

▶ Haben Sie am Wochenende schon etwas vor?
Wir möchten Sie gerne einladen.
もう週末に何かご予定はありますか？
私たちはあなたをご招待したいのですが。

erscheinen
エアシャイネン
現れる

▶ Die Gäste sind alle um acht Uhr erschienen.
ゲストはみな8時にやってきました。

anbieten
アン・ビーテン
勧める

Wein
ヴァイン m.
ワイン

▶ Darf ich Ihnen ein Glas Wein anbieten?
ワインを一杯いかがですか？

prost
プロースト
乾杯

zum Wohl
ツム・ヴォール
乾杯

Gastgeber
ガスト・ゲーバー m.
もてなす側の主人、ホスト

unterhalten (sich)
ウンターハルテン
歓談する

Alkohol
アルコホール m.
アルコール飲料

▶ Ja, gern. / Nein danke, ich trinke keinen Alkohol!
ええ、いただきます。／ 結構です。私はお酒は飲みません。

gemütlich
ゲミュートリヒ
居心地のよい、気楽な

Pralinen
プラリーネン pl.
チョコレートボンボン

Blume
ブルーメ f.
花

▶ Machen Sie es sich gemütlich!
くつろいでくださいね。

grüßen	**Gruß**
グリューセン	グルース m.
挨拶する	挨拶

▶ Grüßen Sie bitte Ihre Frau!
奥様によろしくお伝えください。

danken	**bedanken (sich)**
ダンケン	ベダンケン
感謝する	お礼を言う

▶ Ich danke Ihnen für die freundliche Einladung.
ご親切にご招待いただき、ありがとうございます。

Besuch	**Gast**
ベズーフ m.	ガスト m.
来客	客

willkommen	**begrüßen**
ヴィルコンメン	ベグリューセン
歓迎	歓迎する

▶ Willkommen bei uns zu Haus!
我が家へようこそ！

Geschenk	**mitbringen**
ゲシェンク n.	ミット・ブリンゲン
贈り物、プレゼント	持ってくる

▶ ein kleines Geschenk mitbringen
ちょっとした贈り物を持っていく

Gartenparty ガルテン・パールティ f.
ガーデンパーティ
Feier ファイアー f.
祝賀パーティ
Geburtstagsparty ゲブーアツタック・パールティ f.
誕生日パーティ
Grillparty グリル・パールティ f.
バーベキューパーティ
Hochzeit ホホ・ツァイト f.
結婚式
Glückwunsch グリュック・ヴンシュ m.
祝辞
herzlich ヘルツリヒ
心からの
　▶ Herzlichen Glückwunsch zum Geburtstag!
　お誕生日おめでとう！
wünschen ヴュンシェン
願う
hoffentlich ホッフェントリヒ
望むらくは

verabschieden	**Abschied**
フェアアップシーデン	アップ・シート m.
別れの挨拶を述べる	別れ

▶ die Gäste verabschieden
ゲストを見送る

▶ Ich muss mich jetzt leider verabschieden.
残念ですが、もう失礼しなければなりません。

Flasche
フラッシェ f.
ボトル、瓶

Fleisch
フライシュ n.
肉

▶ Möchten Sie noch etwas Fleisch?
お肉をもう少しいかがですか？

satt
ザット
満腹の

▶ Nein, danke. Ich bin schon satt.
いいえ、ありがとうございます。
私はもうおなかがいっぱいです。

Blumenstrauß	**schenken**	**zugreifen**
ブルーメン・シュトラオス m.	シェンケン	ツー・グライフェン
花束	贈る	取る

▶ Er hat der Gastgeberin Blumen geschenkt.
彼は女主人に花を贈った。

▶ Bitte greifen Sie zu!
どうぞ遠慮なくお取りください。

3-9 祭り

Fest
フェスト n.
祭り、祝賀会

feiern
ファイアーン
祝う

Weihnachten
ヴァイ・ナハテン n.
クリスマス

▶ Wir feiern Weihnachten immer zu Haus.
　私たちはクリスマスをいつも家でお祝いします。

Weihnachtsmarkt
ヴァイナハツ・マルクト m.
クリスマスマーケット

Glühwein
グリューヴァイン m.
(スパイス入り)ホットワイン

Stollen
シュトレン m.
シュトレン

Messe
メッセ f.
見本市、メッセ

beliebt
ベリープト
人気のある

▶ Diese Messe ist bei Autofans sehr beliebt.
　このメッセは車の愛好家にとても人気がある。

Veranstaltung
フェアアンシュタルトゥング f.
催し物

veranstalten
フェアアンシュタルテン
催す

kulturell クルトゥレル 文化的な

Ereignis エアアイグニス n. 出来事

▶ ein kulturelles Ereignis
文化的な出来事

Neujahr ノイ・ヤール n. 新年

Filmfestspiele フィルム・フェストシュピーレ pl. 映画祭
Festspiel フェスト・シュピール n. 芸術祭
Volksfest フォルクス・フェスト n. 地域のお祭り
Familienfest ファミーリエン・フェスト n. 家族のお祝い
Geburtstagsfeier ゲブーアツタークス・ファイアー f. 誕生日のお祝い
Fasching / Karneval ファッシング／カルネヴァル m. 謝肉祭、カーニバル
Ostern オースターン n. イースター、復活祭
Pfingsten プフィングステン n. 聖霊降臨祭
Unifest ウニ・フェスト n. (大学の)学園祭
▶ Das Unifest hat großen Spaß gemacht!
学園祭はとても楽しかったです。
Feiertag ファイアー・ターク m. 祝日
▶ Heute ist Feiertag. Die Geschäfte sind alle zu.
今日は祝日です。お店はみな閉まっています。
Nationalfeiertag ナツィオナール・ファイアーターク m. 国民の祝日
▶ Der deutsche Nationalfeiertag ist am 3. Oktober.
ドイツの国民の祝日は10月3日です。

Silvester ズィルヴェスター m., n. 大晦日

▶ Macht ihr an Silvester eine Party?
君たちは大晦日にパーティをしているの？

Spaß シュパース m. 楽しみ

Vergnügen フェアグニューゲン n. 楽しみ

▶ Viel Spaß!
どうぞ楽しんできてください。

Oktoberfest オクトーバー・フェスト n. オクトーバーフェスト

Bier ビーア n. ビール

▶ Auf dem Oktoberfest trinken die Leute viel Bier.
オクトーバーフェストでは、人々はたくさんビールを飲みます。

クロスワードパズル ③

クロスワードではすべて大文字で記入します。ウムラウトは使わず、Ä Ö Ü はそれぞれAE OE UEと表記します。βはSSとなります。

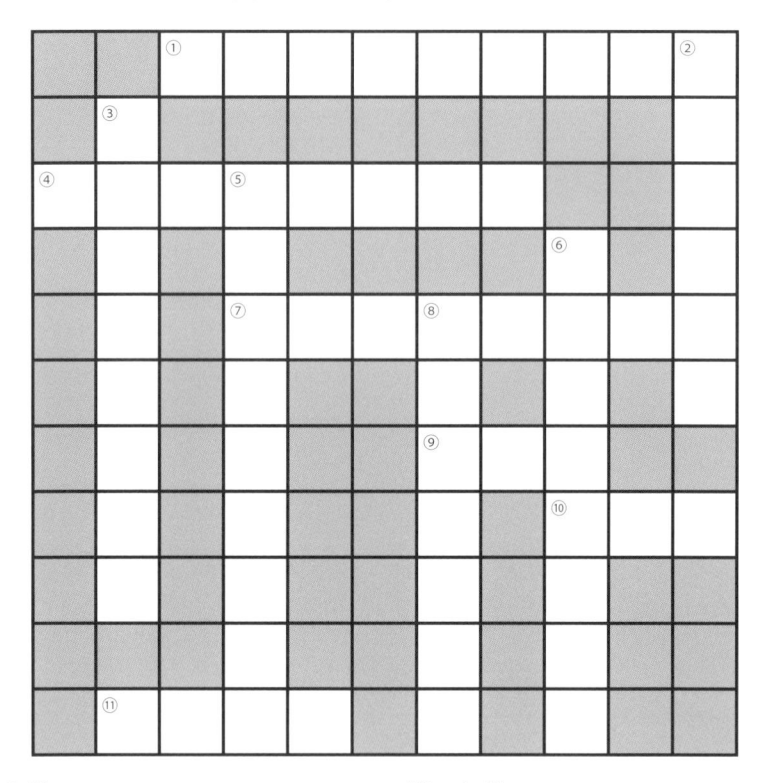

横のカギ

① 海外旅行では忘れずに！
④ Jリーグやワールドカップがあります。
⑦ 列車のベルが鳴って…。
⑨ 冬の代表的なスポーツです。
⑩ いろいろな動物がいます。
⑪ いい映画は大画面で！

縦のカギ

② 海水浴をする場所。
③ 背負うタイプのカバン。
⑤ 知らない町を歩くには欠かせません。
⑥ 仕事をしなくていい時間。
⑧ 日本では海の向こう。

横のカギ ① REISEPASS ④ FUSSBALL ⑦ ABFAHREN ⑨ SKI ⑩ ZOO ⑪ KINO
縦のカギ ② STRAND ③ RUCKSACK ⑤ STADTPLAN ⑥ FREIZEIT ⑧ AUSLAND

第4章
学校

4-1 学校制度

Schule シューレ f.
学校
▶ mit sechs Jahren in die Schule kommen
6歳で学校にあがる

Schulsystem シュール・ズュステーム n.
学校制度
▶ das deutsche Schulsystem
ドイツの学校制度

Bildung ビルドゥング f.
教育
▶ eine gute Bildung haben
教養がある

Bildungssystem ビルドゥングス・ズュステーム n.
教育制度

Kindergarten キンダー・ガルテン m.
幼稚園
▶ den Kindergarten besuchen
幼稚園に行く

Schultüte シュール・テューテ f.
入学祝いの菓子袋

Grundschule グルント・シューレ f.
基礎学校
▶ Die Grundschule dauert vier Jahre.
基礎学校は4年制です。

Gymnasium ギュムナーズィウム n.
ギムナジウム

eintreten アイン・トレーテン
入る
▶ ins Gymnasium eintreten
ギムナジウムに入学する

Oberschule オーバー・シューレ f.
高等学校

Eintritt アイン・トリット m.
入学、入場
▶ der Eintritt in die Oberschule
高等学校への入学

| Volkshochschule |
| フォルクス・ホーホシューレ f. |
| 市民講座 |

| Fachhochschule |
| ファハ・ホーホシューレ f. |
| 単科大学 |

| abschließen |
| アップ・シュリーセン |
| 終える |
▶ das Studium abschließen
大学を卒業する

| Berufsschule |
| ベルーフス・シューレ f. |
| 職業学校 |

| Hochschule |
| ホーホ・シューレ f. |
| 大学 |

| Abschluss |
| アップ・シュルス m. |
| 終了、卒業 |

| Realschule |
| レアール・シューレ f. |
| 実科学校 |

| Hauptschule |
| ハオプト・シューレ f. |
| 基幹学校 |

| Universität |
| ウニヴェルズィテート f. |
| 大学 |
▶ an der Universität studieren
大学で勉強する

| abbrechen |
| アップ・ブレヒェン |
| やめる |
▶ das Studium abbrechen
大学をやめる

| Studium |
| シュトゥーディウム n. |
| （大学での）勉強 |

4-2 教室の中 ①

Klasse
クラッセ f.
クラス、学年

Klassenzimmer
クラッセン・ツィマー n.
クラスルーム、教室

▶ Sie ist in der dritten Klasse.
彼女は3年生です。

Lehrer
レーラー m.
先生

Stundenplan
シュトゥンデン・プラーン m.
時間割

Kreide
クライデ f.
チョーク

Lehrbuch
レーア・ブーフ n.
教科書

Heft
ヘフト n.
ノート

Kugelschreiber / Kuli
クーゲル・シュライバー／クーリ m.
ボールペン

leihen
ライエン
貸す、借りる

▶ Kannst du mir bitte einen Kuli leihen?
ボールペンを貸してくれる？

Stuhl
シュトゥール m.
椅子

lesen
レーゼン
読む

Buch
ブーフ n.
本

▶ Er liest ein Buch.
彼は本を読んでいる。

Papier
パピーア n.
紙

Wörterbuch
ヴェルター・ブーフ n.
辞書

Blatt
ブラット n.
枚

▶ ein Blatt Papier
1枚の紙

nachschlagen
ナーハ・シュラーゲン
調べる、(辞書を)引く

▶ im Wörterbuch nachschlagen
辞書を引く

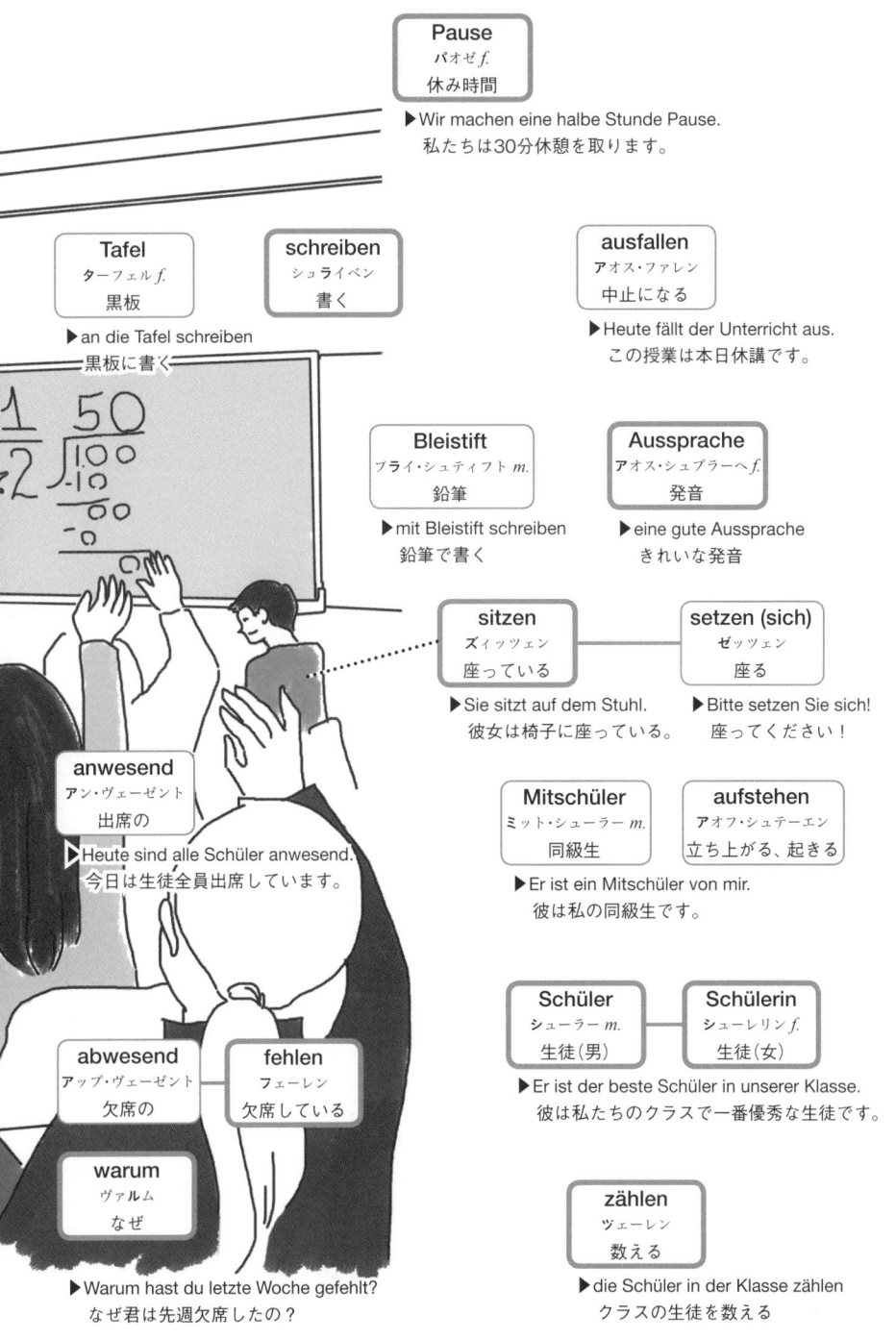

Pause
パオゼ f.
休み時間
▶ Wir machen eine halbe Stunde Pause.
私たちは30分休憩を取ります。

Tafel
ターフェル f.
黒板
▶ an die Tafel schreiben
黒板に書く

schreiben
シュライベン
書く

ausfallen
アオス・ファレン
中止になる
▶ Heute fällt der Unterricht aus.
この授業は本日休講です。

Bleistift
ブライ・シュティフト m.
鉛筆
▶ mit Bleistift schreiben
鉛筆で書く

Aussprache
アオス・シュプラーヘ f.
発音
▶ eine gute Aussprache
きれいな発音

sitzen
ズィッツェン
座っている
▶ Sie sitzt auf dem Stuhl.
彼女は椅子に座っている。

setzen (sich)
ゼッツェン
座る
▶ Bitte setzen Sie sich!
座ってください！

anwesend
アン・ヴェーゼント
出席の
▶ Heute sind alle Schüler anwesend.
今日は生徒全員出席しています。

Mitschüler
ミット・シューラー m.
同級生
▶ Er ist ein Mitschüler von mir.
彼は私の同級生です。

aufstehen
アオフ・シュテーエン
立ち上がる、起きる

abwesend
アップ・ヴェーゼント
欠席の

fehlen
フェーレン
欠席している

Schüler
シューラー m.
生徒(男)

Schülerin
シューレリン f.
生徒(女)
▶ Er ist der beste Schüler in unserer Klasse.
彼は私たちのクラスで一番優秀な生徒です。

warum
ヴァルム
なぜ
▶ Warum hast du letzte Woche gefehlt?
なぜ君は先週欠席したの？

zählen
ツェーレン
数える
▶ die Schüler in der Klasse zählen
クラスの生徒を数える

4-3 教室の中 ②

Unterricht
ウンターリヒト m.
授業
▶ Hast du am Samstag Unterricht?
君は土曜日に授業がある？

meinen
マイネン
思う、考える

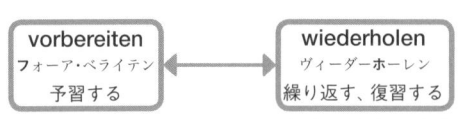

vorbereiten
フォーア・ベライテン
予習する

wiederholen
ヴィーダーホーレン
繰り返す、復習する
▶ eine Lektion wiederholen
レッスンを復習する

Hausaufgabe
ハオス・アオフガーベ f.
宿題
▶ die Hausaufgaben machen
宿題をする

Aufgabe
アオフ・ガーベ f.
課題
▶ eine schwere Aufgabe
難しい課題

unterrichten
ウンターリヒテン
教える、授業する
▶ Frau Klein unterrichtet Deutsch.
クラインさん（女）はドイツ語を教えています。

rechnen
レヒネン
計算する

noch einmal
ノホ アインマール
もう一度

erklären
エアクレーレン
説明する
▶ Können Sie das noch einmal erklären?
もう1度説明していただけますか？

fleißig
フライスィヒ
熱心な、勤勉な
▶ fleißig üben
熱心に練習する

Lektion
レクツィオーン f.
課、レッスン

Wort
ヴォルト n.
語、単語

Text
テクスト m.
テキスト、文章

Übung
ユーブング f.
練習、練習問題

Satz
ザッツ m.
文章

üben
ユーベン
練習する

übersetzen
ユーバーゼッツェン
翻訳する
▶ einen Text ins Japanische übersetzen
テキストを日本語に翻訳する

Aufsatz
アオフ・ザッツ m.
作文、論文
▶ einen Aufsatz schreiben
作文を書く

verstehen
フェアシュテーエン
理解する

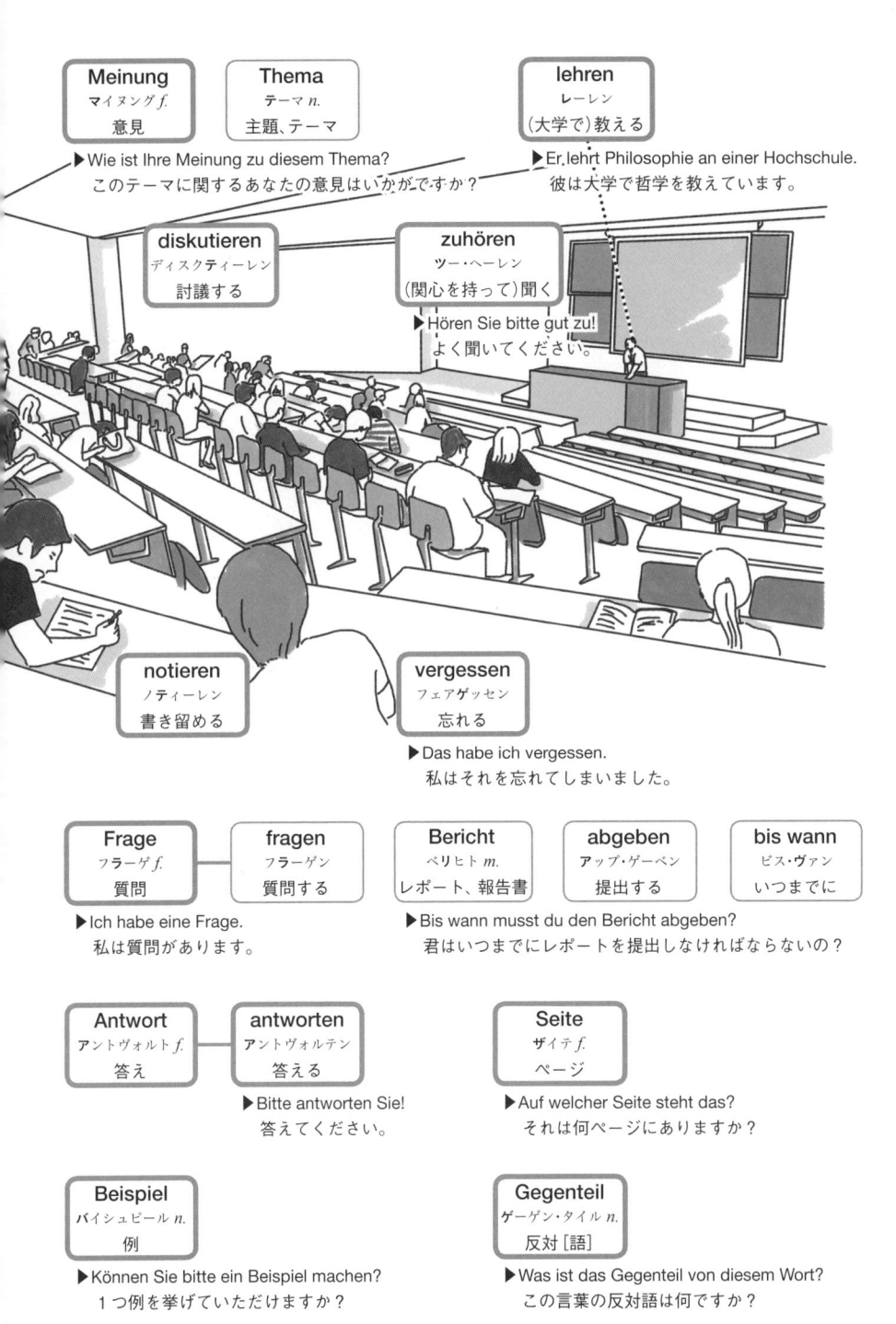

| **Meinung** マイヌング f. 意見
► Wie ist Ihre Meinung zu diesem Thema?
このテーマに関するあなたの意見はいかがですか？

| **Thema** テーマ n. 主題、テーマ

| **lehren** レーレン （大学で）教える
► Er lehrt Philosophie an einer Hochschule.
彼は大学で哲学を教えています。

| **diskutieren** ディスクティーレン 討議する

| **zuhören** ツー・ヘーレン （関心を持って）聞く
► Hören Sie bitte gut zu!
よく聞いてください。

| **notieren** ノティーレン 書き留める

| **vergessen** フェアゲッセン 忘れる
► Das habe ich vergessen.
私はそれを忘れてしまいました。

| **Frage** フラーゲ f. 質問
► Ich habe eine Frage.
私は質問があります。

| **fragen** フラーゲン 質問する

| **Bericht** ベリヒト m. レポート、報告書

| **abgeben** アップ・ゲーベン 提出する

| **bis wann** ビス・ヴァン いつまでに
► Bis wann musst du den Bericht abgeben?
君はいつまでにレポートを提出しなければならないの？

| **Antwort** アントヴォルト f. 答え

| **antworten** アントヴォルテン 答える
► Bitte antworten Sie!
答えてください。

| **Seite** ザイテ f. ページ
► Auf welcher Seite steht das?
それは何ページにありますか？

| **Beispiel** バイシュピール n. 例
► Können Sie bitte ein Beispiel machen?
１つ例を挙げていただけますか？

| **Gegenteil** ゲーゲン・タイル n. 反対［語］
► Was ist das Gegenteil von diesem Wort?
この言葉の反対語は何ですか？

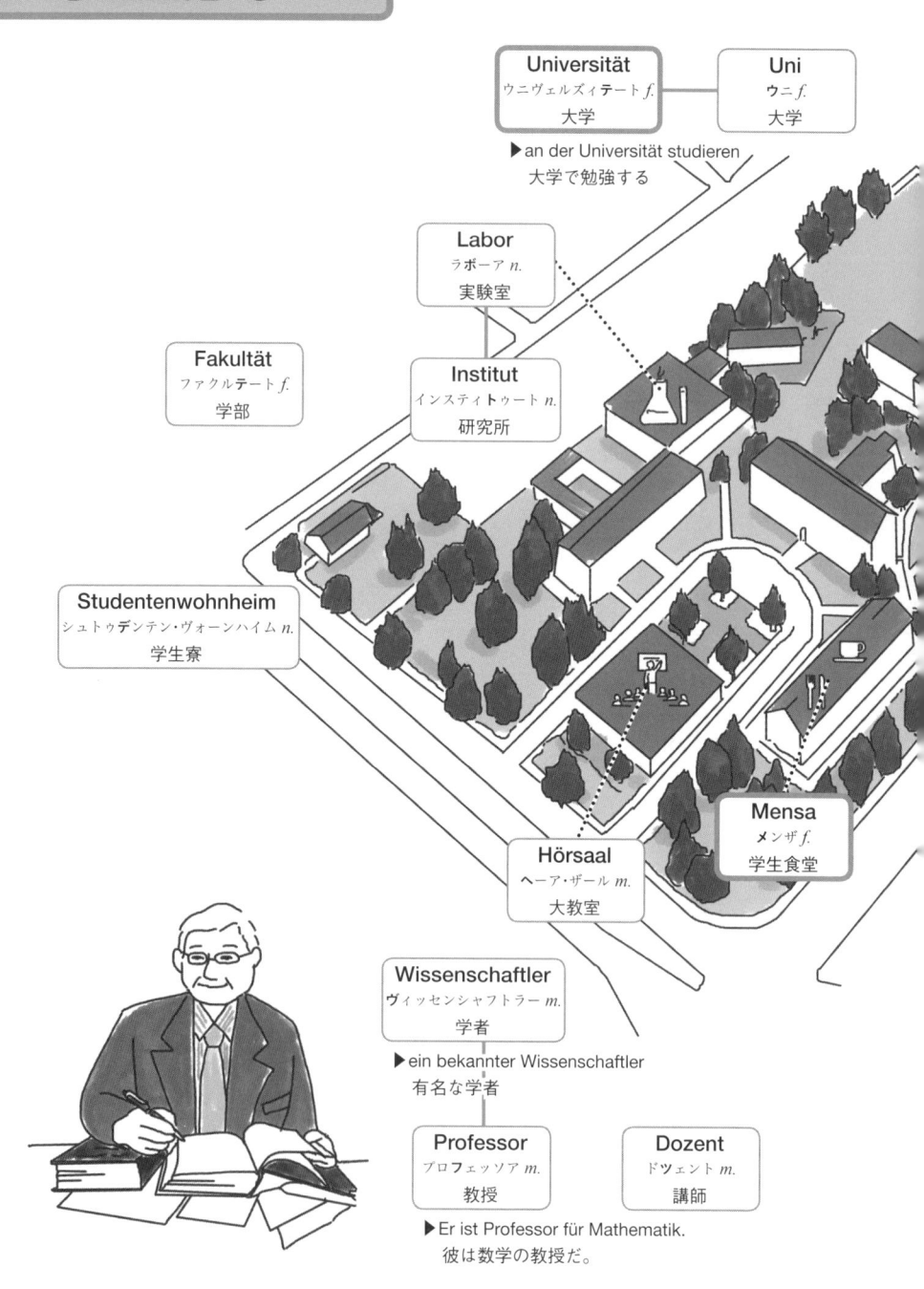

4-4 学生生活 ①

Universität
ウニヴェルズィテート f.
大学
▶ an der Universität studieren
大学で勉強する

Uni
ウニ f.
大学

Labor
ラボーア n.
実験室

Fakultät
ファクルテート f.
学部

Institut
インスティトゥート n.
研究所

Studentenwohnheim
シュトゥデンテン・ヴォーンハイム n.
学生寮

Mensa
メンザ f.
学生食堂

Hörsaal
ヘーア・ザール m.
大教室

Wissenschaftler
ヴィッセンシャフトラー m.
学者
▶ ein bekannter Wissenschaftler
有名な学者

Professor
プロフェッソア m.
教授

Dozent
ドツェント m.
講師

▶ Er ist Professor für Mathematik.
彼は数学の教授だ。

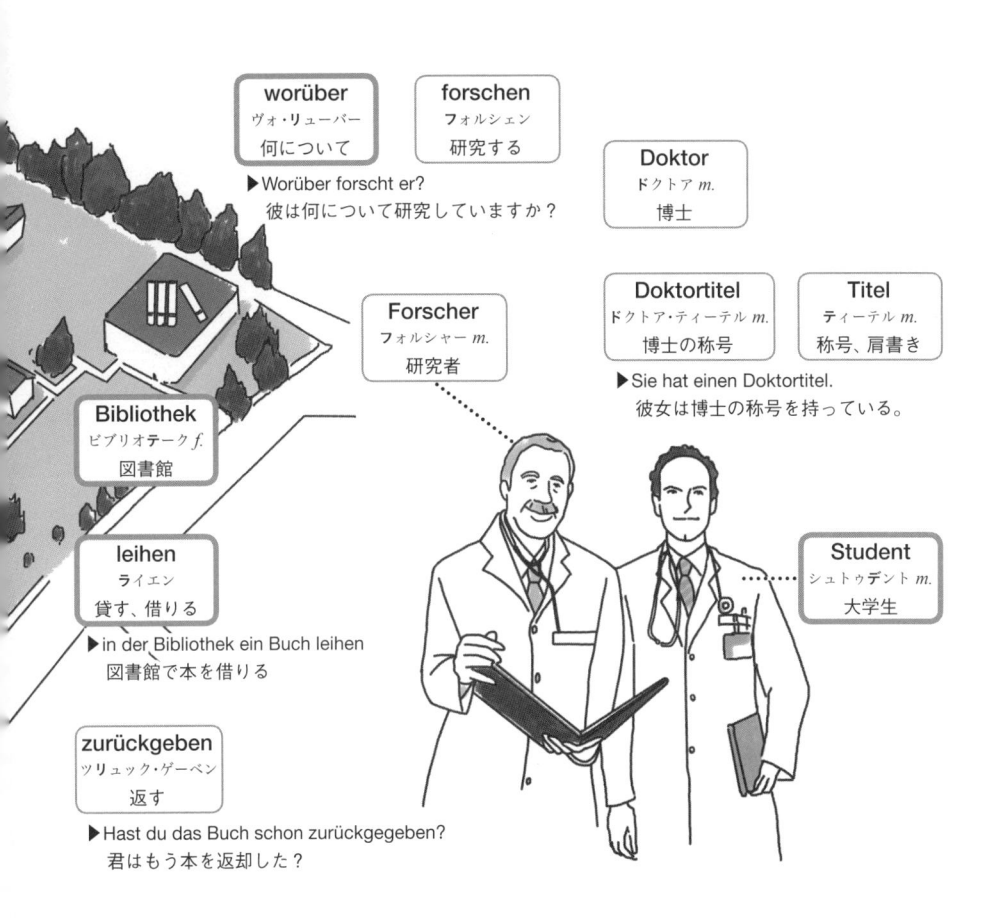

worüber
ヴォ・リューバー
何について
▶ Worüber forscht er?
彼は何について研究していますか？

forschen
フォルシェン
研究する

Doktor
ドクトア m.
博士

Forscher
フォルシャー m.
研究者

Doktortitel
ドクトア・ティーテル m.
博士の称号

Titel
ティーテル m.
称号、肩書き
▶ Sie hat einen Doktortitel.
彼女は博士の称号を持っている。

Bibliothek
ビブリオテーク f.
図書館

leihen
ライエン
貸す、借りる
▶ in der Bibliothek ein Buch leihen
図書館で本を借りる

Student
シュトゥデント m.
大学生

zurückgeben
ツリュック・ゲーベン
返す
▶ Hast du das Buch schon zurückgegeben?
君はもう本を返却した？

4-5 学生生活 ②

Studentenleben
シュトゥデンテン・レーベン n.
学生生活

Studienjahr
シュトゥーディエン・ヤール n.
学年
▶ Sie ist jetzt im dritten Studienjahr.
彼女は今大学の3年生です。

Sommersemester
ゾンマー・ゼメスター n.
夏学期

Semester
ゼメスター n.
学期
▶ In welchem Semester studierst du?
今君は何学期目なの？

Übung
ユーブング f.
基礎演習

Referat
レフェラート n.
研究報告、レポート
▶ ein Referat halten
口頭発表をする

halten
ハルテン
行う

Studentenwohnheim
シュトゥデンテン・ヴォーンハイム n.
学生寮

Vortrag
フォーア・トラーク m.
講演

Wohngemeinschaft
ヴォーン・ゲマインシャフト f.
シェアルーム
▶ in einer Wohngemeinschaft wohnen
シェアルームに住んでいる

Praktikum
プラクティクム n.
実習
▶ ein Praktikum bei einer Firma machen
企業で実習を行う

Tagesmenü
ターゲス・メニュー n.
日替わり定食

Mensa
メンザ f.
学生食堂
▶ in der Mensa zu Mittag essen
学生食堂で昼食をとる

Wintersemester
ヴィンター・ゼメスター *n.*
冬学期

Stipendium
シュティペンディウム *n.*
奨学金

bewerben (sich)
ベヴェルベン
応募する

▶ Ich habe mich um ein Stipendium beworben.
私は奨学金に応募しました。

Ferienjob
フェーリエン・ジョップ *m.*
休暇中のアルバイト

▶ einen Ferienjob machen
休暇中にアルバイトをする

jobben
ジョッペン
アルバイトをする、働く

Ausland
アオス・ラント *n.*
外国

▶ im Ausland studieren
外国で勉強する

Auslandsstudium
アオスランツ・シュトゥーディウム *n.*
留学

Vorlesung
フォーア・レーズング *f.*
講義

Seminar
ゼミナール *n.*
演習、ゼミナール

▶ Heute habe ich zwei Vorlesungen und ein Seminar.
今日私は講義が2つと演習が1つある。

Freizeit
フライ・ツァイト *f.*
余暇

75

4-6 科目

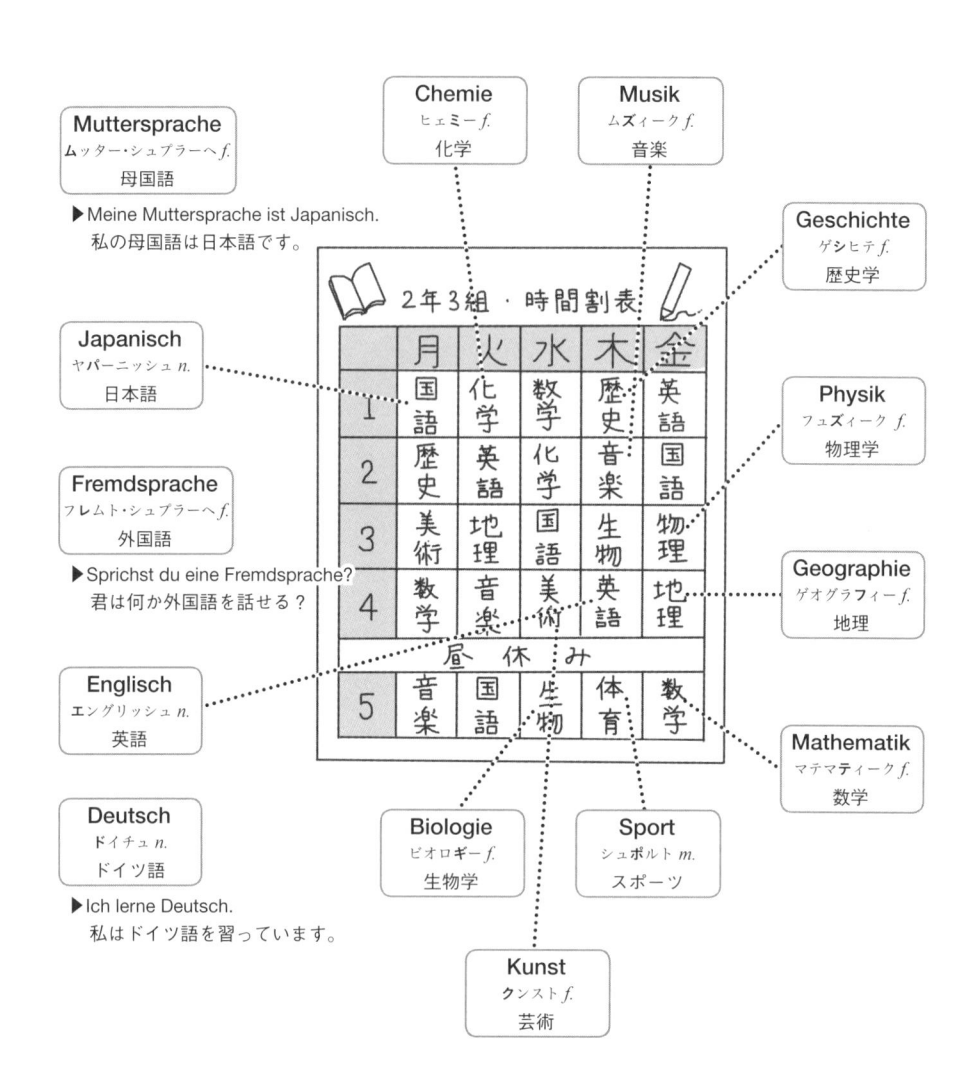

Muttersprache ムッター・シュプラーヘ f.
母国語
▶ Meine Muttersprache ist Japanisch.
私の母国語は日本語です。

Japanisch ヤパーニッシュ n.
日本語

Fremdsprache フレムト・シュプラーヘ f.
外国語
▶ Sprichst du eine Fremdsprache?
君は何か外国語を話せる？

Englisch エングリッシュ n.
英語

Deutsch ドイチュ n.
ドイツ語
▶ Ich lerne Deutsch.
私はドイツ語を習っています。

Chemie ヒェミー f.
化学

Musik ムズィーク f.
音楽

Geschichte ゲシヒテ f.
歴史学

Physik フュズィーク f.
物理学

Geographie ゲオグラフィー f.
地理

Mathematik マテマティーク f.
数学

Biologie ビオロギー f.
生物学

Sport シュポルト m.
スポーツ

Kunst クンスト f.
芸術

2年3組・時間割表

	月	火	水	木	金
1	国語	化学	数学	歴史	英語
2	歴史	英語	化学	音楽	国語
3	美術	地理	国語	生物	物理
4	数学	音楽	美術	英語	地理
	昼休み				
5	音楽	国語	生物	体育	数学

〔外国語〕

Französisch フランツェーズィッシュ n. フランス語
Italienisch イタリエーニッシュ n. イタリア語
Spanisch シュパーニッシュ n. スペイン語
Koreanisch コレアーニッシュ n. 韓国語
Chinesisch ヒネーズィッシュ n. 中国語

Fach / Studienfach
ファハ／シュトゥーディエン・ファハ n.
科目、専門科目

Hauptfach
ハオプト・ファハ n.
主専攻

Nebenfach
ネーベン・ファハ n.
副専攻

▶ Was studierst du im Hauptfach?
君の主専攻は何？

Naturwissenschaften
ナトゥーア・ヴィッセンシャフテン pl.
自然科学

Sozialwissenschaften
ゾツィアール・ヴィッセンシャフテン pl.
社会科学

Geisteswissenschaften
ガイステス・ヴィッセンシャフテン pl.
人文科学

▶ Ich interessiere mich für Naturwissenschaften.
私は自然科学に興味があります。

Literatur
リテラトゥーア f.
文学

Germanistik
ゲルマニスティック f.
ドイツ学

Japanologie
ヤパノロギー f.
日本学

Linguistik
リングイスティック f.
言語学

▶ Sie studiert deutsche Literatur.
彼女はドイツ文学を勉強しています。

Philosophie
フィロゾフィー f.
哲学

Geschichte
ゲシヒテ f.
歴史学

Psychologie
プスュヒョロギー f.
心理学

Pädagogik
ペダゴーギック f.
教育学

Wirtschaft
ヴィルトシャフト f.
経済学

Soziologie
ゾツィオロギー f.
社会学

Jura
ユーラ pl.
法学

Biologie
ビオロギー f.
生物学

Chemie
ヒェミー f.
化学

Physik
フュズィーク f.
物理学

Architektur
アルヒテクトゥーア f.
建築学

Informatik
インフォルマーティック f.
情報学

Maschinenbau
マシーネン・バオ m.
機械工学

Mathematik
マテマティーク f.
数学

Medizin
メディツィーン f.
医学

Pharmazie
ファルマツィー f.
薬学

4-7 試験と成績

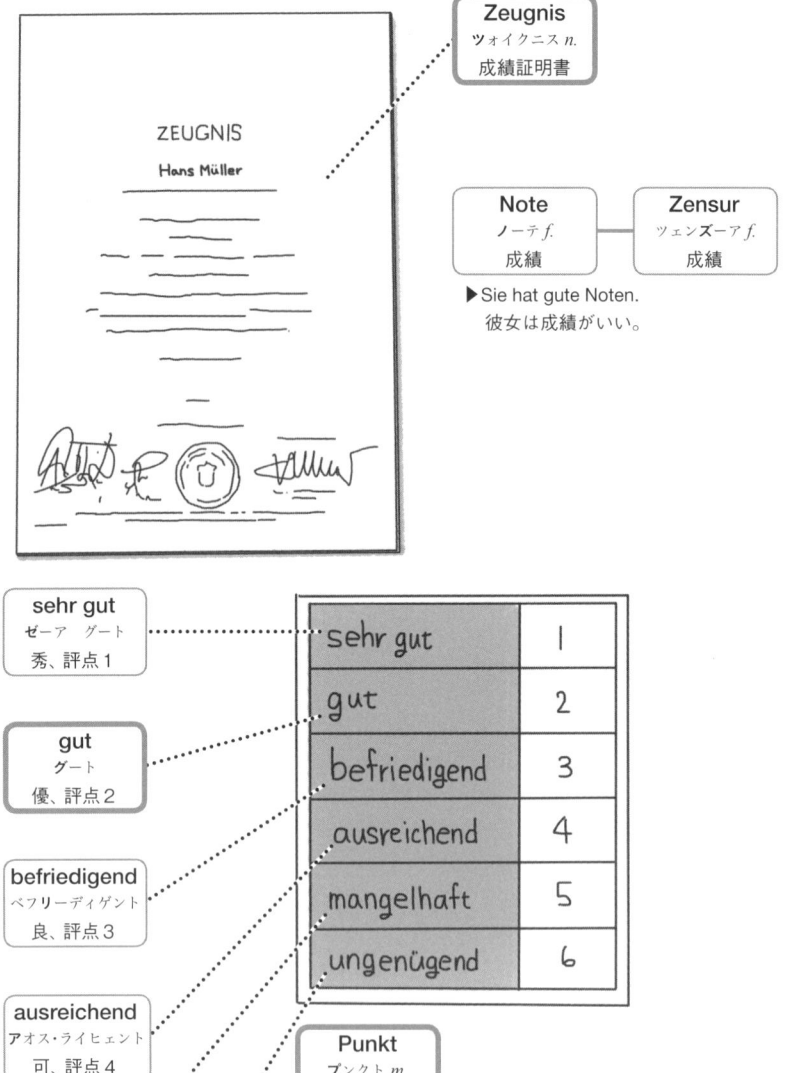

Zeugnis
ツォイクニス *n.*
成績証明書

Note ノーテ *f.* 成績 — **Zensur** ツェンズーア *f.* 成績

▶ Sie hat gute Noten.
　彼女は成績がいい。

sehr gut	1
gut	2
befriedigend	3
ausreichend	4
mangelhaft	5
ungenügend	6

sehr gut
ゼーア　グート
秀、評点1

gut
グート
優、評点2

befriedigend
ベフリーディゲント
良、評点3

ausreichend
アオス・ライヒェント
可、評点4

mangelhaft
マンゲルハフト
不可、評点5

ungenügend
ウン・ゲニューゲント
不可、評点6

Punkt
プンクト *m.*
点数

▶ Wie viele Punkte hast du bekommen?
　君は何点だった？

bestehen ベシュテーエン 合格する ↔ **durchfallen** ドゥルヒ・ファレン 落ちる、落第する

▶ Er ist im Examen durchgefallen.
　彼は試験に落ちました。

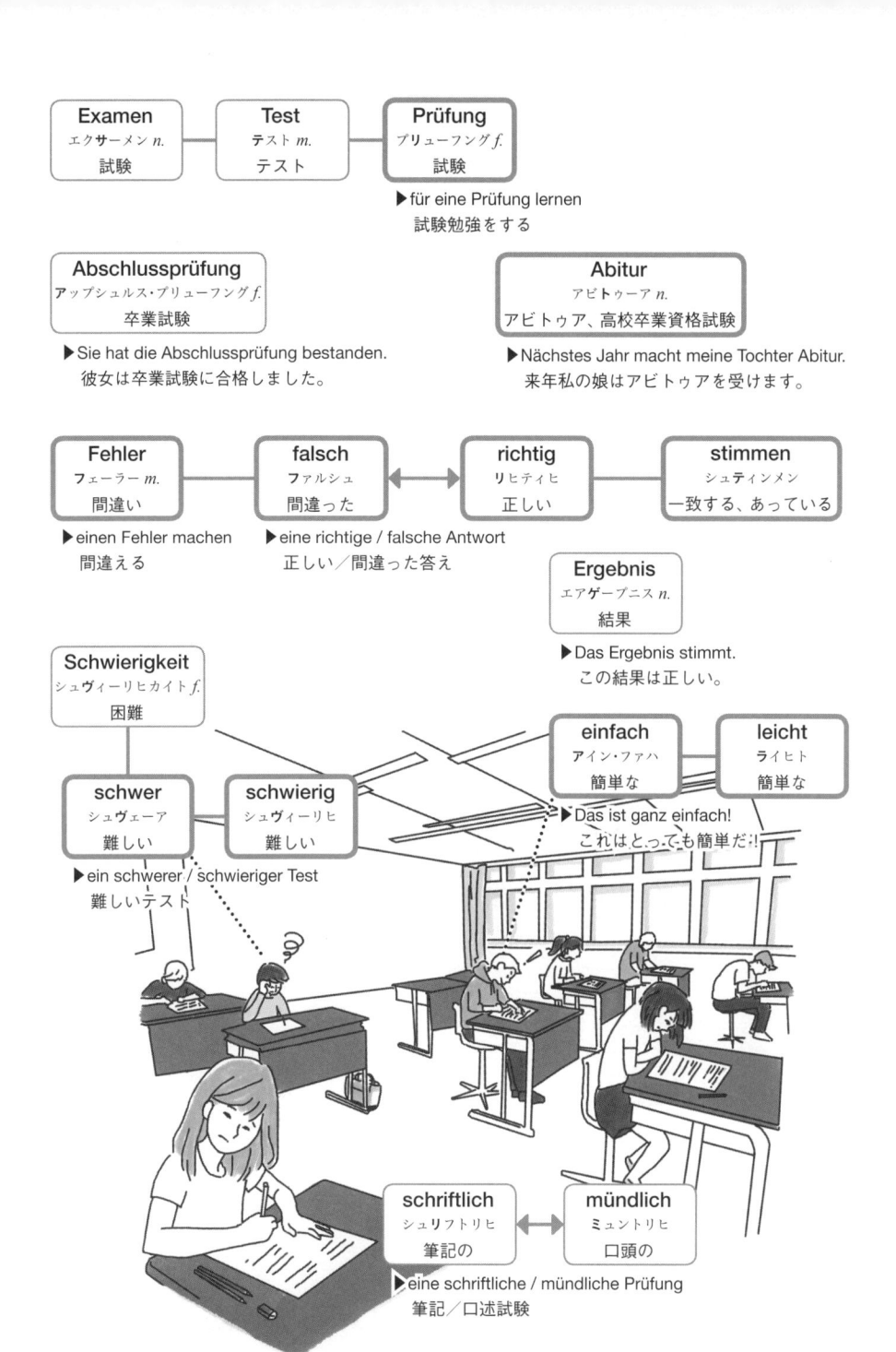

Examen	Test	Prüfung
エクサーメン n.	テスト m.	プリューフング f.
試験	テスト	試験

▶ für eine Prüfung lernen
試験勉強をする

Abschlussprüfung
アップシュルス・プリューフング f.
卒業試験

▶ Sie hat die Abschlussprüfung bestanden.
彼女は卒業試験に合格しました。

Abitur
アビトゥーア n.
アビトゥア、高校卒業資格試験

▶ Nächstes Jahr macht meine Tochter Abitur.
来年私の娘はアビトゥアを受けます。

Fehler	falsch	richtig	stimmen
フェーラー m.	ファルシュ	リヒティヒ	シュティンメン
間違い	間違った	正しい	一致する、あっている

▶ einen Fehler machen
間違える

▶ eine richtige / falsche Antwort
正しい／間違った答え

Ergebnis
エアゲープニス n.
結果

▶ Das Ergebnis stimmt.
この結果は正しい。

Schwierigkeit
シュヴィーリヒカイト f.
困難

einfach	leicht
アイン・ファハ	ライヒト
簡単な	簡単な

schwer	schwierig
シュヴェーア	シュヴィーリヒ
難しい	難しい

▶ Das ist ganz einfach!
これはとっても簡単だ！

▶ ein schwerer / schwieriger Test
難しいテスト

schriftlich	mündlich
シュリフトリヒ	ミュントリヒ
筆記の	口頭の

▶ eine schriftliche / mündliche Prüfung
筆記／口述試験

クロスワードパズル ④

クロスワードではすべて大文字で記入します。ウムラウトは使わず、Ä Ö Ü はそれぞれAE OE UEと表記します。βはSSとなります。

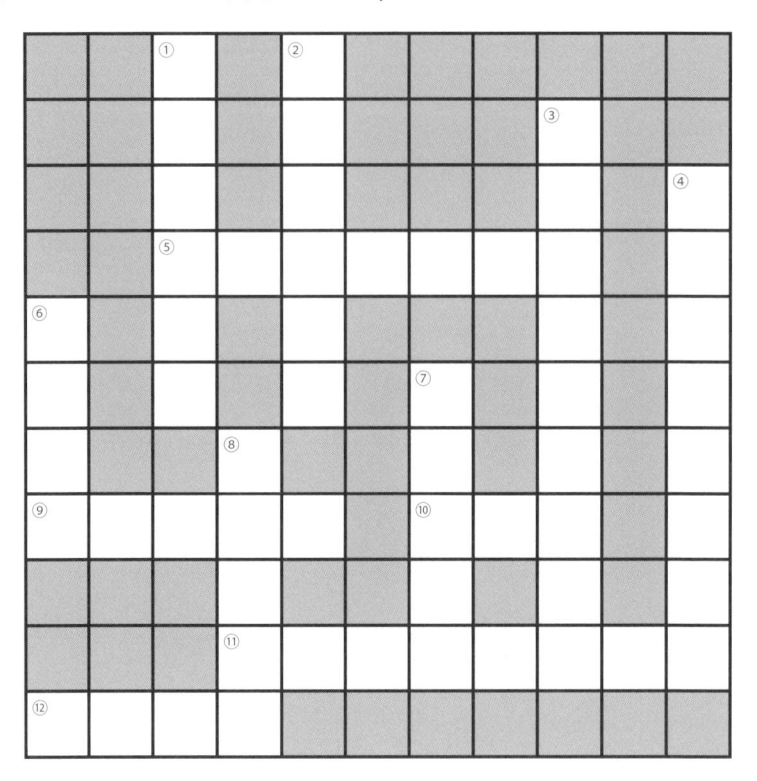

横のカギ

- ⑤ 人間の重要なコミュニケーション・ツール。
- ⑨ 先生がチョークで書く板。
- ⑩ 高校を出たらここで勉強します。
- ⑪ 大学の一学期間を示す。
- ⑫ 弁護士になるために勉強する学問。

縦のカギ

- ① 私の○○は2年3組です。
- ② 生徒に教える人。
- ③ 削って使う筆記具。
- ④ 専門的な研究を行う人。
- ⑥ 授業でメモをとるもの。
- ⑦ 休憩時間。
- ⑧ 学生の食事はここで。

答え 縦のカギ：① KLASSE ② LEHRER ③ BLEISTIFT ④ FORSCHER ⑥ HEFT ⑦ PAUSE ⑧ MENSA
横のカギ：⑤ SPRACHE ⑨ TAFEL ⑩ UNI ⑪ SEMESTER ⑫ JURA

第5章
買い物

5-1 店

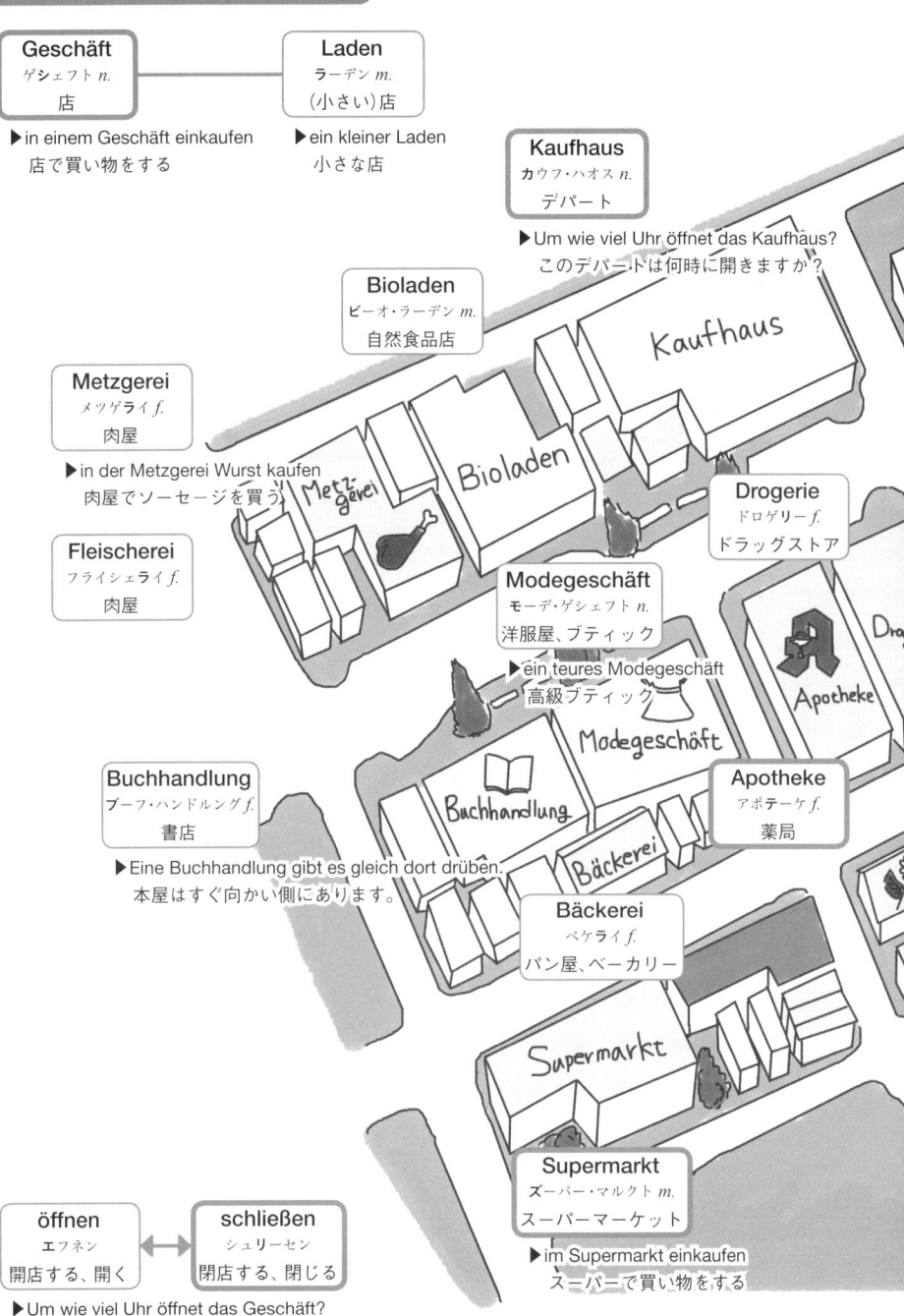

Geschäft
ゲシェフト n.
店
▶ in einem Geschäft einkaufen
店で買い物をする

Laden
ラーデン m.
(小さい)店
▶ ein kleiner Laden
小さな店

Kaufhaus
カウフ・ハオス n.
デパート
▶ Um wie viel Uhr öffnet das Kaufhaus?
このデパートは何時に開きますか？

Bioladen
ビーオ・ラーデン m.
自然食品店

Metzgerei
メツゲライ f.
肉屋
▶ in der Metzgerei Wurst kaufen
肉屋でソーセージを買う

Fleischerei
フライシェライ f.
肉屋

Drogerie
ドロゲリー f.
ドラッグストア

Modegeschäft
モーデ・ゲシェフト n.
洋服屋、ブティック
▶ ein teures Modegeschäft
高級ブティック

Apotheke
アポテーケ f.
薬局

Buchhandlung
ブーフ・ハンドルング f.
書店
▶ Eine Buchhandlung gibt es gleich dort drüben.
本屋はすぐ向かい側にあります。

Bäckerei
ベケライ f.
パン屋、ベーカリー

Supermarkt
ズーパー・マルクト m.
スーパーマーケット
▶ im Supermarkt einkaufen
スーパーで買い物をする

öffnen
エフネン
開店する、開く
⇔
schließen
シュリーセン
閉店する、閉じる

▶ Um wie viel Uhr öffnet das Geschäft?
このお店は何時に開きますか？

Schreibwarengeschäft シュライブヴァーレン・ゲシェフト n.
文房具店

Fachgeschäft ファハ・ゲシェフト n.
専門店
▶ Das bekommen Sie in einem Fachgeschäft.
それは専門店でお求めになれます。

Lebensmittelgeschäft レーベンスミッテル・ゲシェフト n.
食料品店

Markt マルクト m.
市場
▶ Auf dem Markt bekommt man frisches Gemüse.
市場では新鮮な野菜が手に入ります。

Konditorei コンディトライ f.
ケーキ屋

Blumenladen ブルーメン・ラーデン m.
花屋

Feinkostgeschäft ファインコスト・ゲシェフト n.
高級食料品店（デリカテッセン）

Schaufenster シャオ・フェンスター n.　ショーウィンドウ
Verkäufer フェアコイファー m.　店員（男）
Verkäuferin フェアコイフェリン f.　店員（女）
▶ Sie arbeitet als Verkäuferin in einem Supermarkt.
彼女はスーパーの店員として働いています。
geöffnet ゲエフネット　開いている
geschlossen ゲシュロッセン　閉まっている
▶ Das Geschäft ist heute geschlossen.
この店は今日は閉まっている。
Automat アオトマート m.　自動販売機
▶ ein Automat für Getränke
飲み物の自動販売機

5-2 スーパーマーケットで

Supermarkt
ズーパー・マルクト *m.*
スーパーマーケット

Getränk
ゲトレンク *n.*
飲料品

Joghurt
ヨーグルト *m., n.*
ヨーグルト

Kaffee
カフェー *m.*
コーヒー

Tee
テー *m.*
紅茶

Milch
ミルヒ *f.*
牛乳

Butter
ブッター *f.*
バター

▶ Ich trinke Kaffee, und sie trinkt Tee.
私はコーヒーを、彼女は紅茶を飲みます。

▶ Wir müssen Milch kaufen.
牛乳を買わなくてはなりません。

Käse
ケーゼ *m.*
チーズ

Einkaufswagen
アインカオフス・ヴァーゲン *m.*
買い物用カート

Kasse
カッセ *f.*
レジ

Zigaretten
ツィガレッテン *pl.*
紙巻きタバコ

Dose
ドーゼ *f.*
缶

▶ Tomaten in der Dose
缶詰のトマト

bezahlen
ベツァーレン
支払う

▶ Bezahlen Sie bitte an der Kasse!
レジにてお支払いください。

Konservendose
コンゼルヴェン・ドーゼ *f.*
缶詰

Tüte
テューテ *f.*
袋

Tasche
タッシェ *f.*
手提げ袋

dabeihaben
ダバイ・ハーベン
持ちあわせている

▶ Brauchen Sie eine Tüte?
袋はいりますか？

▶ Ich habe eine Tasche dabei.
私は手提げ袋を持っています。

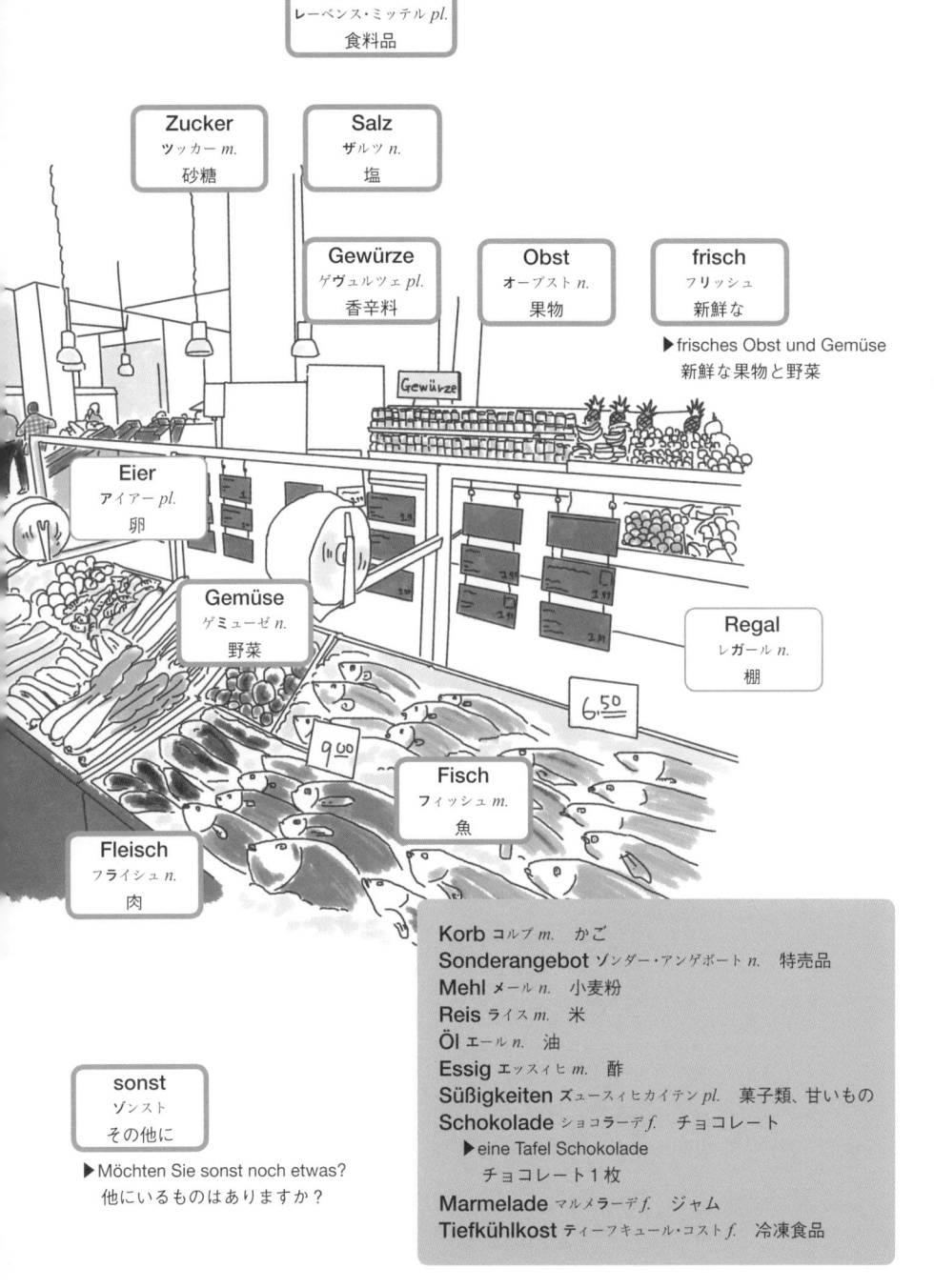

Lebensmittel
レーベンス・ミッテル *pl.*
食料品

Zucker
ツッカー *m.*
砂糖

Salz
ザルツ *n.*
塩

Gewürze
ゲヴュルツェ *pl.*
香辛料

Obst
オープスト *n.*
果物

frisch
フリッシュ
新鮮な

▶ frisches Obst und Gemüse
新鮮な果物と野菜

Eier
アイアー *pl.*
卵

Gemüse
ゲミューゼ *n.*
野菜

Regal
レガール *n.*
棚

Fisch
フィッシュ *m.*
魚

Fleisch
フライシュ *n.*
肉

Korb コルプ *m.* かご
Sonderangebot ゾンダー・アンゲボート *n.* 特売品
Mehl メール *n.* 小麦粉
Reis ライス *m.* 米
Öl エール *n.* 油
Essig エッスィヒ *m.* 酢
Süßigkeiten ズースィヒカイテン *pl.* 菓子類、甘いもの
Schokolade ショコラーデ *f.* チョコレート
　▶ eine Tafel Schokolade
　　チョコレート１枚
Marmelade マルメラーデ *f.* ジャム
Tiefkühlkost ティーフキュール・コスト *f.* 冷凍食品

sonst
ゾンスト
その他に

▶ Möchten Sie sonst noch etwas?
他にいるものはありますか？

5-3 デパートで

Kaufhaus
カウフ・ハオス n.
デパート
▶ ein großes Kaufhaus
　大きなデパート

Selbstbedienung
ゼルプスト・ベディーヌング f.
セルフサービス
▶ In diesem Restaurant ist Selbstbedienung.
　このレストランはセルフサービス式です。

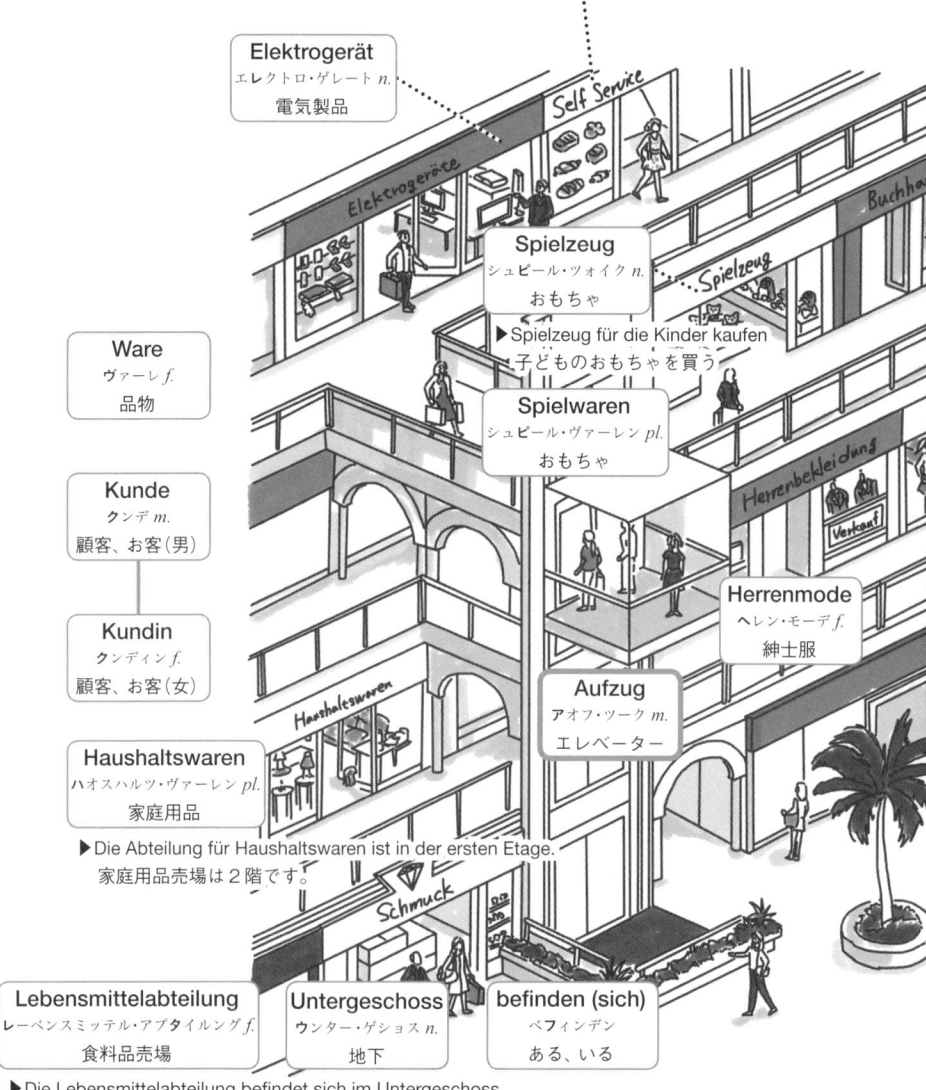

Elektrogerät
エレクトロ・ゲレート n.
電気製品

Spielzeug
シュピール・ツォイク n.
おもちゃ
▶ Spielzeug für die Kinder kaufen
　子どものおもちゃを買う

Ware
ヴァーレ f.
品物

Spielwaren
シュピール・ヴァーレン pl.
おもちゃ

Kunde
クンデ m.
顧客、お客（男）

Herrenmode
ヘレン・モーデ f.
紳士服

Kundin
クンディン f.
顧客、お客（女）

Aufzug
アオフ・ツーク m.
エレベーター

Haushaltswaren
ハオスハルツ・ヴァーレン pl.
家庭用品
▶ Die Abteilung für Haushaltswaren ist in der ersten Etage.
　家庭用品売場は2階です。

Lebensmittelabteilung
レーベンスミッテル・アプタイルング f.
食料品売場

Untergeschoss
ウンター・ゲショス n.
地下

befinden (sich)
ベフィンデン
ある、いる

▶ Die Lebensmittelabteilung befindet sich im Untergeschoss.
　食料品売り場は地下にあります。

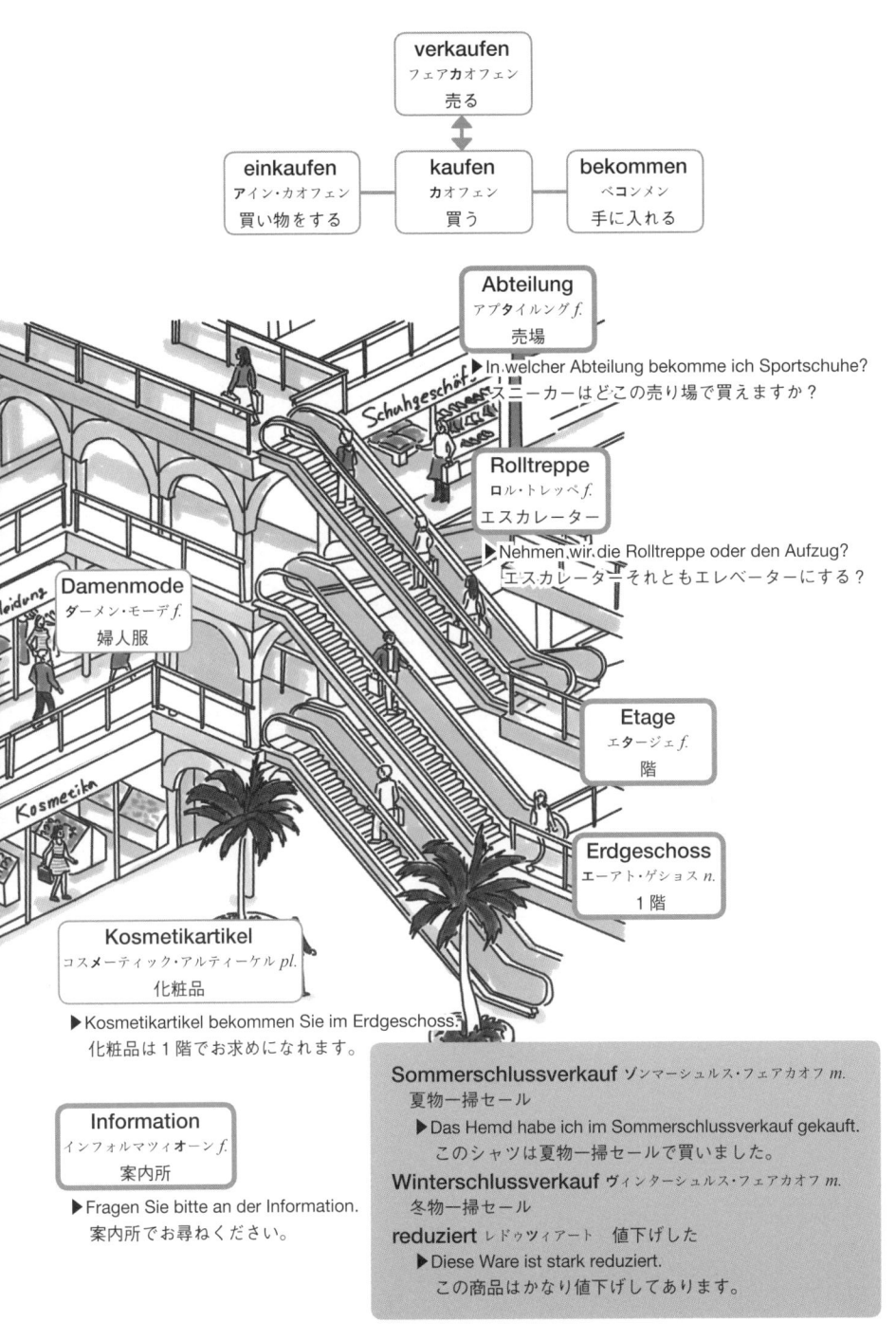

verkaufen
フェア**カ**オフェン
売る

einkaufen
アイン・カオフェン
買い物をする

kaufen
カオフェン
買う

bekommen
ベ**コ**ンメン
手に入れる

Abteilung
アプ**タ**イルング *f.*
売場

▶In welcher Abteilung bekomme ich Sportschuhe?
スニーカーはどこの売り場で買えますか？

Rolltreppe
ロル・ト**レ**ッペ *f.*
エスカレーター

▶Nehmen wir die Rolltreppe oder den Aufzug?
エスカレーターそれともエレベーターにする？

Damenmode
ダーメン・モーデ *f.*
婦人服

Etage
エ**タ**ージェ *f.*
階

Erdgeschoss
エーアト・ゲショス *n.*
1階

Kosmetikartikel
コス**メ**ーティック・アルティーケル *pl.*
化粧品

▶Kosmetikartikel bekommen Sie im Erdgeschoss.
化粧品は1階でお求めになれます。

Information
インフォルマツィ**オ**ーン *f.*
案内所

▶Fragen Sie bitte an der Information.
案内所でお尋ねください。

Sommerschlussverkauf ゾンマーシュルス・フェア**カ**オフ *m.*
夏物一掃セール
▶Das Hemd habe ich im Sommerschlussverkauf gekauft.
このシャツは夏物一掃セールで買いました。

Winterschlussverkauf ヴィンターシュルス・フェア**カ**オフ *m.*
冬物一掃セール

reduziert レド**ゥ**ツィアート　値下げした
▶Diese Ware ist stark reduziert.
この商品はかなり値下げしてあります。

5-4 八百屋で

Markt
マルクト m.
市場

Gemüse
ゲミューゼ n.
野菜

frisch
フリッシュ
新鮮な

▶ frisches Gemüse
新鮮な野菜

Kartoffel
カルトッフェル f.
ジャガイモ

Zwiebel
ツヴィーベル f.
タマネギ

Gurke
グルケ f.
キュウリ

▶ Für einen Kartoffelsalat brauchen wir Kartoffeln, Zwiebeln und eine Gurke.
ポテトサラダには、ジャガイモ、タマネギ、キュウリを使います。

Rettich
レッティヒ m.
ダイコン

Spinat
シュピナート m.
ホウレンソウ

Paprika
パプリカ m.
ピーマン、パプリカ

Zitrone
ツィトローネ f.
レモン

▶ Viele Kinder mögen keinen Spinat.
多くの子どもはホウレンソウが嫌いだ。

Knoblauch
クノーブラオホ m.
ニンニク

Kürbis
キュルビス m.
カボチャ

Karotte
カロッテ f.
ニンジン

Kohl
コール m.
キャベツ

Bohne
ボーネ f.
マメ

Erbse
エルプセ f.
グリーンピース

Spargel
シュパルゲル m.
アスパラガス

Kopfsalat
コプフ・ザラート m.
レタス

Pilz
ピルツ m.
キノコ

Petersilie
ペターズィーリエ f.
パセリ

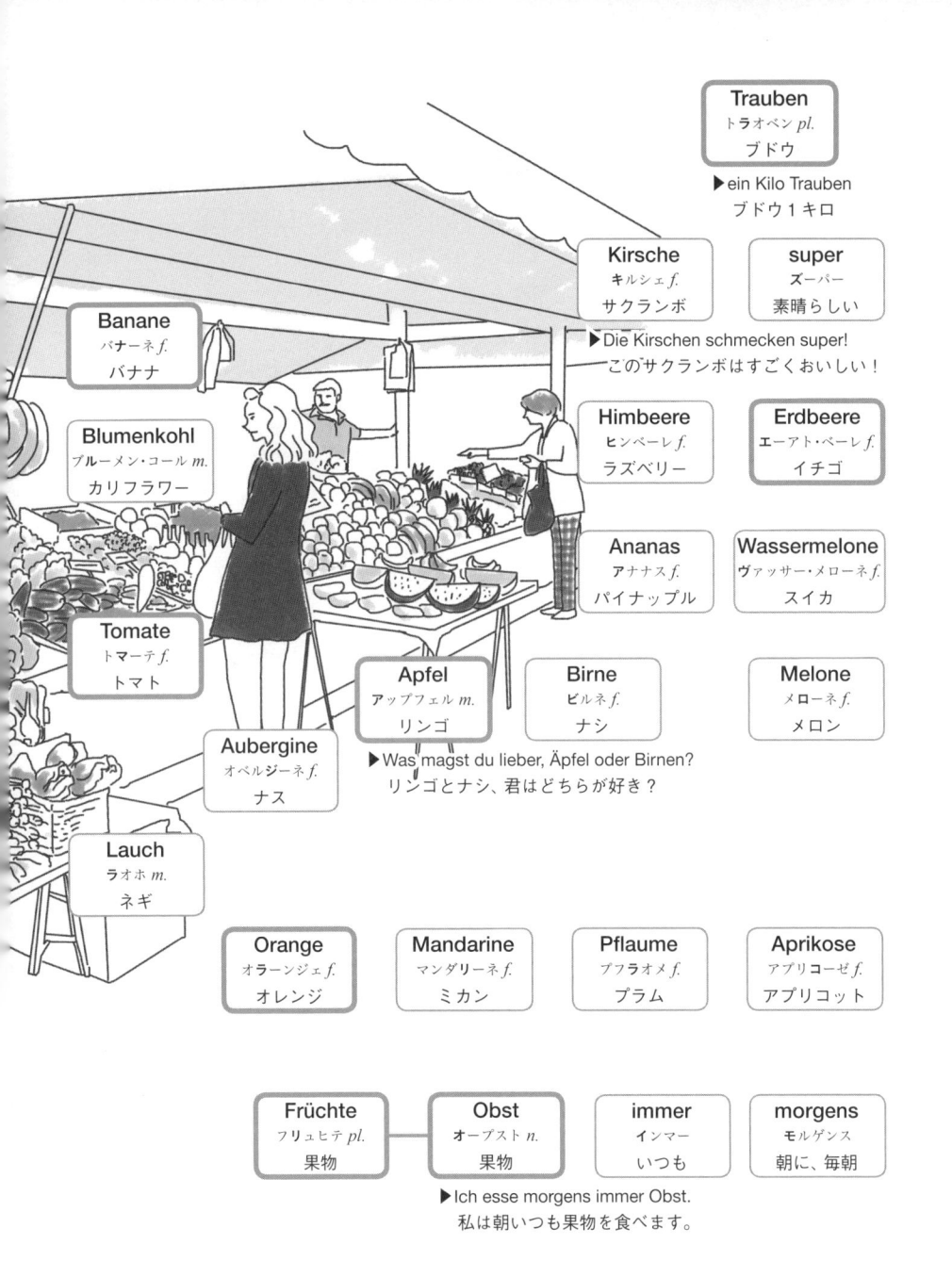

Trauben	
トラオベン *pl.*	
ブドウ	

▶ ein Kilo Trauben
ブドウ１キロ

Kirsche	super
キルシェ *f.*	ズーパー
サクランボ	素晴らしい

▶ Die Kirschen schmecken super!
このサクランボはすごくおいしい！

Banane		
バナーネ *f.*		
バナナ		

Blumenkohl	Himbeere	Erdbeere
ブルーメン・コール *m.*	ヒンベーレ *f.*	エーアト・ベーレ *f.*
カリフラワー	ラズベリー	イチゴ

Tomate	Ananas	Wassermelone
トマーテ *f.*	アナナス *f.*	ヴァッサー・メローネ *f.*
トマト	パイナップル	スイカ

Aubergine	Apfel	Birne	Melone
オベルジーネ *f.*	アップフェル *m.*	ビルネ *f.*	メローネ *f.*
ナス	リンゴ	ナシ	メロン

▶ Was magst du lieber, Äpfel oder Birnen?
リンゴとナシ、君はどちらが好き？

Lauch			
ラオホ *m.*			
ネギ			

Orange	Mandarine	Pflaume	Aprikose
オラーンジェ *f.*	マンダリーネ *f.*	プフラオメ *f.*	アプリコーゼ *f.*
オレンジ	ミカン	プラム	アプリコット

Früchte	Obst	immer	morgens
フリュヒテ *pl.*	オープスト *n.*	インマー	モルゲンス
果物	果物	いつも	朝に、毎朝

▶ Ich esse morgens immer Obst.
私は朝いつも果物を食べます。

5-5 パン屋と肉屋

Bäckerei
ベケライ *f.*
パン屋

Schwarzbrot
シュヴァルツ・ブロート *n.*
黒パン

Weißbrot
ヴァイス・ブロート *n.*
白パン

lieber
リーバー
〜のほうがよい、より好んで

▶ Was isst du lieber, Schwarzbrot oder Weißbrot?
　黒パンと白パン、君はどちらが好き？

Brot
ブロート *n.*
パン

Brezel
ブレーツェル *f.*
ブレーツェル

Brötchen
ブレートヒェン *n.*
ブレートヒェン（小型のパン）

gebacken
ゲバッケン
焼き上がった

▶ Brezeln schmecken zum Bier.
　ブレーツェルはビールに合います。

▶ frisch gebackene Brötchen
　焼きたてのブレートヒェン

Hörnchen
ヘルンヒェン *n.*
クロワッサン

Gebäck
ゲベック *n.*
焼き菓子

Torte
トルテ *f.*
トルテ、タルト

Plätzchen
プレッツヒェン *n.*
クッキー、ビスケット

▶ ein Stück Torte
　1切れのトルテ

▶ Wir backen an Weihnachten immer Plätzchen.
　私たちはクリスマスにいつもクッキーを焼きます。

Baumkuchen
バオム・クーヘン *m.*
バウムクーヘン

Metzgerei
メツゲライ *f.*
肉屋

Fleischerei
フライシェライ *f.*
肉屋

Fleisch
フライシュ *n.*
肉

Schweinefleisch
シュヴァイネ・フライシュ *n.*
豚肉

▶ Ich hätte gern ein Pfund Schweinefleisch.
豚肉を500グラムください。

Rindfleisch
リント・フライシュ *n.*
牛肉

Kalbfleisch
カルプ・フライシュ *n.*
子牛肉

Hackfleisch
ハック・フライシュ *n.*
挽肉

Hühnerfleisch
ヒューナー・フライシュ *n.*
鶏肉

▶ 300 Gramm Hackfleisch
300グラムの挽肉

Scheibe
シャイベ *f.*
スライス

schneiden
シュナイデン
切る

▶ das Fleisch in Scheiben schneiden
肉をスライスする

Wurst
ヴルスト *f.*
ソーセージ

roh
ロー
生の

▶ roher Schinken
生ハム

Schinken
シンケン *m.*
ハム、ベーコン

Würstchen
ヴュルストヒェン *n.*
小型のソーセージ

Paar
パール *n.*
組

▶ ein Paar Würstchen
2本の小型のソーセージ

5-6 文房具店と書店

Schreibwarengeschäft シュライブヴァーレン・ゲシェフト n.
文房具店

Kugelschreiber / Kuli クーゲル・シュライバー／クーリ m.
ボールペン

Briefpapier ブリーフ・パピーア n.
便箋

Schere シェーレ f.
はさみ

Heft ヘフト n.
ノート

Druckbleistift ドルック・ブライシュティフト m.
シャープペン

Briefumschlag ブリーフ・ウムシュラーク m.
封筒

Klebstoff クレープ・シュトフ m.
のり

Tesafilm テーザ・フィルム m.
セロハンテープ

Radiergummi ラディーア・グミ m.
消しゴム

▶ Hast du einen Radiergummi?
君は消しゴムを持ってる？

Klammerhefter クランマー・ヘフター m.
ホッチキス

Bleistift ブライ・シュティフト m. 鉛筆
  ▶ mit Bleistift schreiben
    鉛筆で書く
Füller フュラー m. 万年筆
  ▶ ein teurer Füller
    高価な万年筆
Markierstift マルキーア・シュティフト m. マーカーペン
markieren マルキーレン マークする
Farbstift ファルプ・シュティフト m. 色鉛筆
  ▶ mit Farbstiften ein Bild malen
    色鉛筆で絵を描く
Büroklammer ビューロー・クラマー f. クリップ

Papier
パピーア *n.*
紙

Blatt
ブラット *n.*
枚

▶ ein Blatt Papier
1枚の紙

Lineal
リネアール *n.*
定規

Taschenbuch タッシェン・ブーフ *n.* 文庫本
Erzählung エアツェールング *f.* 物語、短編小説
Krimi クリミ *m.* 推理小説
spannend シュパンネント わくわくさせる
  ▶ ein spannender Krimi
  わくわくする推理小説
Kinderbuch キンダー・ブーフ *n.* 児童書
Wörterbuch ヴェルター・ブーフ *n.* 辞書
  ▶ ein deutsch-japanisches Wörterbuch
  独和辞典
Lexikon レクスィコン *n.* 事典
dick ディック 厚い
  ▶ ein dickes Lexikon
  分厚い事典
Reiseführer ライゼ・フューラー *m.* ガイドブック
Landkarte ラント・カルテ *f.* 地図
  ▶ eine Landkarte von Italien
  イタリアの地図
Ansichtskarte アンズィヒツ・カルテ *f.* 絵葉書
  ▶ Haben Sie Ansichtskarten?
  絵葉書はありますか？

Zeitung
ツァイトゥング *f.*
新聞

Magazin
マガツィーン *n.*
雑誌

Zeitschrift
ツァイト・シュリフト *f.*
雑誌

▶ Das habe ich in der Zeitung gelesen.
それを私は新聞で読みました。

Roman
ロマーン *m.*
小説

Bilderbuch
ビルダー・ブーフ *n.*
絵本

Buchhandlung
ブーフ・ハンドルング *f.*
書店

Buch
ブーフ *n.*
本、書籍

▶ ein interessantes Buch
興味深い本

5-7 衣類、アクセサリー、雑貨

Kleidung クライドゥング f.
衣服

Mantel マンテル m.
コート

anprobieren アン・プロビーレン
試着する

▶ Kann ich den Mantel anprobieren?
このコートを試着してもよいですか？

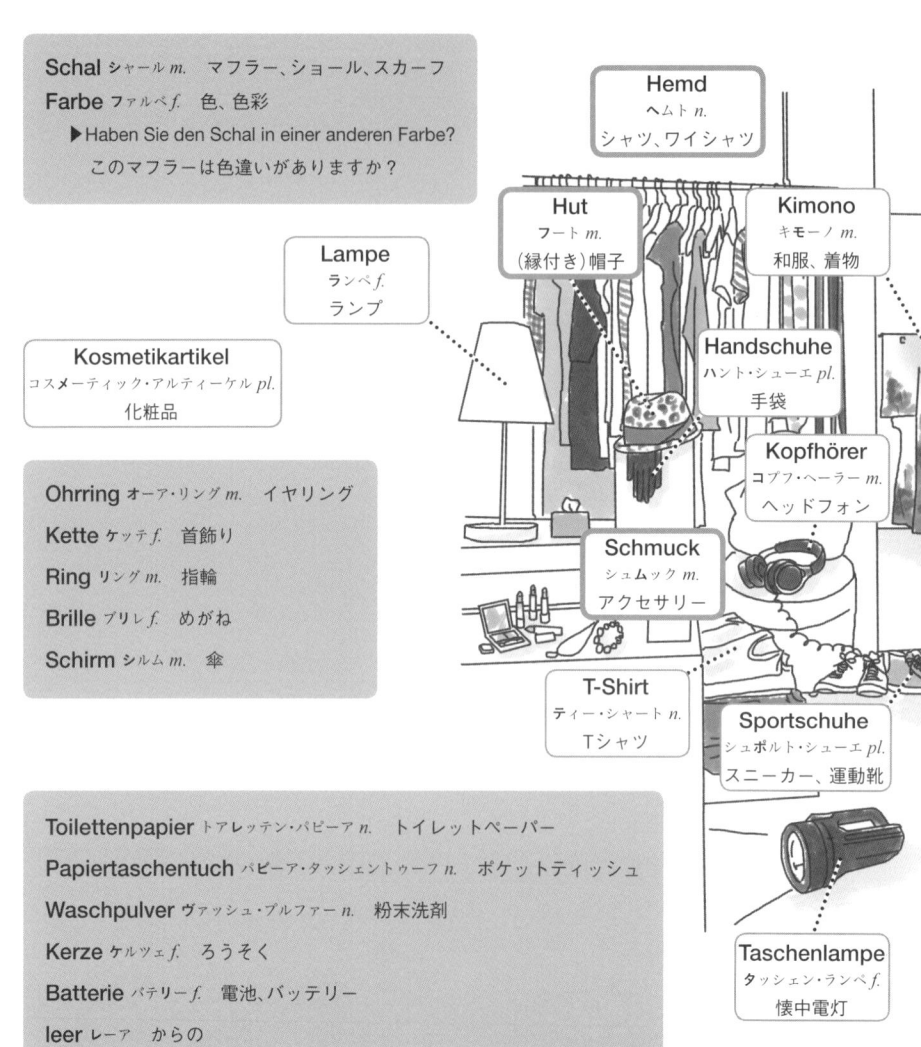

Schal シャール m. マフラー、ショール、スカーフ
Farbe ファルベ f. 色、色彩
▶ Haben Sie den Schal in einer anderen Farbe?
このマフラーは色違いがありますか？

Hemd ヘムト n.
シャツ、ワイシャツ

Lampe ランペ f.
ランプ

Hut フート m.
（縁付き）帽子

Kimono キモーノ m.
和服、着物

Kosmetikartikel コスメーティック・アルティーケル pl.
化粧品

Handschuhe ハント・シューエ pl.
手袋

Kopfhörer コプフ・ヘーラー m.
ヘッドフォン

Ohrring オーア・リング m. イヤリング
Kette ケッテ f. 首飾り
Ring リング m. 指輪
Brille ブリレ f. めがね
Schirm シルム m. 傘

Schmuck シュムック m.
アクセサリー

T-Shirt ティー・シャート n.
Tシャツ

Sportschuhe シュポルト・シューエ pl.
スニーカー、運動靴

Toilettenpapier トアレッテン・パピーア n. トイレットペーパー
Papiertaschentuch パピーア・タッシェントゥーフ n. ポケットティッシュ
Waschpulver ヴァッシュ・プルファー n. 粉末洗剤
Kerze ケルツェ f. ろうそく
Batterie バテリー f. 電池、バッテリー
leer レーア からの
▶ Die Batterie ist leer.
この電池はからです。
Kabel カーベル n. ケーブル

Taschenlampe タッシェン・ランペ f.
懐中電灯

Rock	ロック m.	スカート

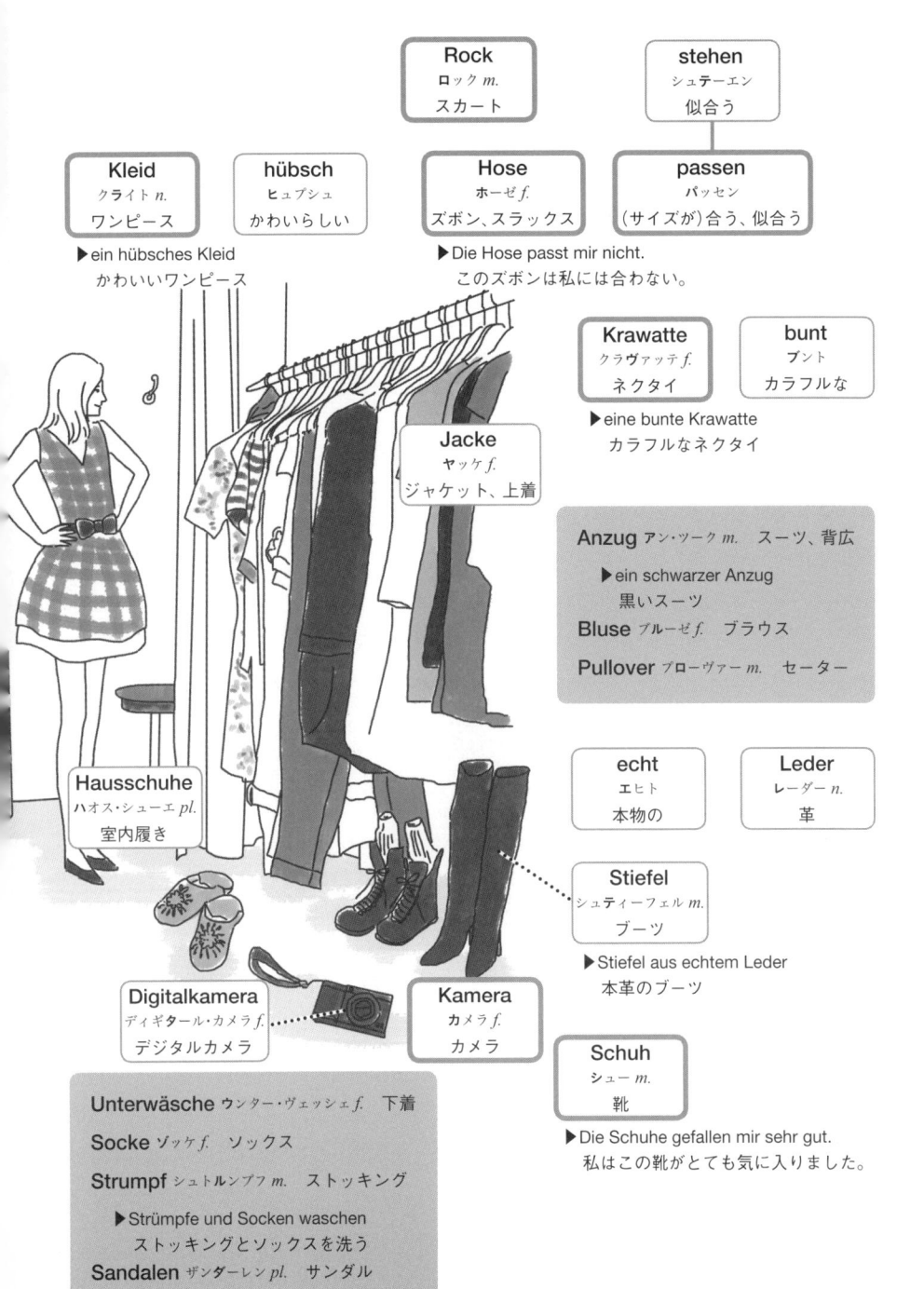

stehen	シュテーエン	似合う

Kleid	クライト n.	ワンピース

hübsch	ヒュプシュ	かわいらしい

Hose	ホーゼ f.	ズボン、スラックス

passen	パッセン	（サイズが）合う、似合う

▶ ein hübsches Kleid
かわいいワンピース

▶ Die Hose passt mir nicht.
このズボンは私には合わない。

Krawatte	クラヴァッテ f.	ネクタイ

bunt	ブント	カラフルな

▶ eine bunte Krawatte
カラフルなネクタイ

Jacke	ヤッケ f.	ジャケット、上着

Anzug アン・ツーク m.　スーツ、背広
　▶ ein schwarzer Anzug
　　黒いスーツ
Bluse ブルーゼ f.　ブラウス
Pullover プローヴァー m.　セーター

echt	エヒト	本物の

Leder	レーダー n.	革

Hausschuhe	ハオス・シューエ pl.	室内履き

Stiefel	シュティーフェル m.	ブーツ

▶ Stiefel aus echtem Leder
本革のブーツ

Digitalkamera	ディギタール・カメラ f.	デジタルカメラ

Kamera	カメラ f.	カメラ

Schuh	シュー m.	靴

▶ Die Schuhe gefallen mir sehr gut.
私はこの靴がとても気に入りました。

Unterwäsche ウンター・ヴェッシェ f.　下着
Socke ゾッケ f.　ソックス
Strumpf シュトルンプフ m.　ストッキング
　▶ Strümpfe und Socken waschen
　　ストッキングとソックスを洗う
Sandalen ザンダーレン pl.　サンダル

5-8 単位と値段

Gewicht ゲヴィヒト n. 重さ

wiegen ヴィーゲン 量る
▶ Wie viel wiegst du?
君の体重はどのくらい？

schwer シュヴェーア 重い ⇔ **leicht** ライヒト 軽い

Kilo キーロ n. キロ
Pfund プフント n. 500グラム
Gramm グラム n. グラム

Scheibe シャイベ f. 1枚
▶ eine Scheibe roher Schinken
生ハム1枚

Flasche フラッシェ f. 瓶
▶ eine Flasche Wein ワイン1本

Päckchen ペックヒェン n. （タバコなどの）1包み
▶ ein Päckchen Zigaretten
タバコ1包み

Packung パックング f. 1包み

Dose ドーゼ f. 缶
▶ eine Dose Bier
缶ビール1本

Größe グレーセ f. 大きさ

Geschwindigkeit ゲシュヴィンディヒカイト f. 速さ

Becher ベッヒャー m. カップ
▶ ein Becher Joghurt
1カップのヨーグルト

Länge レンゲ f. 長さ

messen メッセン 測る
▶ die Länge messen
長さを測る

Stück シュテュック n. 1個、1切れ、1かけ
▶ Möchten Sie noch ein Stück Kuchen?
ケーキをもう1切れどうですか？

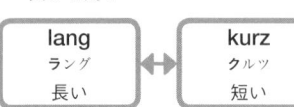

lang ラング 長い ⇔ **kurz** クルツ 短い

Menge メンゲ f. 量

Kilometer キロ・メーター m. キロメーター
▶ mit einer Geschwindigkeit von achtzig Kilometern pro Stunde
時速80キロで

Liter リーター m. リットル
▶ ein Liter Wasser
1リットルの水

Meter メーター m. メートル

Zentimeter ツェンティ・メーター m. センチメートル
Millimeter ミリ・メーター m. ミリメートル

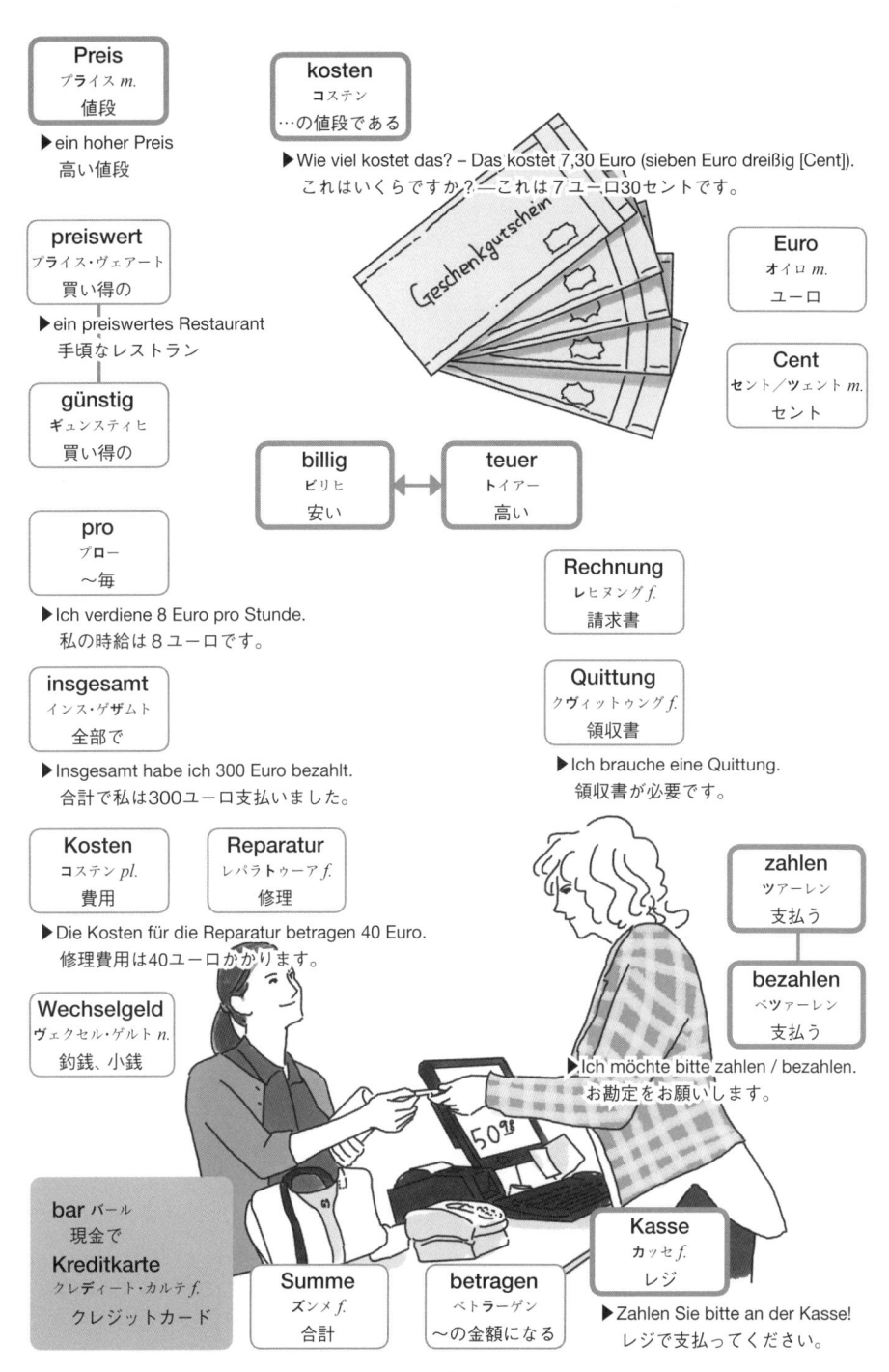

Preis
プライス m.
値段
▶ ein hoher Preis
高い値段

preiswert
プライス・ヴェアート
買い得の
▶ ein preiswertes Restaurant
手頃なレストラン

günstig
ギュンスティヒ
買い得の

kosten
コステン
…の値段である
▶ Wie viel kostet das? – Das kostet 7,30 Euro (sieben Euro dreißig [Cent]).
これはいくらですか？―これは7ユーロ30セントです。

Euro
オイロ m.
ユーロ

Cent
セント／ツェント m.
セント

billig
ビリヒ
安い
⇔
teuer
トイアー
高い

pro
プロー
〜毎
▶ Ich verdiene 8 Euro pro Stunde.
私の時給は8ユーロです。

Rechnung
レヒヌング f.
請求書

Quittung
クヴィットゥング f.
領収書
▶ Ich brauche eine Quittung.
領収書が必要です。

insgesamt
インス・ゲザムト
全部で
▶ Insgesamt habe ich 300 Euro bezahlt.
合計で私は300ユーロ支払いました。

Kosten
コステン pl.
費用

Reparatur
レパラトゥーア f.
修理

▶ Die Kosten für die Reparatur betragen 40 Euro.
修理費用は40ユーロかかります。

zahlen
ツァーレン
支払う

bezahlen
ベツァーレン
支払う

Wechselgeld
ヴェクセル・ゲルト n.
釣銭、小銭

▶ Ich möchte bitte zahlen / bezahlen.
お勘定をお願いします。

bar バール
現金で
Kreditkarte
クレディート・カルテ f.
クレジットカード

Summe
ズンメ f.
合計

betragen
ベトラーゲン
〜の金額になる

Kasse
カッセ f.
レジ

▶ Zahlen Sie bitte an der Kasse!
レジで支払ってください。

クロスワードパズル ⑤

クロスワードではすべて大文字で記入します。ウムラウトは使わず、Ä Ö Ü はそれぞれAE OE UEと表記します。βはSSとなります。

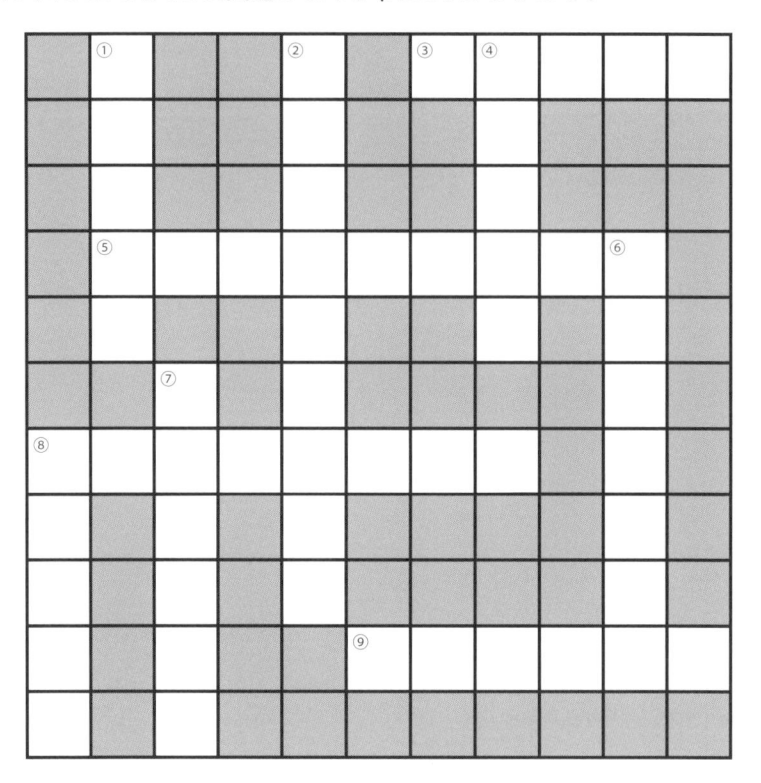

横のカギ
- ③ 広場などに並ぶ屋外のお店。
- ⑤ 積み木など子どもが好きなもの。
- ⑧ 洋服から食料品までなんでもそろうお店。
- ⑨ 冬の上着。

縦のカギ
- ① スーパーなどでお金を支払うところ。
- ② 小さいパン。
- ④ ウィリアム・テルの果物といえば…。
- ⑥ キュウリやキャベツ、ニンジンなど。
- ⑦ エスカレーターではなく。
- ⑧ お店の人にとって神様？

横のカギ ③ MARKT ⑤ SPIELZEUG ⑧ KAUFHAUS ⑨ MANTEL
縦のカギ ① KASSE ② BROETCHEN ④ APFEL ⑥ GEMUESE ⑦ AUFZUG ⑧ KUNDE

第6章
食事

6-1 朝食

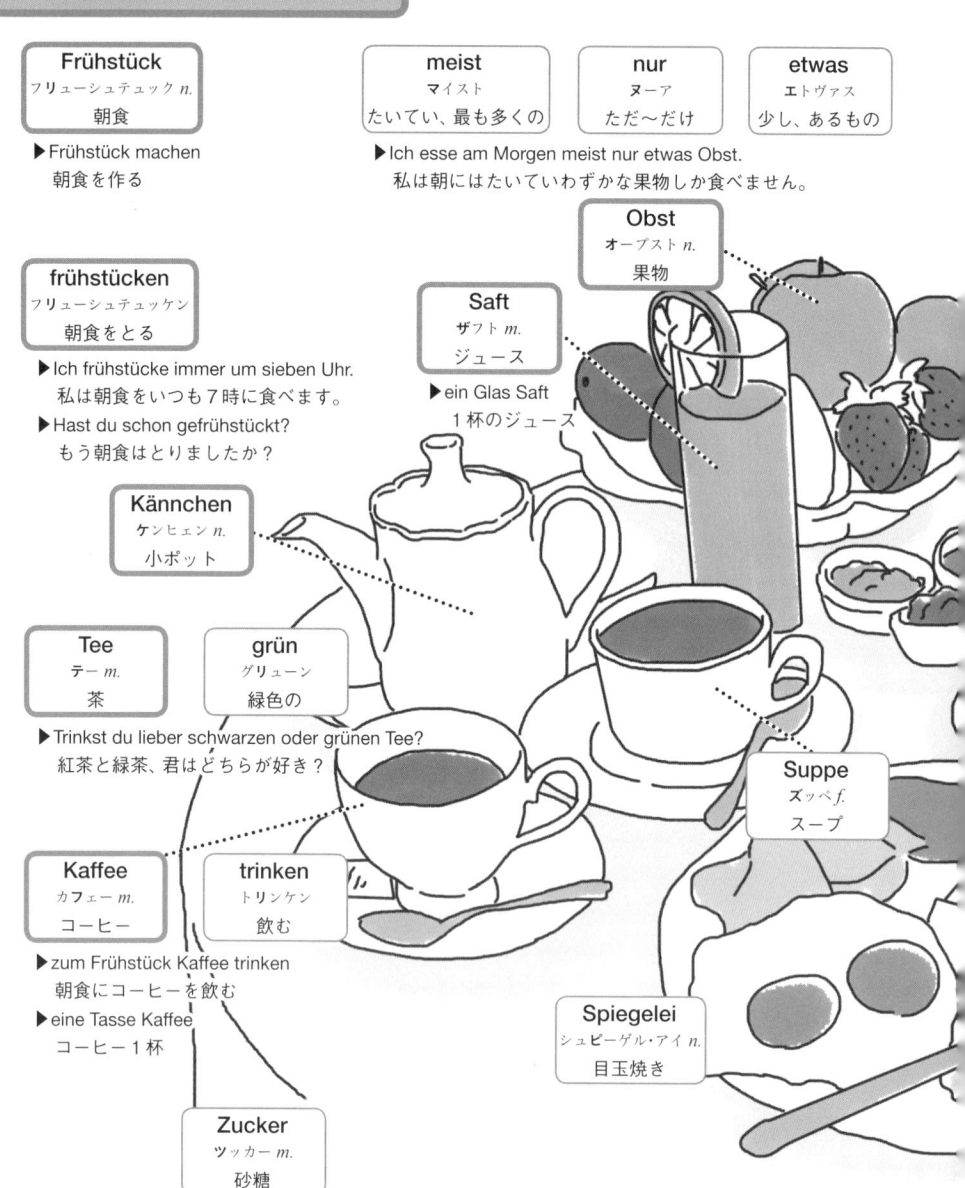

Frühstück
フリューシュテュック n.
朝食

▶ Frühstück machen
　朝食を作る

frühstücken
フリューシュテュッケン
朝食をとる

▶ Ich frühstücke immer um sieben Uhr.
　私は朝食をいつも7時に食べます。
▶ Hast du schon gefrühstückt?
　もう朝食はとりましたか？

meist
マイスト
たいてい、最も多くの

▶ Ich esse am Morgen meist nur etwas Obst.
　私は朝にはたいていわずかな果物しか食べません。

nur
ヌーア
ただ〜だけ

etwas
エトヴァス
少し、あるもの

Obst
オープスト n.
果物

Saft
ザフト m.
ジュース

▶ ein Glas Saft
　1杯のジュース

Kännchen
ケンヒェン n.
小ポット

Tee
テー m.
茶

grün
グリューン
緑色の

▶ Trinkst du lieber schwarzen oder grünen Tee?
　紅茶と緑茶、君はどちらが好き？

Suppe
ズッペ f.
スープ

Kaffee
カフェー m.
コーヒー

trinken
トリンケン
飲む

▶ zum Frühstück Kaffee trinken
　朝食にコーヒーを飲む
▶ eine Tasse Kaffee
　コーヒー1杯

Spiegelei
シュピーゲル・アイ n.
目玉焼き

Zucker
ツッカー m.
砂糖

Brot
ブロート n.
パン

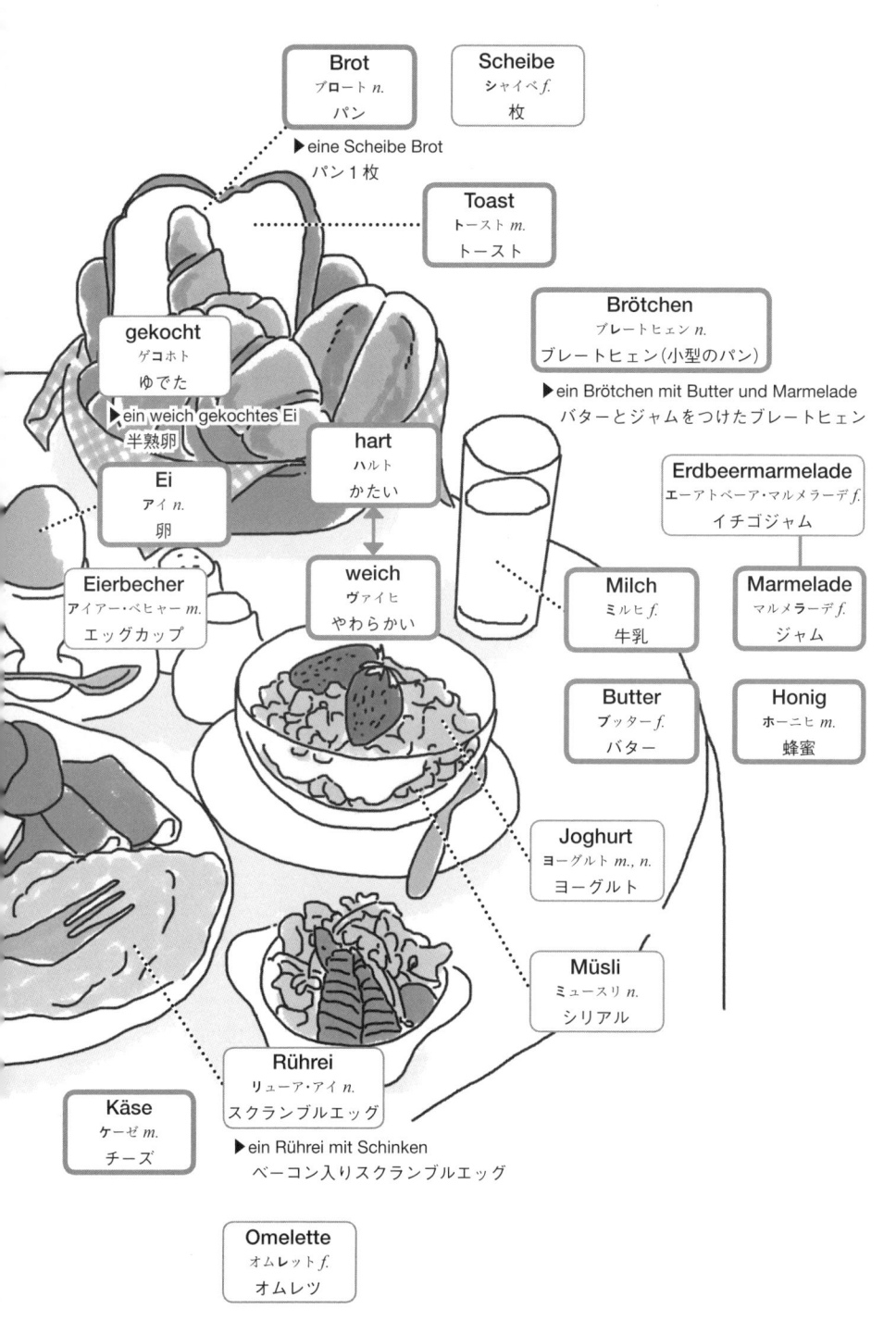

Scheibe
シャイベ f.
枚

▶ eine Scheibe Brot
パン1枚

Toast
トースト m.
トースト

Brötchen
ブレートヒェン n.
ブレートヒェン（小型のパン）

▶ ein Brötchen mit Butter und Marmelade
バターとジャムをつけたブレートヒェン

gekocht
ゲコホト
ゆでた

▶ ein weich gekochtes Ei
半熟卵

hart
ハルト
かたい

Erdbeermarmelade
エーアトベーア・マルメラーデ f.
イチゴジャム

Ei
アイ n.
卵

Eierbecher
アイアー・ベヒャー m.
エッグカップ

weich
ヴァイヒ
やわらかい

Milch
ミルヒ f.
牛乳

Marmelade
マルメラーデ f.
ジャム

Butter
ブッター f.
バター

Honig
ホーニヒ m.
蜂蜜

Joghurt
ヨーグルト m., n.
ヨーグルト

Müsli
ミュースリ n.
シリアル

Rührei
リューア・アイ n.
スクランブルエッグ

Käse
ケーゼ m.
チーズ

▶ ein Rührei mit Schinken
ベーコン入りスクランブルエッグ

Omelette
オムレット f.
オムレツ

6-2 食事と食事をする場所

essen
エッセン
食べる

- warm / kalt essen
  温かい/冷たい食事をとる
- italienisch essen
  イタリア料理を食べる
- essen gehen
  ご飯を食べに行く
- zu Mittag / zu Abend essen
  昼食をとる/夕食をとる

Küche
キュッヒェ f.
料理、キッチン

- die französische Küche
  フランス料理

Imbiss
インビス m.
軽食、軽食の店

- Gibt es hier irgendwo einen Imbiss?
  この辺に軽食屋はありますか？

Pizzeria
ピッツェリーア f.
ピッツェリア

Essen
エッセン n.
食事

fertig
フェルティヒ
できあがった

- Das Essen ist fertig!
  食事の準備ができました。

Kantine
カンティーネ f.
（会社などの）食堂

- in der Kantine zu Mittag essen
  食堂で昼食を食べる

Mensa
メンザ f.
学生食堂

- immer in der Mensa essen
  いつも学生食堂で食べる

Mittagessen
ミッターク・エセン n.
昼食

- Was gibt es heute zum Mittagessen?
  今日の昼食には何がありますか？

Biergarten
ビーア・ガルテン m.
ビアガーデン
▶ In München gibt es viele Biergärten.
ミュンヘンにはたくさんのビアガーデンがあります。

Bierlokal
ビーア・ロカール n.
ビアホール

Bierkeller
ビーア・ケラー m.
地下のビアホール

Studentenlokal
シュトゥデンテン・ロカール n.
学生酒場

Weinkeller
ヴァイン・ケラー m.
地下のワイン酒場

Kneipe
クナイペ f.
居酒屋
▶ in der Kneipe ein Bier trinken
居酒屋でビールを飲む

traditionell
トラディツィオネル
伝統的な

Gericht
ゲリヒト n.
料理
▶ ein traditionelles japanisches Gericht
伝統的な日本の料理

Hunger
フンガー m.
空腹
▶ Ich habe großen Hunger.
私はとてもおなかが空いています。

Durst
ドゥルスト m.
のどの渇き

Restaurant
レストラーン n.
レストラン

Lokal
ロカール n.
レストラン
▶ ins Restaurant gehen
レストランに行く

Abendessen
アーベント・エセン n.
夕食
▶ Wir möchten Sie gerne zum Abendessen einladen.
私たちはあなたを夕食にご招待したいのですが。

6-3 レストラン、メニュー ①

Restaurant
レストラーン n.
レストラン
▶ im Restaurant essen
　レストランで食事をする

Ober
オーバー m.
ボーイ
▶ Herr Ober, ich möchte bitte bestellen!
　ボーイさん、注文をお願いします。

bestellen
ベシュテレン
予約する、注文する

bedienen
ベディーネン
給仕する

reservieren
レゼルヴィーレン
予約する
▶ Ich möchte einen Tisch für fünf Personen reservieren.
　5名で予約をお願いしたいのですが。

wünschen
ヴュンシェン
望む
▶ Sie wünschen?
　何になさいますか？

wählen
ヴェーレン
選ぶ
▶ Haben Sie schon gewählt?
　お決まりになりましたか？

Platz
プラッツ m.
席

frei
フライ
空いている
▶ Haben Sie noch zwei Plätze frei?
　2人ですが、席は空いてますか？

empfehlen
エンプフェーレン
すすめる
▶ Was empfehlen Sie?
おすすめは何ですか？

Kellner
ケルナー *m.*
ウェイター
▶ den Kellner rufen
ウェイターを呼ぶ

rufen
ルーフェン
呼ぶ

Gast
ガスト *m.*
客

zahlen
ツァーレン
支払う

bezahlen
ベツァーレン
支払う

▶ Ich möchte bitte zahlen / bezahlen.
支払いをしたいのですが。
▶ Kann ich mit Kreditkarte zahlen?
クレジットカードで支払えますか？

Trinkgeld
トリンク・ゲルト *n.*
チップ
▶ zwei Euro Trinkgeld geben
チップを2ユーロ払う

getrennt
ゲトレント
別々の

⬌

zusammen
ツザンメン
一緒の

▶ Wir zahlen getrennt.
別々に支払います。

6-4 レストラン、メニュー ②

Speisekarte シュパイゼ・カルテ f.
メニュー

▶ Die Speisekarte, bitte!
　メニューをください。

Menü メニュー n.
定食、セットメニュー

Hauptgericht ハオプト・ゲリヒト n.
メインディッシュ

Spezialität シュペツィアリテート f.
名物

Schweinebraten シュヴァイネ・ブラーテン m.　ローストポーク
Rinderfilet リンダー・フィレー n.　牛ヒレ肉
Kalbsbraten カルプス・ブラーテン m.　仔牛のロースト
Kotelett コテレット n.　カツレツ
Wiener Schnitzel ヴィーナー シュニッツェル n.
　ウィーン風の仔牛のカツレツ
Eisbein アイス・バイン n.　アイスバイン
Brathähnchen ブラート・ヘーンヒェン n.　ローストチキン
Würstchen ヴルストヒェン n.　小型のソーセージ
Forelle フォレレ f.　マス
Seezunge ゼー・ツンゲ f.　シタビラメ
lecker レッカー　おいしい
▶ Haben Sie Fisch?
　— Ja, eine sehr leckere Seezunge.
　魚料理はありますか？
　——ええ、とてもおいしいシタビラメがあります。

Vorspeise フォーア・シュパイゼ f.
前菜

Pastete パステーテ f.　パテ
▶ Als Vorspeise haben wir heute Pastete.
　前菜には本日はパテをご用意しています。
Meeresfrüchte メーレス・フリュヒテ pl.　海の幸
Lachs ラクス m.　サーモン
Suppe ズッペ f.　スープ
▶ Möchten Sie eine Suppe?
　スープはいかがですか？
Gemüsesuppe ゲミューゼ・ズッペ f.
　野菜スープ
Tomatensuppe トマーテン・ズッペ f.
　トマトスープ
Spargelsuppe シュパルゲル・ズッペ f.
　アスパラガスのスープ

Beilage バイ・ラーゲ f.
つけあわせ

▶ Möchten Sie als Beilage Nudeln oder Pommes frites?
　つけあわせはヌードルとフレンチ・フライ、どちらにしますか？

Kartoffeln カルトッフェルン pl.　ジャガイモ
Bratkartoffeln ブラート・カルトフェルン pl.
　薄切りポテト炒め
Pommes frites ポム・フリット pl.　フレンチ・フライ
Reis ライス m.　米
Nudeln ヌーデルン pl.　ヌードル
Knödel クネーデル m.　クネーデル
Sauerkraut ザオアー・クラオト n.　ザウアークラウト

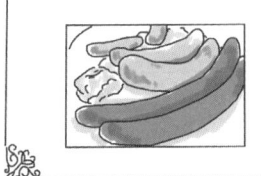

Sp

Vorspeisen		Hauptg
Pastete	3.50	Schwein
Lachs	4.50	Rinderfil
Suppe	4.50	Kalbsbra
Gemüsesuppe	4.80	Kotelett
Tomatensuppe	4.80	Wiener
Spargelsuppe	4.80	

Beilage		Speziali
Bratkartoffeln	4.50	Eisbein
Pommes frites	5.00	Brathäh
Reis	4.00	Würstc
Nudeln	4.00	Forelle
Knödel	3.00	Seezun

Salat
ザラート *m.*
サラダ

Kartoffelsalat カルトッフェル・ザラート *m.* ポテトサラダ
Tomatensalat トマーテン・ザラート *m.* トマトサラダ
gemischt ゲミッシュト 混合の
▶ ein gemischter Salat
　ミックスサラダ

Dessert
デセーア *n.*
デザート

Nachtisch
ナーハ・ティッシュ *m.*
デザート

Eis アイス *n.* アイスクリーム
Vanilleeis ヴァニリェ・アイス *n.* バニラアイス
Schokoladeneis ショコラーデン・アイス *n.* チョコレートアイス
Erdbeereis エーアトベーア・アイス *n.* ストロベリーアイス
Sorbet ゾルベット *m., n.* シャーベット
Nachspeise ナーハ・シュパイゼ *f.* デザート

…arte

	Salate	
9.50	Kartoffelsalat	4.00
13.00	Tomatensalat	4.50
12.00	Desserts	
9.00	Vanilleeis	3.00
11.50	Schokoladeneis	3.50
	Erdbeeres	3.50
	Sorbet	4.00
12.00	Getränke	
8.00	Bier	4.00
6.00	Fassbier	4.20
7.80	Wein (Weißwein / Rotwein)	5.50
8.50		

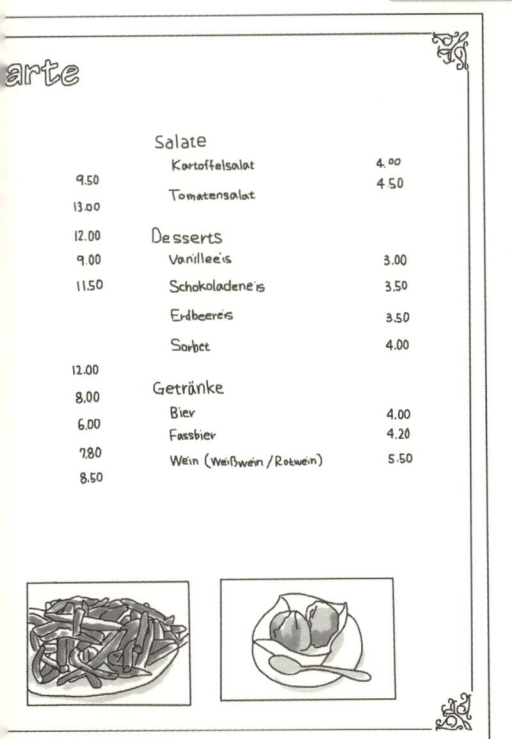

Getränke
ゲトレンケ *pl.*
飲み物

Bier ビーア *n.* ビール
Fassbier ファス・ビーア *n.* 生ビール
Pilsener Bier ピルゼナー・ビーア *n.*
　ピルゼンビール、ピルスナー
Wein ヴァイン *m.* ワイン
Weißwein ヴァイス・ヴァイン *m.* 白ワイン
▶ ein Glas Weißwein
　グラスワインの白
Rotwein ロート・ヴァイン *m.* 赤ワイン
Sekt ゼクト *m.* スパークリング・ワイン
Schnaps シュナプス *m.* シュナップス、焼酎
Saft ザフト *m.* ジュース
Orangensaft オランジェン・ザフト *m.*
　オレンジジュース
Apfelsaft アップフェル・ザフト *m.*
　リンゴジュース
Tomatensaft トマーテン・ザフト *m.*
　トマトジュース

noch
ノホ
まだ、あと

bringen
ブリンゲン
持ってくる、持って行く

▶ Bringen Sie mir bitte noch ein Bier!
　もう1杯ビールをお願いします。

6-5 カフェで

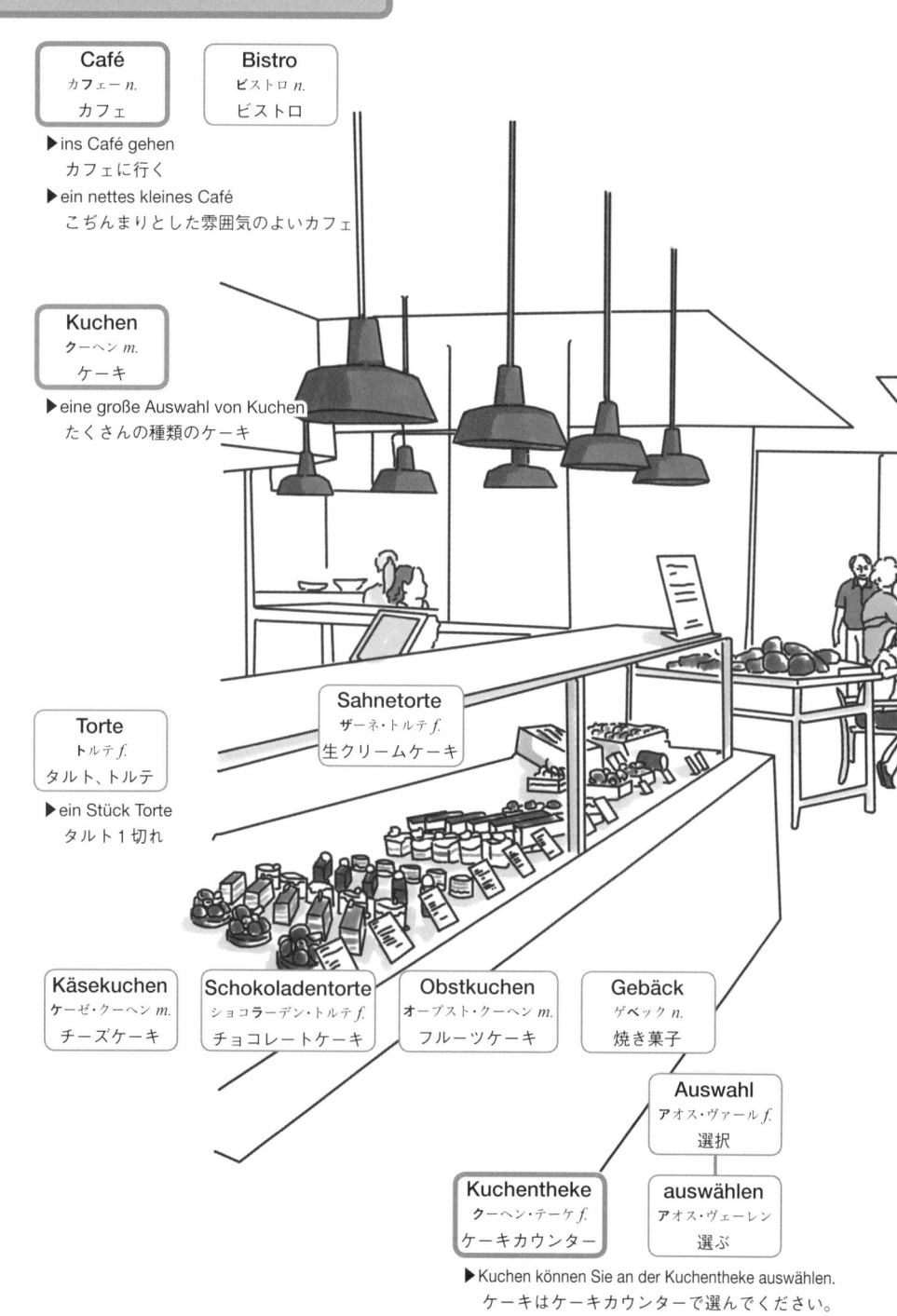

Café
カフェー n.
カフェ
- ins Café gehen
  カフェに行く
- ein nettes kleines Café
  こぢんまりとした雰囲気のよいカフェ

Bistro
ビストロ n.
ビストロ

Kuchen
クーヘン m.
ケーキ
- eine große Auswahl von Kuchen
  たくさんの種類のケーキ

Torte
トルテ f.
タルト、トルテ
- ein Stück Torte
  タルト1切れ

Sahnetorte
ザーネ・トルテ f.
生クリームケーキ

Käsekuchen
ケーゼ・クーヘン m.
チーズケーキ

Schokoladentorte
ショコラーデン・トルテ f.
チョコレートケーキ

Obstkuchen
オープスト・クーヘン m.
フルーツケーキ

Gebäck
ゲベック n.
焼き菓子

Auswahl
アオス・ヴァール f.
選択

Kuchentheke
クーヘン・テーケ f.
ケーキカウンター

auswählen
アオス・ヴェーレン
選ぶ

- Kuchen können Sie an der Kuchentheke auswählen.
  ケーキはケーキカウンターで選んでください。

Kakao カカオ *m.* ココア
Cappuccino カプチーノ *m.* カプチーノ
Espresso エスプレッソ *m.* エスプレッソ
Milchkaffee ミルヒ・カフェー *m.* ミルクコーヒー
Cola コーラ *n.* コーラ
Traubensaft トラオベン・ザフト *m.* グレープジュース
Apfelsaft アップフェル・ザフト *m.* リンゴジュース
Orangensaft オランジェン・ザフト *m.* オレンジジュース
Limonade リモナーデ *f.* レモネード

Mineralwasser
ミネラール・ヴァッサー *n.*
ミネラルウォーター

Kännchen
ケンヒェン *n.*
小ポット
▶ ein Kännchen Kaffee
小ポット入りコーヒー

Tasse
タッセ *f.*
カップ
▶ eine Tasse Kaffee
コーヒー1杯

Kaffee
カフェー *m.*
コーヒー

Tee
テー *m.*
紅茶
▶ Tee mit Zitrone
レモンティー

Apfelkuchen
アップフェル・クーヘン *m.*
アップルケーキ
▶ Apfelkuchen mit Sahne
リンゴケーキの生クリーム添え

Sahne
ザーネ *f.*
生クリーム

6-6 料理

kochen
コッヘン
料理する
▶ Ich koche gern.
　私は料理が好きです。
▶ das Essen kochen
　食事を作る

Dressing
ドレッスィング n.
ドレッシング

Essig
エッスィヒ m.
酢

Öl
エール n.
油

Mehl
メール n.
小麦粉

Gewürz
ゲヴュルツ n.
香辛料

würzen
ヴュルツェン
味付けする

Zucker
ツッカー m.
砂糖

Pfeffer
プフェッファー m.
胡椒

Salz
ザルツ n.
塩

salzen
ザルツェン
塩味をつける
▶ die Suppe salzen
　スープに塩を入れる

Schüssel
シュッセル f.
鉢、ボウル

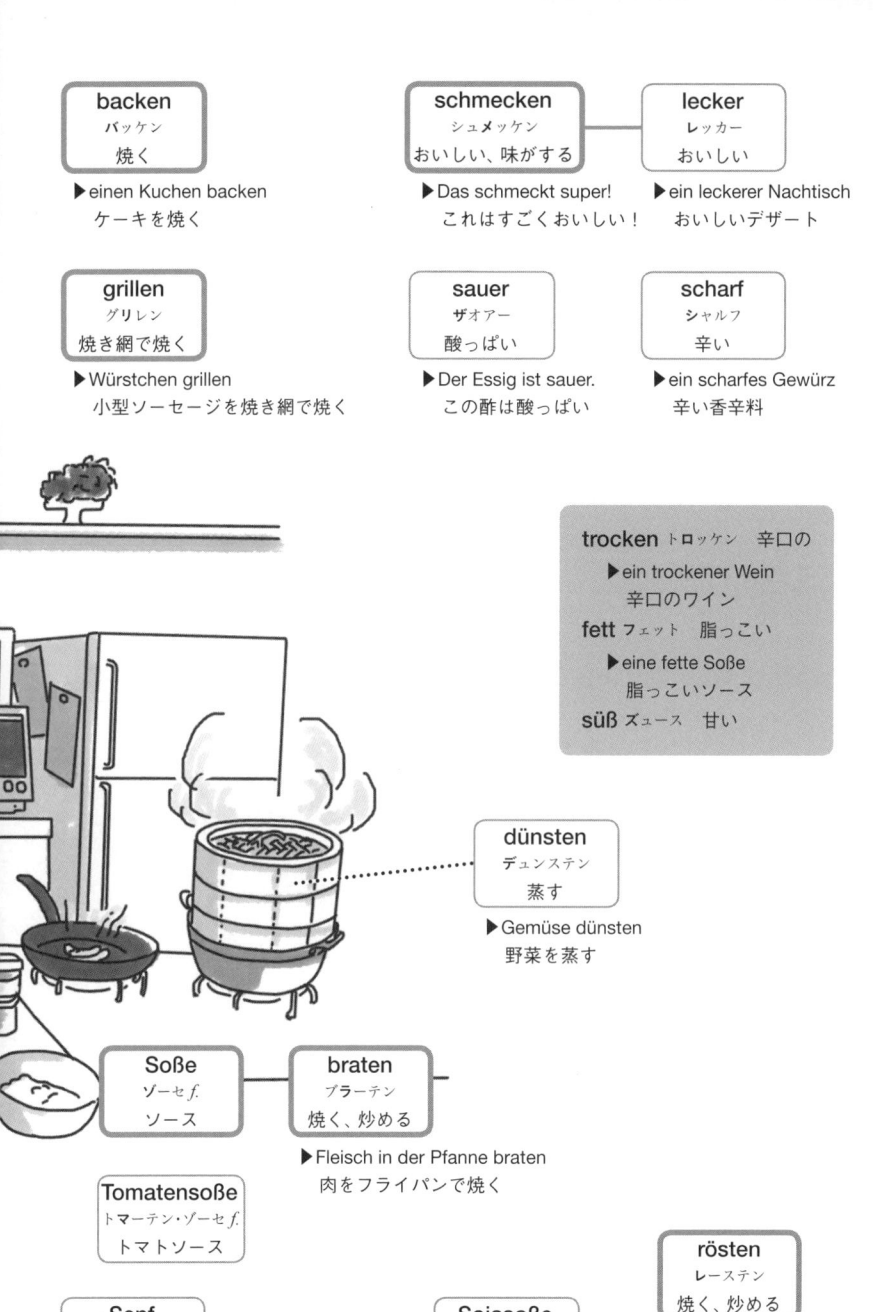

backen
バッケン
焼く
▶ einen Kuchen backen
ケーキを焼く

schmecken
シュメッケン
おいしい、味がする
▶ Das schmeckt super!
これはすごくおいしい！

lecker
レッカー
おいしい
▶ ein leckerer Nachtisch
おいしいデザート

grillen
グリレン
焼き網で焼く
▶ Würstchen grillen
小型ソーセージを焼き網で焼く

sauer
ザオアー
酸っぱい
▶ Der Essig ist sauer.
この酢は酸っぱい

scharf
シャルフ
辛い
▶ ein scharfes Gewürz
辛い香辛料

trocken トロッケン　辛口の
　▶ ein trockener Wein
　　辛口のワイン
fett フェット　脂っこい
　▶ eine fette Soße
　　脂っこいソース
süß ズース　甘い

dünsten
デュンステン
蒸す
▶ Gemüse dünsten
野菜を蒸す

Soße
ゾーセ f.
ソース

braten
ブラーテン
焼く、炒める
▶ Fleisch in der Pfanne braten
肉をフライパンで焼く

Tomatensoße
トマーテン・ゾーセ f.
トマトソース

rösten
レーステン
焼く、炒める

Senf
ゼンフ m.
マスタード
▶ Frankfurter Würstchen mit Senf
フランクフルトソーセージにマスタード

Sojasoße
ゾーヤ・ゾーセ f.
醤油
▶ mit Sojasoße würzen
醤油で味をつける

6-7 食卓

Tisch ティッシュ *m.*
テーブル、食卓

decken デッケン
おおう

▶Kannst du bitte den Tisch decken?
食卓を準備してもらえる？

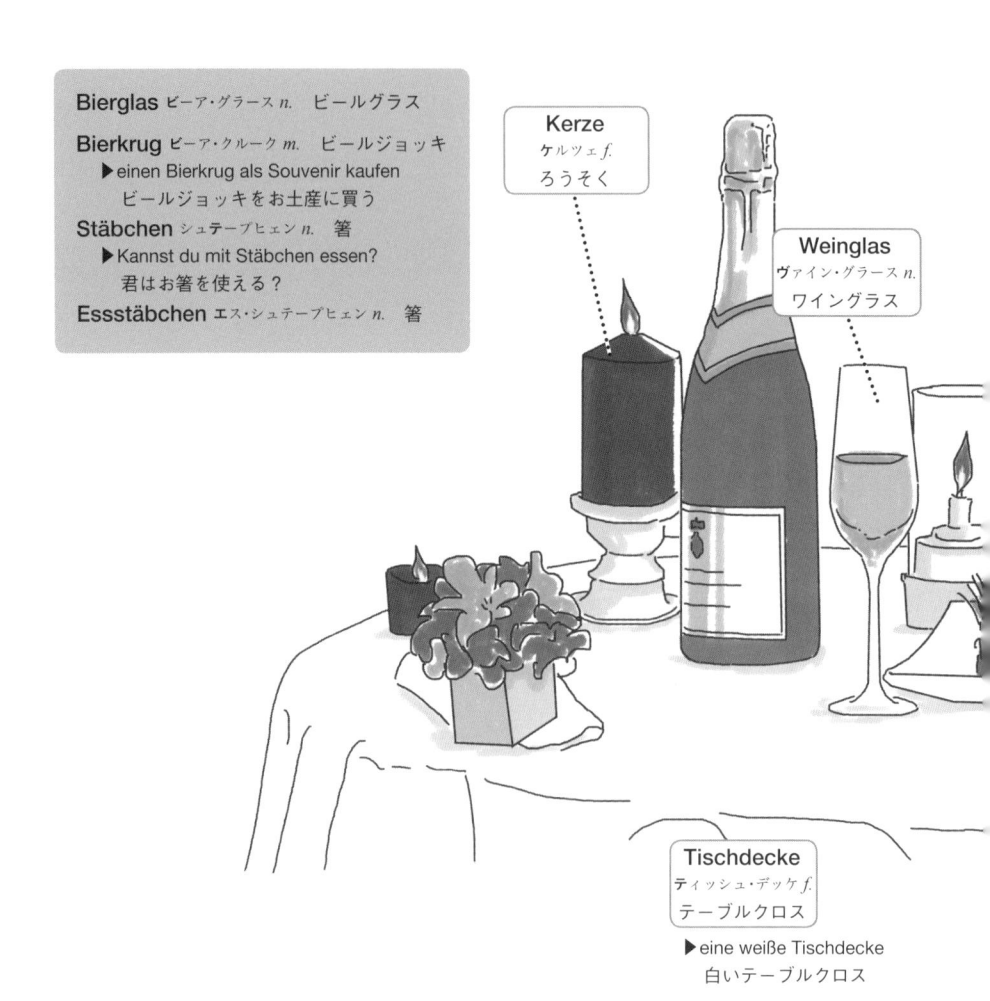

Bierglas ビーア・グラース *n.* ビールグラス

Bierkrug ビーア・クルーク *m.* ビールジョッキ
▶einen Bierkrug als Souvenir kaufen
ビールジョッキをお土産に買う

Stäbchen シュテープヒェン *n.* 箸
▶Kannst du mit Stäbchen essen?
君はお箸を使える？

Essstäbchen エス・シュテープヒェン *n.* 箸

Kerze ケルツェ *f.*
ろうそく

Weinglas ヴァイン・グラース *n.*
ワイングラス

Tischdecke ティッシュ・デッケ *f.*
テーブルクロス

▶eine weiße Tischdecke
白いテーブルクロス

Geschirr
ゲシル *n.*
食器

▶ das Geschirr in den Schrank stellen
食器を食器棚に入れる

Untertasse
ウンター・タセ *f.*
受け皿

Tasse
タッセ *f.*
コップ、茶わん

Teekanne テー・カネ *f.* 紅茶ポット
Kaffeekanne カフェ・カネ *f.* コーヒーポット
Teelöffel テー・レフェル *m.* ティースプーン

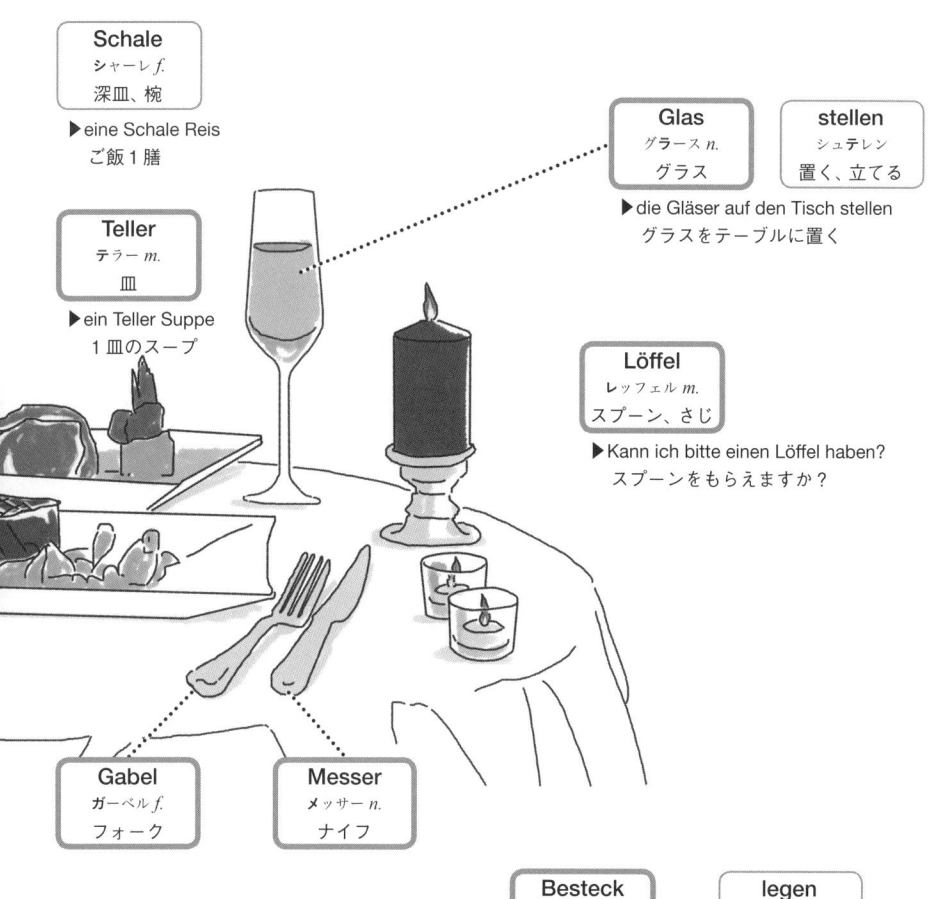

Schale
シャーレ *f.*
深皿、椀

▶ eine Schale Reis
ご飯1膳

Teller
テラー *m.*
皿

▶ ein Teller Suppe
1皿のスープ

Glas
グラース *n.*
グラス

stellen
シュテレン
置く、立てる

▶ die Gläser auf den Tisch stellen
グラスをテーブルに置く

Löffel
レッフェル *m.*
スプーン、さじ

▶ Kann ich bitte einen Löffel haben?
スプーンをもらえますか？

Gabel
ガーベル *f.*
フォーク

Messer
メッサー *n.*
ナイフ

Besteck
ベシュテック *n.*
カトラリー

legen
レーゲン
置く、横たえる

▶ das Besteck auf den Tisch legen
カトラリーをテーブルに置く

クロスワードパズル ⑥

クロスワードではすべて大文字で記入します。ウムラウトは使わず、Ä Ö Ü はそれぞれAE OE UEと表記します。βはSSとなります。

横のカギ

① 肉や野菜を切ります。
⑥ レストランなどで注文をとる人。
⑦ ブルーやゴーダなどいろいろあります。
⑧ 甘い調味料。
⑨ 100%、絞りたてのオレンジ・〇〇。
⑩ 海水からできる調味料。
⑪ ここで1杯飲んで帰りましょう。

縦のカギ

② オムレツや目玉焼きにする。
③ これを見て何の料理を注文するか決めます。
④ おなかが鳴っています。
⑤ チップのこと。
⑦ ティータイムに1切れいかが？

横のカギ ① MESSER ⑥ KELLNER ⑦ KAESE ⑧ ZUCKER ⑨ SAFT ⑩ SALZ ⑪ KNEIPE
縦のカギ ② EI ③ SPEISEKARTE ④ HUNGER ⑤ TRINKGELD ⑦ KUCHEN

第7章
日常の暮らし

7-1 日々の生活 朝〜夕方

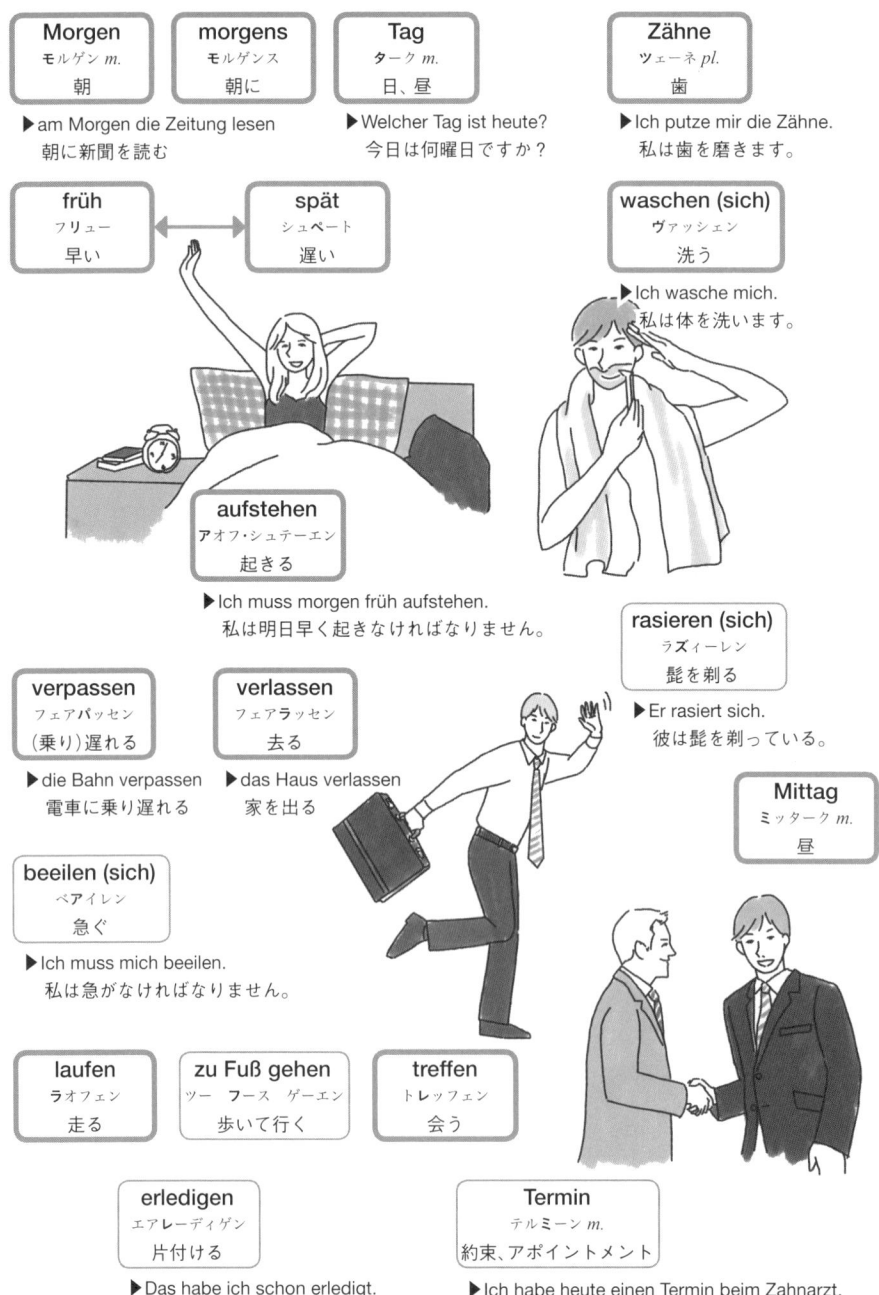

Morgen
モルゲン *m.*
朝
▶ am Morgen die Zeitung lesen
朝に新聞を読む

morgens
モルゲンス
朝に

Tag
ターク *m.*
日、昼
▶ Welcher Tag ist heute?
今日は何曜日ですか？

Zähne
ツェーネ *pl.*
歯
▶ Ich putze mir die Zähne.
私は歯を磨きます。

früh
フリュー
早い

spät
シュペート
遅い

waschen (sich)
ヴァッシェン
洗う
▶ Ich wasche mich.
私は体を洗います。

aufstehen
アオフ・シュテーエン
起きる
▶ Ich muss morgen früh aufstehen.
私は明日早く起きなければなりません。

rasieren (sich)
ラズィーレン
髭を剃る
▶ Er rasiert sich.
彼は髭を剃っている。

verpassen
フェアパッセン
（乗り）遅れる
▶ die Bahn verpassen
電車に乗り遅れる

verlassen
フェアラッセン
去る
▶ das Haus verlassen
家を出る

Mittag
ミッターク *m.*
昼

beeilen (sich)
ベアイレン
急ぐ
▶ Ich muss mich beeilen.
私は急がなければなりません。

laufen
ラオフェン
走る

zu Fuß gehen
ツー フース ゲーエン
歩いて行く

treffen
トレッフェン
会う

erledigen
エアレーディゲン
片付ける
▶ Das habe ich schon erledigt.
その用事はもうすませました。

Termin
テルミーン *m.*
約束、アポイントメント
▶ Ich habe heute einen Termin beim Zahnarzt.
今日私は歯医者のアポイントを取ってあります。

Vormittag
フォーア・ミッターク *m.*
午前

duschen
ドゥッシェン
シャワーを浴びる

▶ jeden Tag duschen
　毎日シャワーを浴びる

baden
バーデン
入浴する

anziehen
アン・ツィーエン
服を着る

▶ Was soll ich heute anziehen?
　今日は何を着ればよいでしょうか？

frühstücken
フリューシュテュッケン
朝食をとる

schminken
シュミンケン
化粧する

▶ Sie schminkt sich.
　彼女は化粧をしている。

Zeit
ツァイト *f.*
時間

▶ Ich habe heute keine Zeit.
　今日私は時間がありません。

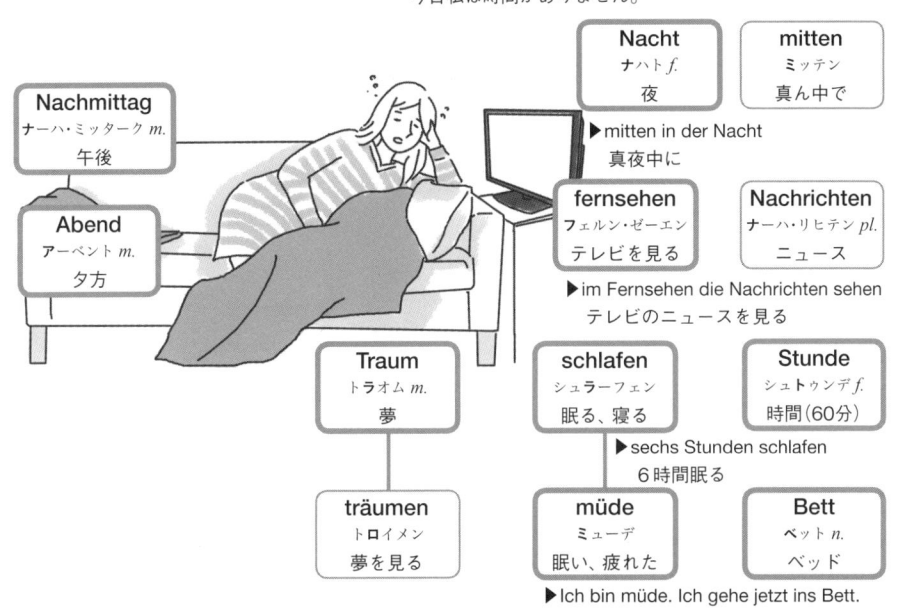

Nacht
ナハト *f.*
夜

mitten
ミッテン
真ん中で

▶ mitten in der Nacht
　真夜中に

Nachmittag
ナーハ・ミッターク *m.*
午後

Abend
アーベント *m.*
夕方

fernsehen
フェルン・ゼーエン
テレビを見る

Nachrichten
ナーハ・リヒテン *pl.*
ニュース

▶ im Fernsehen die Nachrichten sehen
　テレビのニュースを見る

Traum
トラオム *m.*
夢

schlafen
シュラーフェン
眠る、寝る

Stunde
シュトゥンデ *f.*
時間（60分）

▶ sechs Stunden schlafen
　6時間眠る

träumen
トロイメン
夢を見る

müde
ミューデ
眠い、疲れた

Bett
ベット *n.*
ベッド

▶ Ich bin müde. Ich gehe jetzt ins Bett.
　私は眠くなりました。もう寝ます。

7-2 郵便局で

Post
ポスト f.
郵便局、郵便物

- ▶ zur Post gehen
  郵便局に行く
- ▶ Post aus Deutschland bekommen
  ドイツからの郵便物を受け取る

Postamt
ポスト・アムト n.
郵便局

- ▶ Gibt es hier in der Nähe ein Postamt?
  この近くに郵便局はありますか？

Briefträger
ブリーフ・トレーガー m.
郵便配達人

Schalter
シャルター m.
窓口

aufgeben
アオフ・ゲーベン
依頼する、出す

- ▶ einen Brief am Schalter aufgeben
  手紙を窓口に出す

Adresse
アドレッセ f.
住所

Postleitzahl
ポスト・ライトツァール f.
郵便番号

- ▶ Kennst du seine Adresse?
  君は彼の住所を知ってる？

Briefkasten
ブリーフ・カステン *m.*
郵便ポスト、郵便受け
▶ einen Brief in den Briefkasten werfen
　手紙を郵便ポストに投函する

werfen
ヴェルフェン
投函する、投げる

Brief
ブリーフ *m.*
手紙

Briefumschlag
ブリーフ・ウムシュラーク *m.*
封筒

abschicken
アップ・シッケン
発送する

▶ Wann hast du den Brief abgeschickt?
　君はいつ手紙を送ったの？

Postkarte
ポスト・カルテ *f.*
葉書

schicken
シッケン
送る

▶ eine Postkarte schicken
　葉書を送る

Päckchen
ペックヒェン *n.*
小型小包

Paket
パケート *n.*
小包

erhalten
エアハルテン
受け取る

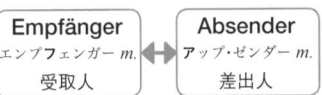

▶ ein Päckchen erhalten
　小型小包を受け取る

Empfänger
エンプフェンガー *m.*
受取人

Absender
アップ・ゼンダー *m.*
差出人

Eilbrief
アイル・ブリーフ *m.*
速達

Seepost
ゼー・ポスト *f.*
船便

Telegramm
テレグラム *n.*
電報

Einschreiben
アイン・シュライベン *n.*
書留

▶ die Unterlagen per Einschreiben schicken
　書類を書留で送る

Luftpost
ルフト・ポスト *f.*
航空便

▶ Wie viel kostet ein Brief nach Japan mit Luftpost?
　日本までの手紙の料金は航空便でいくらですか？

Porto
ポルト *n.*
郵便料金

Briefmarke
ブリーフ・マルケ *f.*
切手

7-3 銀行で

Bank
バンク f.
銀行
▶ zur Bank gehen
　銀行に行く

Bankautomat
バンク・アオトマート m.
現金自動支払機、ATM

Geld
ゲルト n.
お金、貨幣

abheben
アップ・ヘーベン
お金を引き出す、下ろす
▶ am Bankautomat Geld abheben
　ATMでお金を下ろす

Geldautomat
ゲルト・アオトマート m.
現金自動支払機、ATM

Münze
ミュンツェ f.
コイン、硬貨

Schein
シャイン m.
紙幣

Kleingeld
クライン・ゲルト n.
小銭

einzahlen
アイン・ツァーレン
預金する、払い込む
▶ Geld einzahlen
　お金を入金する

überweisen
ユーバーヴァイセン
振り込む
▶ die Miete überweisen
　家賃を振り込む

Bankleitzahl
バンク・ライトツァール f.
銀行コード番号

Kontonummer
コント・ヌマー f.
口座番号
▶ Wie ist Ihre Kontonummer?
　あなたの口座番号は何ですか？

Konto
コント n.
口座
▶ ein Konto eröffnen
　口座を開設する

eröffnen
エアエフネン
開設する

Kontostand
コント・シュタント m.
口座残高

Kreditkarte
クレディート・カルテ *f.*
クレジットカード

Reisescheck
ライゼ・シェック *m.*
トラベラーズチェック

▶ Kann ich mit Kreditkarte bezahlen?
　クレジットカードで支払いはできますか？

Bargeld
バール・ゲルト *n.*
現金

bar
バール
現金の

Wechselkurs
ヴェクセル・クルス *m.*
為替相場

▶ Ich möchte bar bezahlen.
　私は現金で支払いたいです。

umwechseln
ウム・ヴェクセルン
両替する

▶ Ich möchte 10.000 Yen in Euro umwechseln.
　私は1万円をユーロに両替したいです。

sparen
シュパーレン
貯金する

Schalter
シャルター *m.*
窓口

▶ für eine Reise nach Deutschland sparen
　ドイツ旅行のために貯金する

Unterschrift
ウンター・シュリフト *f.*
署名、サイン

Formular
フォルムラール *n.*
用紙

unterschreiben
ウンターシュライベン
署名する、サインする

▶ Bitte unterschreiben Sie das Formular.
　この用紙にサインしてください。

7-4 警察で

Zeuge
ツォイゲ m.
目撃者、証人

Polizei
ポリ**ツァイ** f.
警察

rufen
ルーフェン
呼ぶ

▶ die Polizei rufen
　警察を呼ぶ

Polizist
ポリ**ツィ**スト m.
警察官

▶ einen Polizisten nach dem Weg fragen
　おまわりさんに道を尋ねる

Geldbeutel
ゲルト・ボイテル m.
財布

stehlen
シュ**テー**レン
盗む

▶ Mein Geldbeutel wurde gestohlen.
　私の財布が盗まれました。

fassen
ファッセン
捕まえる

verhaften
フェア**ハ**フテン
逮捕する

Täter
テーター m.
犯人

▶ den Täter verhaften
　犯人を逮捕する

festnehmen
フェスト・ネーメン
逮捕する

▶ Der Dieb wurde festgenommen.
　泥棒は逮捕された。

Banküberfall
バンク・ユーバーファル m.
銀行強盗

Überfall
ユーバー・ファル m.
強盗

Taschendieb
タッシェン・ディープ m.
スリ

Diebstahl
ディープ・シュタール m.
盗み

Dieb
ディープ m.
泥棒

melden
メルデン
届け出る

▶ einen Diebstahl bei der Polizei melden
　盗難を警察に届ける

Strafe
シュトラーフェ *f.*
罰、刑罰

Mörder
メルダー *m.*
殺人犯

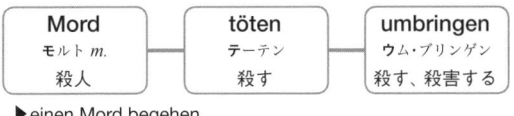

Mord
モルト *m.*
殺人

töten
テーテン
殺す

umbringen
ウム・ブリンゲン
殺す、殺害する

▶ einen Mord begehen
殺人を犯す

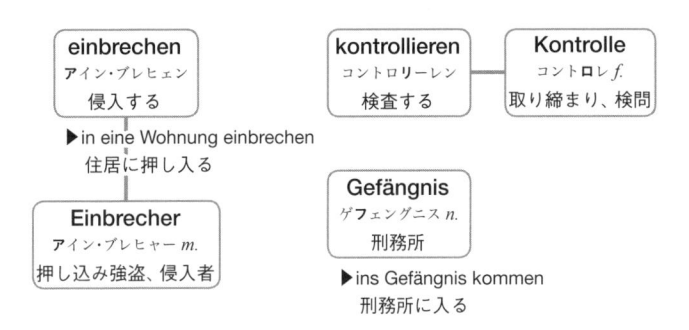

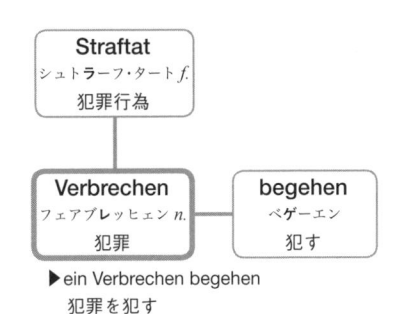

einbrechen
アイン・ブレヒェン
侵入する

▶ in eine Wohnung einbrechen
住居に押し入る

Einbrecher
アイン・ブレヒャー *m.*
押し込み強盗、侵入者

kontrollieren
コントロリーレン
検査する

Kontrolle
コントロレ *f.*
取り締まり、検問

Gefängnis
ゲフェングニス *n.*
刑務所

▶ ins Gefängnis kommen
刑務所に入る

Straftat
シュトラーフ・タート *f.*
犯罪行為

Verbrechen
フェアブレッヒェン *n.*
犯罪

begehen
ベゲーエン
犯す

Opfer
オプファー *n.*
犠牲者、被害者

▶ ein Verbrechen begehen
犯罪を犯す

Verbrecher
フェアブレッヒャー *m.*
犯罪者

gefährlich
ゲフェーアリヒ
危険な

▶ ein gefährlicher Verbrecher
危険な犯罪者

7-5 電話で

Telefon
テレフォーン n.
電話
▶ ans Telefon gehen
電話に出る

anrufen
アン・ルーフェン
電話する
▶ Rufen Sie mich heute Abend bitte an!
今夜私に電話してください。

telefonieren
テレフォニーレン
電話する

Telefonbuch
テレフォーン・ブーフ n.
電話帳

Telefonzelle
テレフォーン・ツェレ f.
電話ボックス
▶ Gibt es hier in der Nähe eine Telefonzelle?
この辺に電話ボックスはありますか？

Telefongebühr
テレフォーン・ゲビューア f.
電話料金

Telefonnummer
テレフォーン・ヌマー f.
電話番号
▶ Wie ist Ihre Telefonnummer?
あなたの電話番号は何番ですか？

Auslandsgespräch
アオスランツ・ゲシュプレーヒ n.
国際電話

Ortsgespräch
オルツ・ゲシュプレーヒ n.
市内通話

Nummer
ヌマー f.
番号

wählen
ヴェーレン
選ぶ、ダイヤルする
▶ eine Nummer wählen
番号をダイヤルする

Vorwahl
フォーア・ヴァール f.
市外局番

Anrufbeantworter
アンルーフ・ベアントヴォルター *m.*
留守番電話

Nachricht
ナーハ・リヒト *f.*
伝言

▶ auf dem Anrufbeantworter eine Nachricht hinterlassen
留守番電話に伝言を残す

Handy
ヘンディ *n.*
携帯電話

Smartphone
スマートフォウン *n.*
スマートフォン

▶ Hast du kein Handy?
君は携帯を持っていないの？

zurückrufen
ツリュック・ルーフェン
折り返し電話する

verwählen (sich)
フェアヴェーレン
ダイヤルを間違える

▶ Verzeihung, ich habe mich verwählt.
すみません、番号を間違えました。

telefonisch
テレフォーニッシュ
電話の、電話による

erreichen
エアライヒェン
連絡がつく

▶ Ich konnte sie telefonisch leider nicht erreichen.
彼女とは残念ながら電話がつながりませんでした。

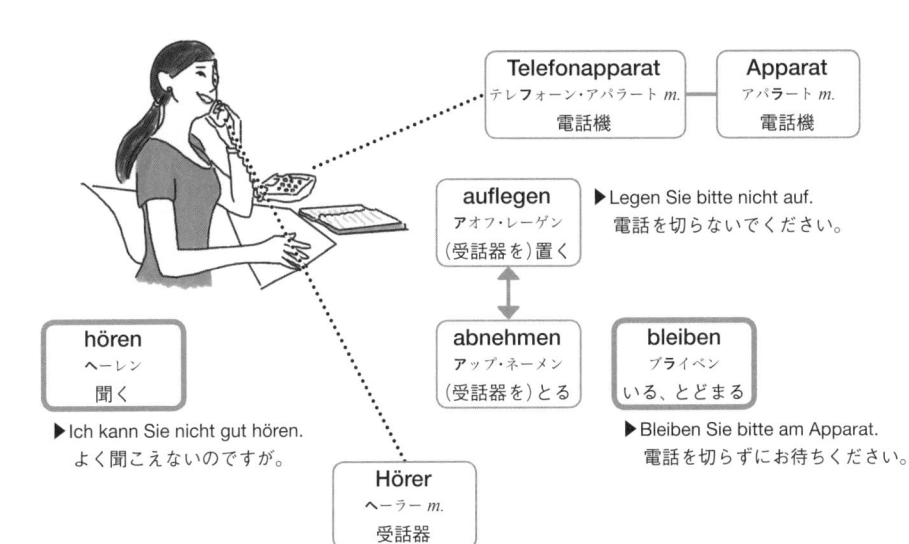

Telefonapparat
テレフォーン・アパラート *m.*
電話機

Apparat
アパラート *m.*
電話機

auflegen
アオフ・レーゲン
（受話器を）置く

▶ Legen Sie bitte nicht auf.
電話を切らないでください。

abnehmen
アップ・ネーメン
（受話器を）とる

bleiben
ブライベン
いる、とどまる

hören
ヘーレン
聞く

▶ Ich kann Sie nicht gut hören.
よく聞こえないのですが。

▶ Bleiben Sie bitte am Apparat.
電話を切らずにお待ちください。

Hörer
ヘーラー *m.*
受話器

7-6 公共交通機関

ICE (Intercity-Express) イーツェー・エー *m.*
インターシティ・エクスプレス、都市間超特急

Straßenbahn シュトラーセン・バーン *f.*
路面電車、市電
▶ die Straßenbahn nehmen
　路面電車を使う

IC (Intercity) イー・ツェー *m.*
インターシティ、都市間特急
▶ den IC nehmen
　インターシティ（都市間特急）に乗る

EC (Eurocity) エー・ツェー *m.*
ユーロシティ、ヨーロッパ都市間特急
Schnellzug シュネル・ツーク *m.*　急行列車
Eilzug アイル・ツーク *m.*　快速列車、準急列車

Gleis グライス *n.*
〜番線
▶ von Gleis sieben abfahren
　7番線から出発する

Linie リーニエ *f.*
路線、系統
▶ Welche Linie muss ich nehmen?
　どの路線に乗らなければなりませんか？

Sperre シュペレ *f.*
改札口
▶ durch die Sperre gehen
　改札を通る

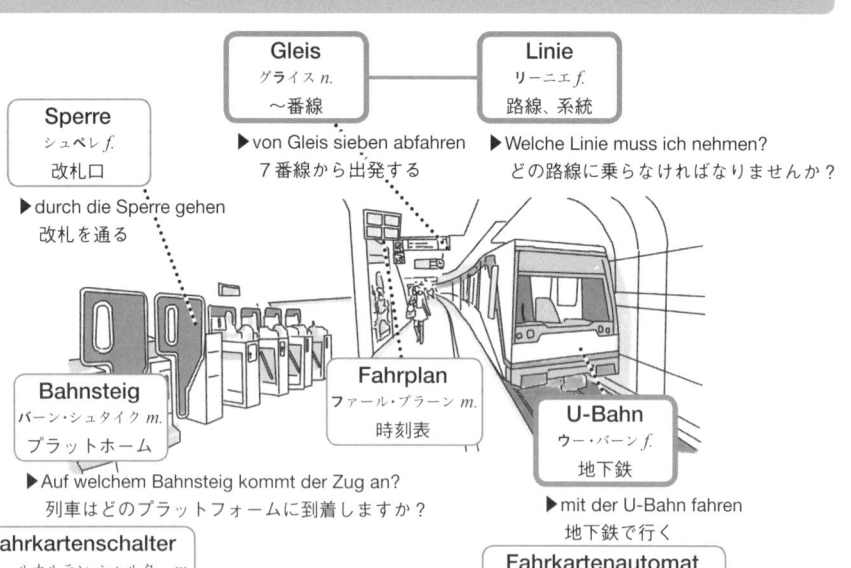

Bahnsteig バーン・シュタイク *m.*
プラットホーム
▶ Auf welchem Bahnsteig kommt der Zug an?
　列車はどのプラットフォームに到着しますか？

Fahrplan ファール・プラーン *m.*
時刻表

U-Bahn ウー・バーン *f.*
地下鉄
▶ mit der U-Bahn fahren
　地下鉄で行く

Fahrkartenschalter ファールカルテン・シャルター *m.*
乗車券売り場、発券窓口

Fahrkartenautomat ファールカルテン・アオトマート *m.*
自動乗車券売機

Rückfahrkarte リュック・ファールカルテ *f.*
帰りの乗車券

hin und zurück ヒン ウント ツリュック
往復

Fahrkarte ファール・カルテ *f.*
乗車券、切符

Zug
ツーク m.
列車
▶ in den Zug einsteigen
列車に乗る

Bahn
バーン f.
鉄道
▶ mit der Bahn fahren
鉄道で行く

Eisenbahn
アイゼン・バーン f.
鉄道

öffentlich
エッフェントリヒ
公共の

Verkehrsmittel
フェアケーアス・ミッテル n.
交通機関
▶ öffentliche Verkehrsmittel benutzen
公共交通機関を使う

einsteigen
アイン・シュタイゲン
乗る
⇔
aussteigen
アオス・シュタイゲン
降りる

Speisewagen
シュパイゼ・ヴァーゲン m.
食堂車

Schlafwagen
シュラーフ・ヴァーゲン m.
寝台車

Großraumwagen
グロースラオム・ヴァーゲン m.
普通車両

direkt
ディレクト
直接の、直行の
▶ Kann ich direkt fahren?
乗り換えなしで行けますか？

Abteil
アプタイル n.
コンパートメント

Bus
ブス m.
バス
▶ Hält dieser Bus an der Marienkirche?
このバスは聖母教会に停まりますか？

halten
ハルテン
停まる

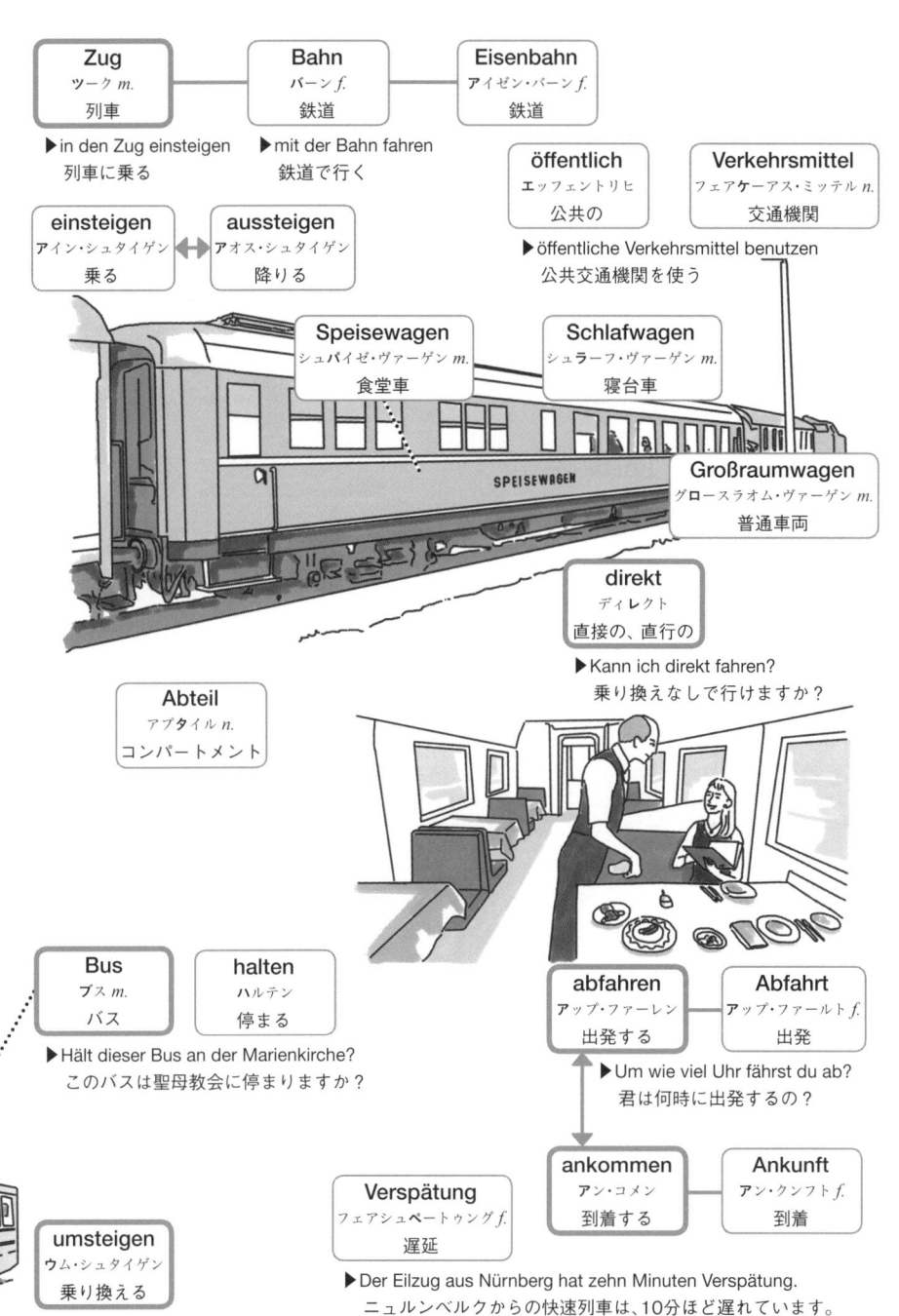

abfahren
アップ・ファーレン
出発する

Abfahrt
アップ・ファールト f.
出発
▶ Um wie viel Uhr fährst du ab?
君は何時に出発するの？

ankommen
アン・コメン
到着する

Ankunft
アン・クンフト f.
到着

Verspätung
フェアシュペートゥング f.
遅延

umsteigen
ウム・シュタイゲン
乗り換える
▶ Sie müssen in Würzburg umsteigen.
ヴュルツブルクで乗り換えなければなりません。

▶ Der Eilzug aus Nürnberg hat zehn Minuten Verspätung.
ニュルンベルクからの快速列車は、10分ほど遅れています。

7-7 自動車・飛行機・船 ①

Tankstelle タンク・シュテレ *f.*
ガソリンスタンド

tanken タンケン
ガソリンを入れる
▶ Wir müssen tanken.
ガソリンを入れなければなりません。

Lastwagen ラスト・ヴァーゲン *m.*
トラック

Lkw (Lastkraftwagen) エル・カー・ヴェー *m.*
貨物自動車、トラック

Benzin ベンツィーン *n.*
ガソリン
▶ Wir haben kein Benzin mehr.
もうガソリンがありません。

Motorroller モトーア・ロラー *m.*
スクーター

Motorrad モトーア・ラート *n.*
自動二輪、オートバイ

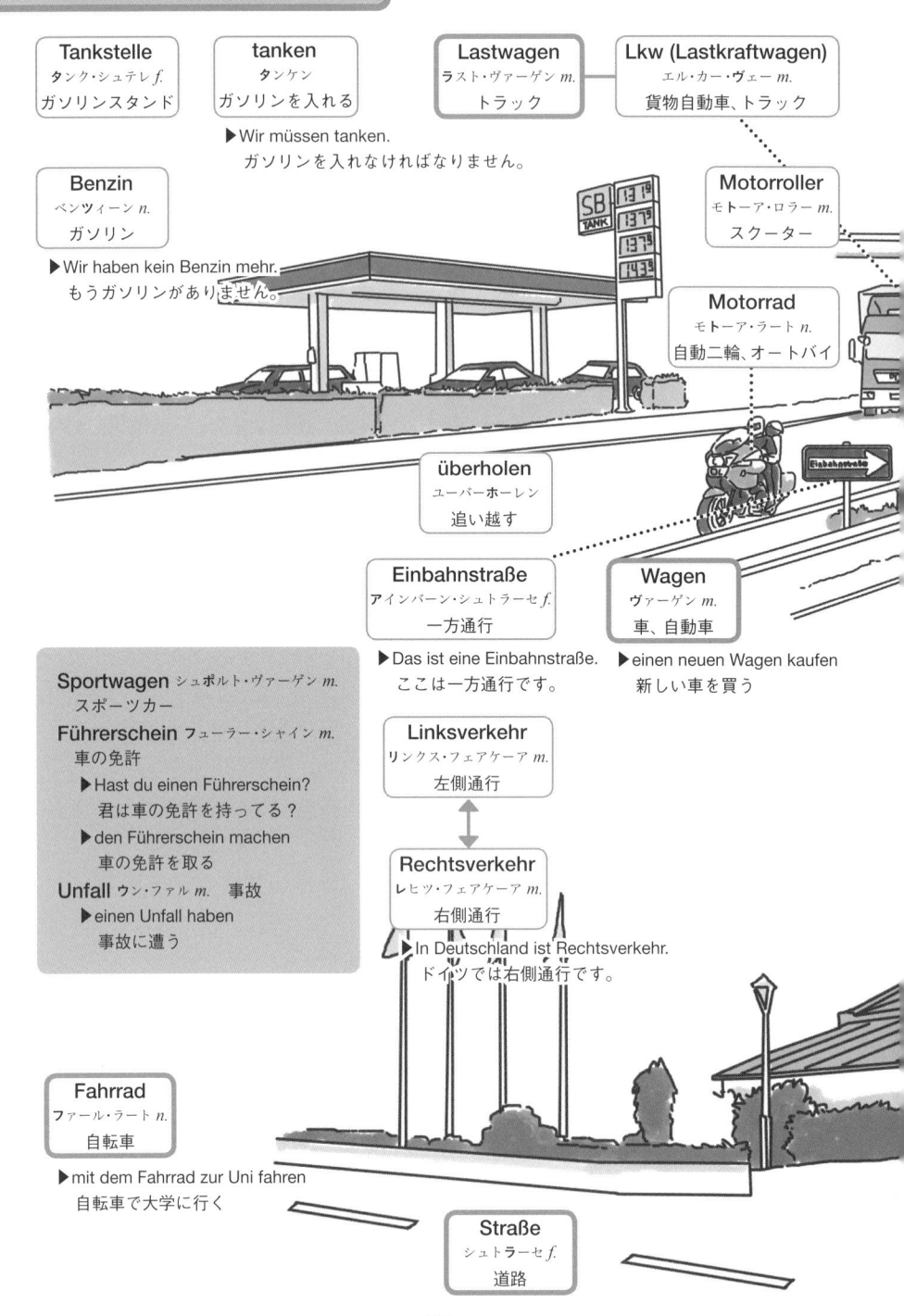

überholen ユーバーホーレン
追い越す

Einbahnstraße アインバーン・シュトラーセ *f.*
一方通行
▶ Das ist eine Einbahnstraße.
ここは一方通行です。

Wagen ヴァーゲン *m.*
車、自動車
▶ einen neuen Wagen kaufen
新しい車を買う

Sportwagen シュポルト・ヴァーゲン *m.*
スポーツカー

Führerschein フューラー・シャイン *m.*
車の免許
▶ Hast du einen Führerschein?
君は車の免許を持ってる？
▶ den Führerschein machen
車の免許を取る

Unfall ウン・ファル *m.* 事故
▶ einen Unfall haben
事故に遭う

Linksverkehr リンクス・フェアケーア *m.*
左側通行

Rechtsverkehr レヒツ・フェアケーア *m.*
右側通行
▶ In Deutschland ist Rechtsverkehr.
ドイツでは右側通行です。

Fahrrad ファール・ラート *n.*
自転車
▶ mit dem Fahrrad zur Uni fahren
自転車で大学に行く

Straße シュトラーセ *f.*
道路

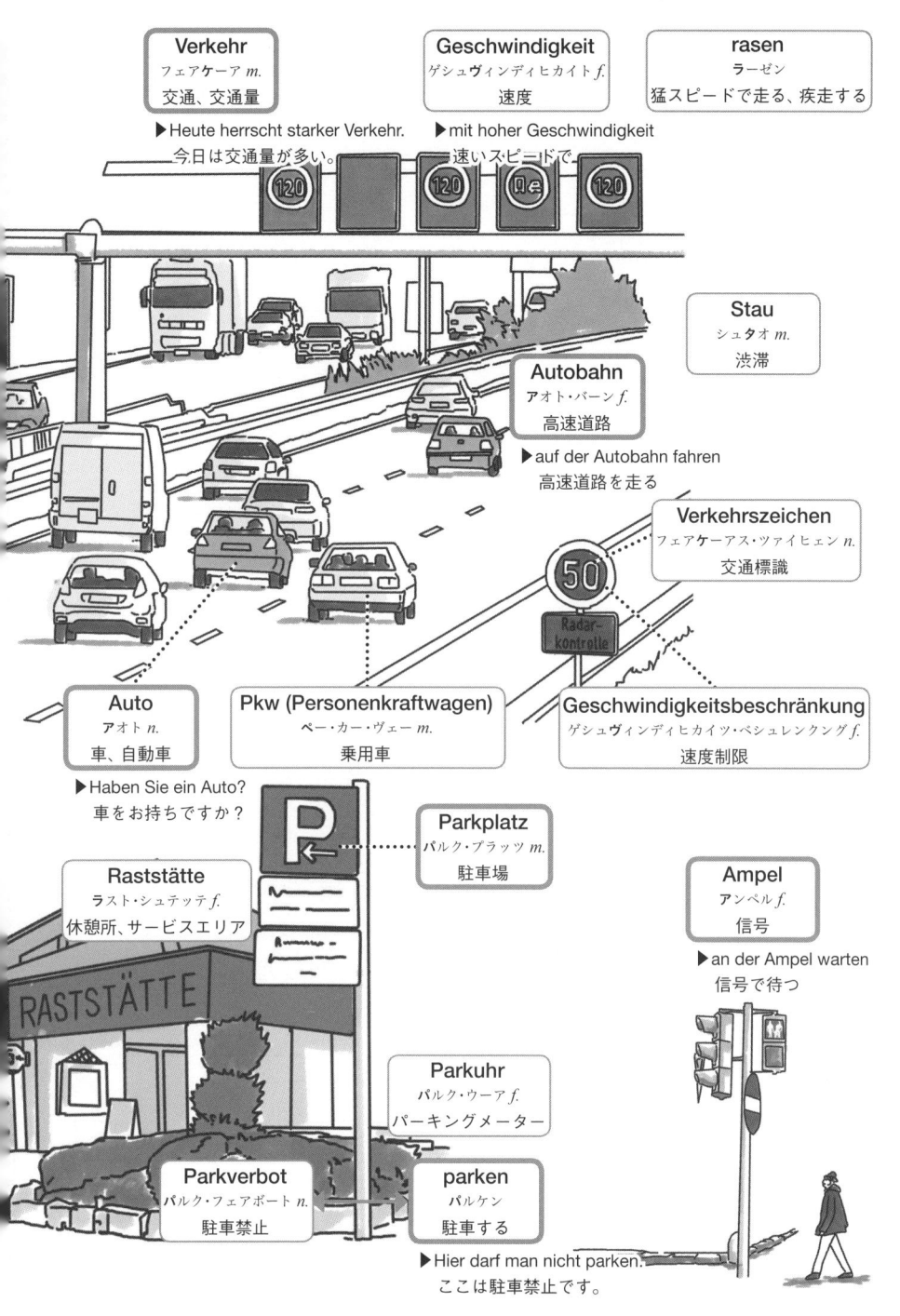

Verkehr
フェアケーア m.
交通、交通量
▶ Heute herrscht starker Verkehr.
今日は交通量が多い。

Geschwindigkeit
ゲシュヴィンディヒカイト f.
速度
▶ mit hoher Geschwindigkeit
速いスピードで

rasen
ラーゼン
猛スピードで走る、疾走する

Stau
シュタオ m.
渋滞

Autobahn
アオト・バーン f.
高速道路
▶ auf der Autobahn fahren
高速道路を走る

Verkehrszeichen
フェアケーアス・ツァイヒェン n.
交通標識

Auto
アオト n.
車、自動車
▶ Haben Sie ein Auto?
車をお持ちですか？

Pkw (Personenkraftwagen)
ペー・カー・ヴェー m.
乗用車

Geschwindigkeitsbeschränkung
ゲシュヴィンディヒカイツ・ベシュレンクング f.
速度制限

Raststätte
ラスト・シュテッテ f.
休憩所、サービスエリア

Parkplatz
パルク・プラッツ m.
駐車場

Ampel
アンペル f.
信号
▶ an der Ampel warten
信号で待つ

Parkuhr
パルク・ウーア f.
パーキングメーター

Parkverbot
パルク・フェアボート n.
駐車禁止

parken
パルケン
駐車する
▶ Hier darf man nicht parken.
ここは駐車禁止です。

129

7-8 自動車・飛行機・船 ②

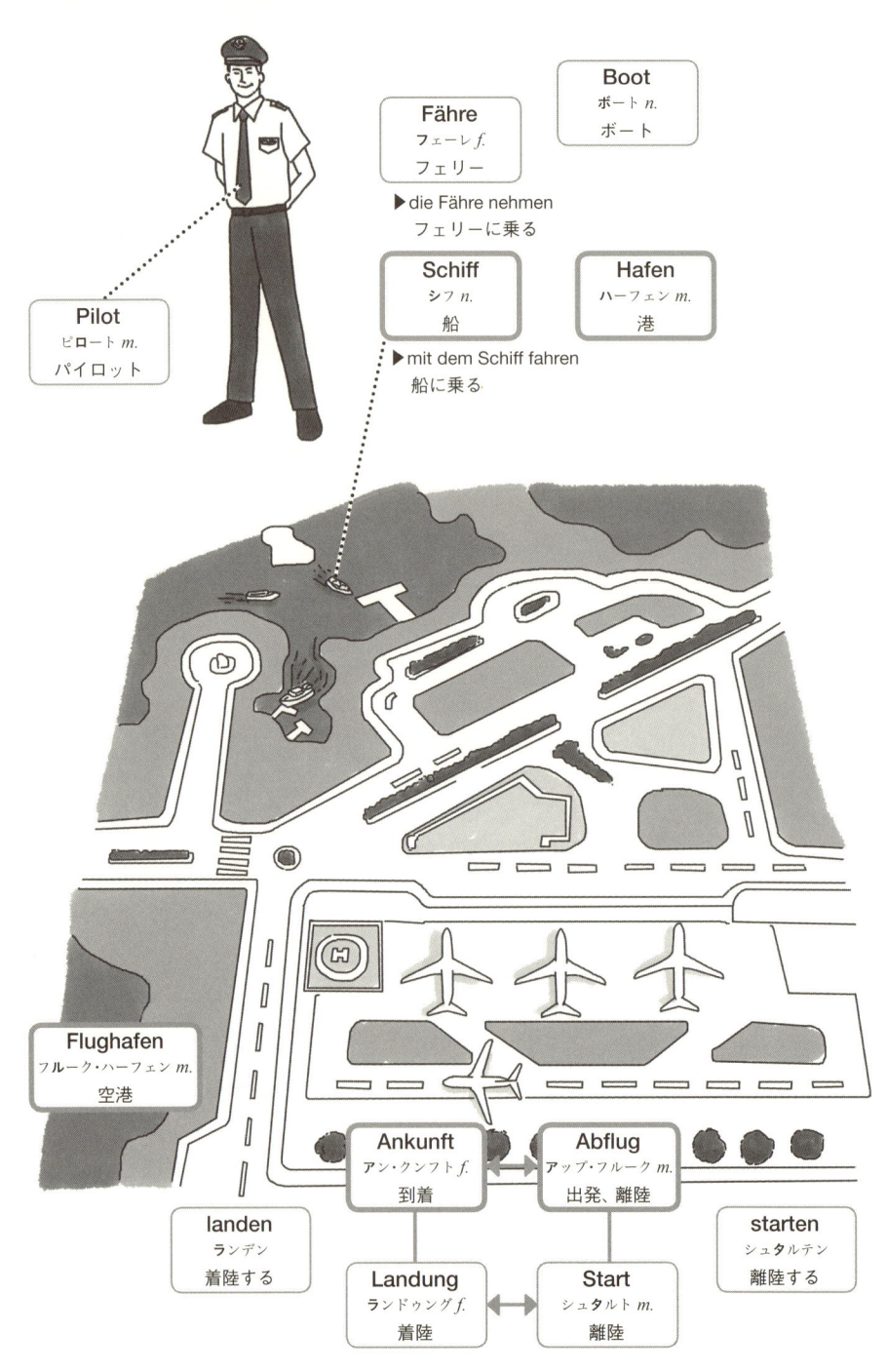

Pilot
ピロート m.
パイロット

Fähre
フェーレ f.
フェリー
▶ die Fähre nehmen
フェリーに乗る

Boot
ボート n.
ボート

Schiff
シフ n.
船
▶ mit dem Schiff fahren
船に乗る

Hafen
ハーフェン m.
港

Flughafen
フルーク・ハーフェン m.
空港

Ankunft
アン・クンフト f.
到着

Abflug
アップ・フルーク m.
出発、離陸

landen
ランデン
着陸する

Landung
ランドゥング f.
着陸

Start
シュタルト m.
離陸

starten
シュタルテン
離陸する

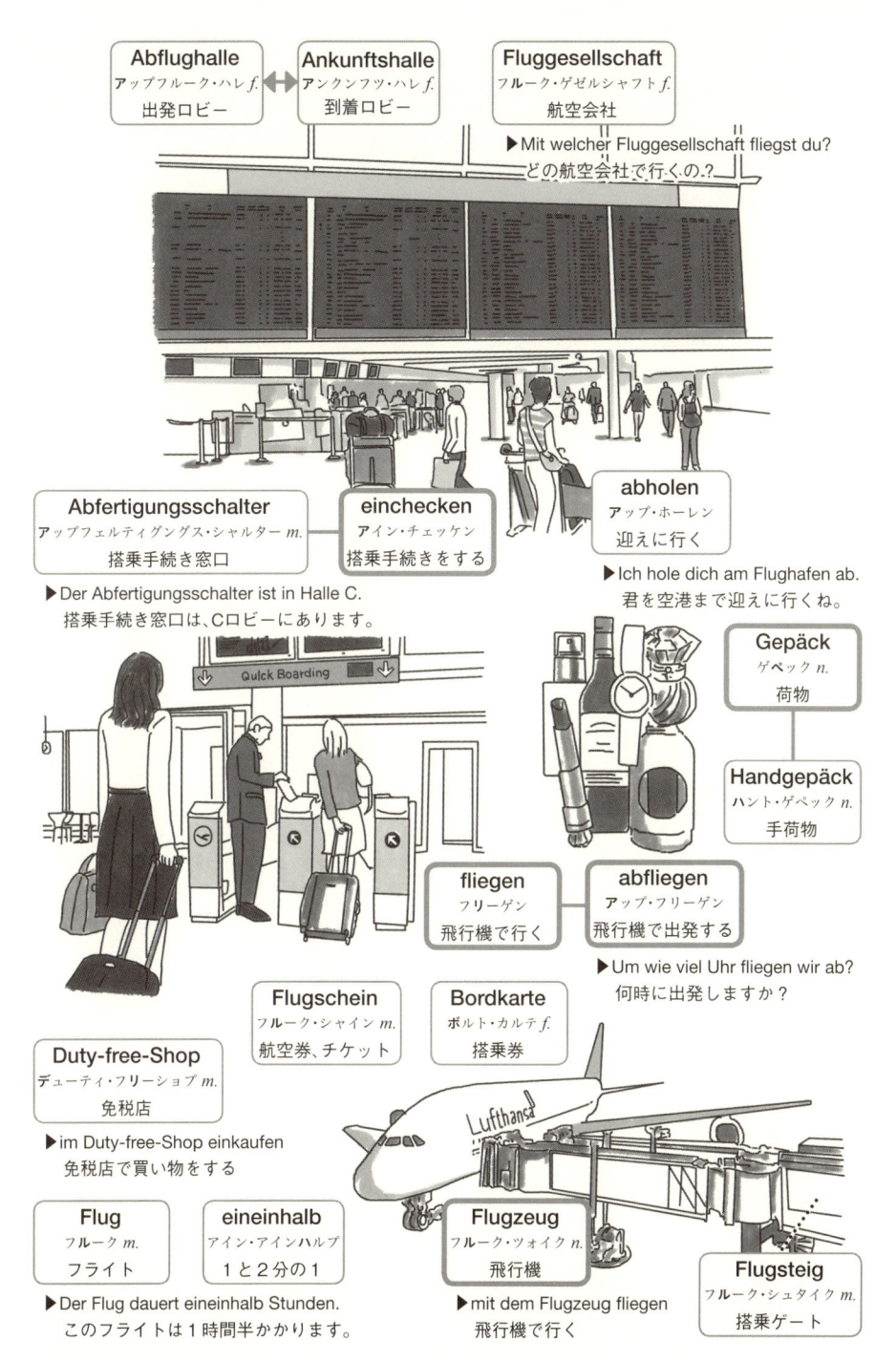

Abflughalle
アップフルーク・ハレ f.
出発ロビー ↔

Ankunftshalle
アンクンフツ・ハレ f.
到着ロビー

Fluggesellschaft
フルーク・ゲゼルシャフト f.
航空会社

▶ Mit welcher Fluggesellschaft fliegst du?
どの航空会社で行くの.?

Abfertigungsschalter
アップフェルティグングス・シャルター m.
搭乗手続き窓口

einchecken
アイン・チェッケン
搭乗手続きをする

abholen
アップ・ホーレン
迎えに行く

▶ Der Abfertigungsschalter ist in Halle C.
搭乗手続き窓口は、Cロビーにあります。

▶ Ich hole dich am Flughafen ab.
君を空港まで迎えに行くね。

Gepäck
ゲペック n.
荷物

Handgepäck
ハント・ゲペック n.
手荷物

fliegen
フリーゲン
飛行機で行く

abfliegen
アップ・フリーゲン
飛行機で出発する

▶ Um wie viel Uhr fliegen wir ab?
何時に出発しますか？

Flugschein
フルーク・シャイン m.
航空券、チケット

Bordkarte
ボルト・カルテ f.
搭乗券

Duty-free-Shop
デューティ・フリーショップ m.
免税店

▶ im Duty-free-Shop einkaufen
免税店で買い物をする

Flug
フルーク m.
フライト

eineinhalb
アイン・アインハルプ
1と2分の1

Flugzeug
フルーク・ツオイク n.
飛行機

Flugsteig
フルーク・シュタイク m.
搭乗ゲート

▶ Der Flug dauert eineinhalb Stunden.
このフライトは1時間半かかります。

▶ mit dem Flugzeug fliegen
飛行機で行く

7-9 掲示・標識

WC
ヴェー・ツェー *n.*
トイレ

Herren
ヘレン *pl.*
男性

Damen
ダーメン *pl.*
女性

Parken verboten
パルケン　フェアボーテン
駐車禁止

Einfahrt freihalten
アイン・ファールト　フライハルテン
出入口につき駐車禁止

Einbahnstraße
アインバーン・シュトラーセ *f.*
一方通行

ziehen
ツィーエン
引く

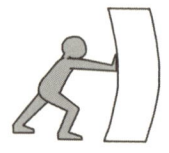

drücken
ドリュッケン
押す

geöffnet
ゲエフネット
営業中

heute geschlossen
ホイテ　ゲシュロッセン
本日休業

heute Ruhetag
ホイテ　ルーエターク
本日休業

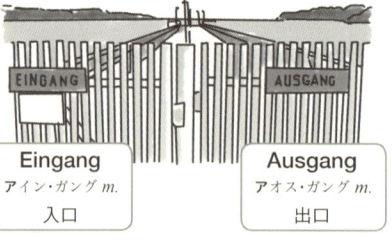

Eingang
アイン・ガング *m.*
入口

Ausgang
アオス・ガング *m.*
出口

Vorsicht, bissiger Hund
フォーア・ズィヒト　ビッスィガー　フント
猛犬注意

besetzt
ベゼット
使用中

frei
フライ
空き

Eintritt frei
アイン・トリット　フライ
入場無料

Raucher
ラオハー *m.*
喫煙者

↔

Nichtraucher
ニヒト・ラオハー *m.*
非喫煙者

Eintritt verboten
アイン・トリット　フェアボーテン
立入禁止

Rauchen verboten
ラオヘン　フェアボーテン
喫煙禁止

reserviert
レゼルヴィーアト
予約済

Bitte nicht stören
ビッテ　ニヒト　シュテーレン
立ち入らないでください

Rasen bitte nicht betreten
ラーゼン　ビッテ　ニヒト　ベトレーテン
芝生立入禁止

Bitte nicht berühren
ビッテ　ニヒト　ベリューレン
触らないでください

Notausgang
ノート・アオスガング *m.*
非常口

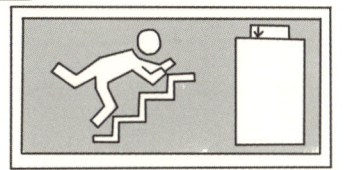

Vorsicht, Stufe
フォーア・ズィヒト　シュトゥーフェ
段差に注意

Zimmer frei
ツィンマー　フライ
空室あり

Vorsicht
フォーア・ズィヒト *f.*
注意

Frisch gestrichen
フリッシュ　ゲシュトリッヒェン
ペンキ塗りたて

クロスワードパズル ⑦

クロスワードではすべて大文字で記入します。ウムラウトは使わず、Ä Ö Ü はそれぞれAE OE UEと表記します。βはSSとなります。

横のカギ
① 郵便屋さんが届けてくれる。
③ 青・黄色・赤。
⑧ ものを買うのに必要です。
⑨ 他人のものを盗む人。
⑩ 特急・寝台などがあります。
⑪ 料理する。

縦のカギ
② 二輪のエコな乗り物。
④ 治安を守る大事な役目。
⑤ 朝早いとつらいです。
⑥ 別の列車に乗る。
⑦ ドイツでは無料でしかも速度無制限！

答え
横のカギ: ① BRIEF ③ AMPEL ⑧ GELD ⑨ DIEB ⑩ ZUG ⑪ KOCHEN
縦のカギ: ② FAHRRAD ④ POLIZEI ⑤ AUFSTEHEN ⑥ UMSTEIGEN ⑦ AUTOBAHN

第8章
健康と体

8-1 体の部位

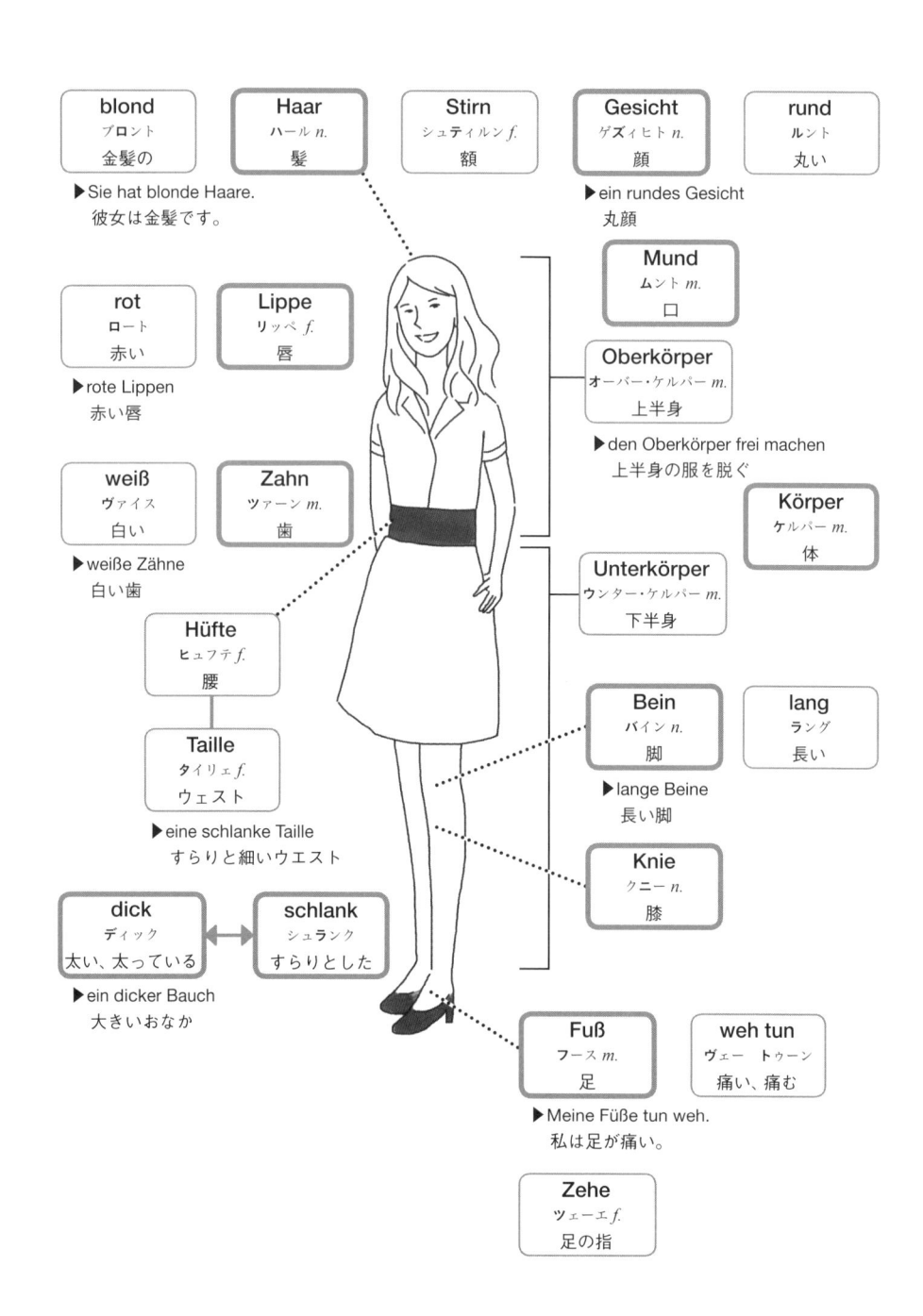

blond	Haar	Stirn	Gesicht	rund
ブロント	ハール n.	シュティルン f.	ゲズィヒト n.	ルント
金髪の	髪	額	顔	丸い

▶ Sie hat blonde Haare.
彼女は金髪です。

▶ ein rundes Gesicht
丸顔

Mund ムント m. 口

rot ロート 赤い

Lippe リッペ f. 唇

▶ rote Lippen
赤い唇

Oberkörper オーバー・ケルパー m. 上半身

▶ den Oberkörper frei machen
上半身の服を脱ぐ

weiß ヴァイス 白い

Zahn ツァーン m. 歯

▶ weiße Zähne
白い歯

Körper ケルパー m. 体

Hüfte ヒュフテ f. 腰

Unterkörper ウンター・ケルパー m. 下半身

Taille タイリェ f. ウェスト

▶ eine schlanke Taille
すらりと細いウエスト

Bein バイン n. 脚

lang ラング 長い

▶ lange Beine
長い脚

Knie クニー n. 膝

dick ディック 太い、太っている

schlank シュランク すらりとした

▶ ein dicker Bauch
大きいおなか

Fuß フース m. 足

weh tun ヴェー トゥーン 痛い、痛む

▶ Meine Füße tun weh.
私は足が痛い。

Zehe ツェーエ f. 足の指

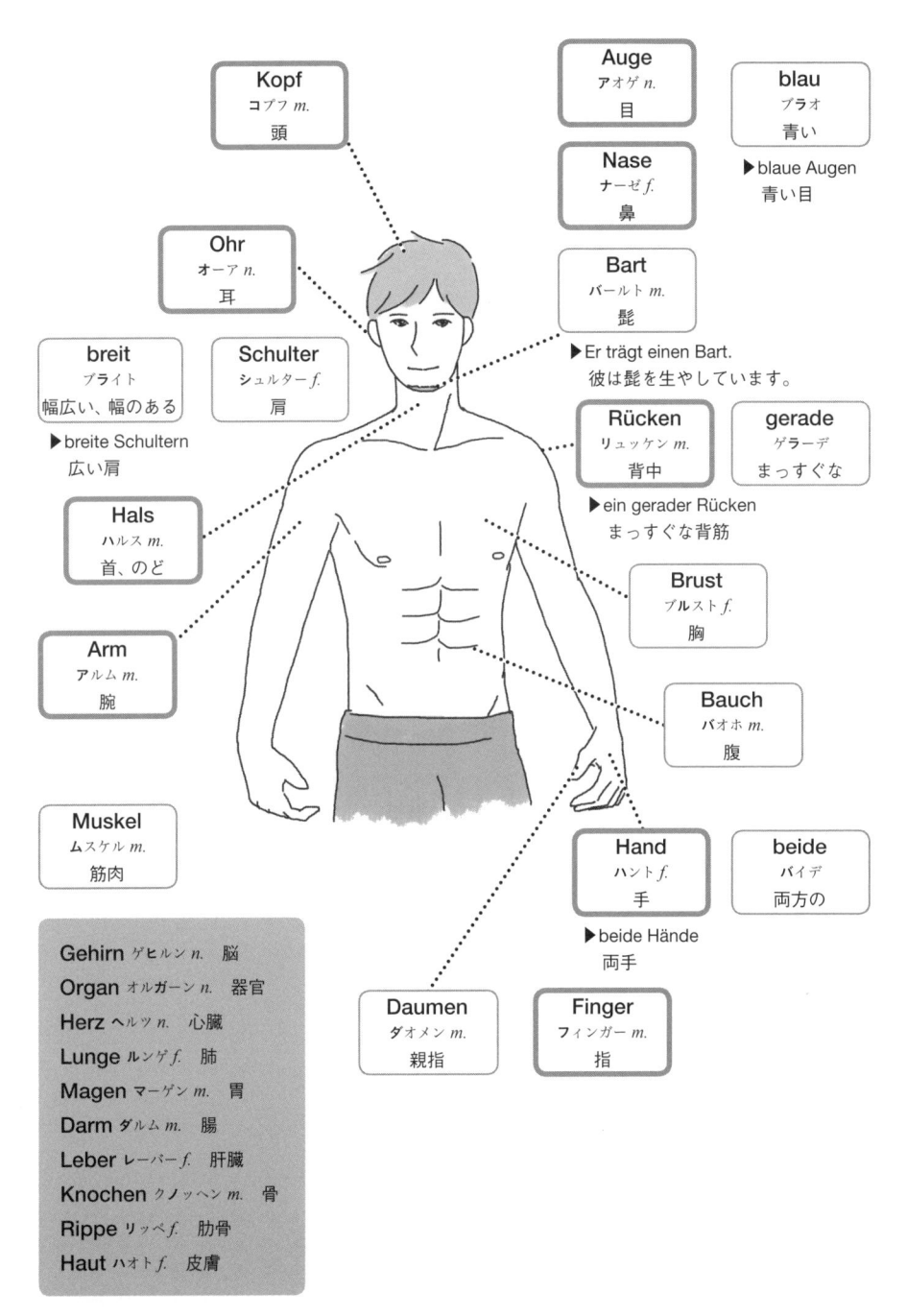

Kopf	コプフ m.	頭
Auge	アオゲ n.	目
blau	ブラオ	青い
Nase	ナーゼ f.	鼻
Ohr	オーア n.	耳
Bart	バールト m.	髭
breit	ブライト	幅広い、幅のある
Schulter	シュルター f.	肩
Rücken	リュッケン m.	背中
gerade	ゲラーデ	まっすぐな
Hals	ハルス m.	首、のど
Brust	ブルスト f.	胸
Arm	アルム m.	腕
Bauch	バオホ m.	腹
Muskel	ムスケル m.	筋肉
Hand	ハント f.	手
beide	バイデ	両方の
Daumen	ダオメン m.	親指
Finger	フィンガー m.	指

▶ blaue Augen
青い目

▶ Er trägt einen Bart.
彼は髭を生やしています。

▶ breite Schultern
広い肩

▶ ein gerader Rücken
まっすぐな背筋

▶ beide Hände
両手

Gehirn ゲヒルン n. 脳
Organ オルガーン n. 器官
Herz ヘルツ n. 心臓
Lunge ルンゲ f. 肺
Magen マーゲン m. 胃
Darm ダルム m. 腸
Leber レーバー f. 肝臓
Knochen クノッヘン m. 骨
Rippe リッペ f. 肋骨
Haut ハオト f. 皮膚

8-2 病院と医者

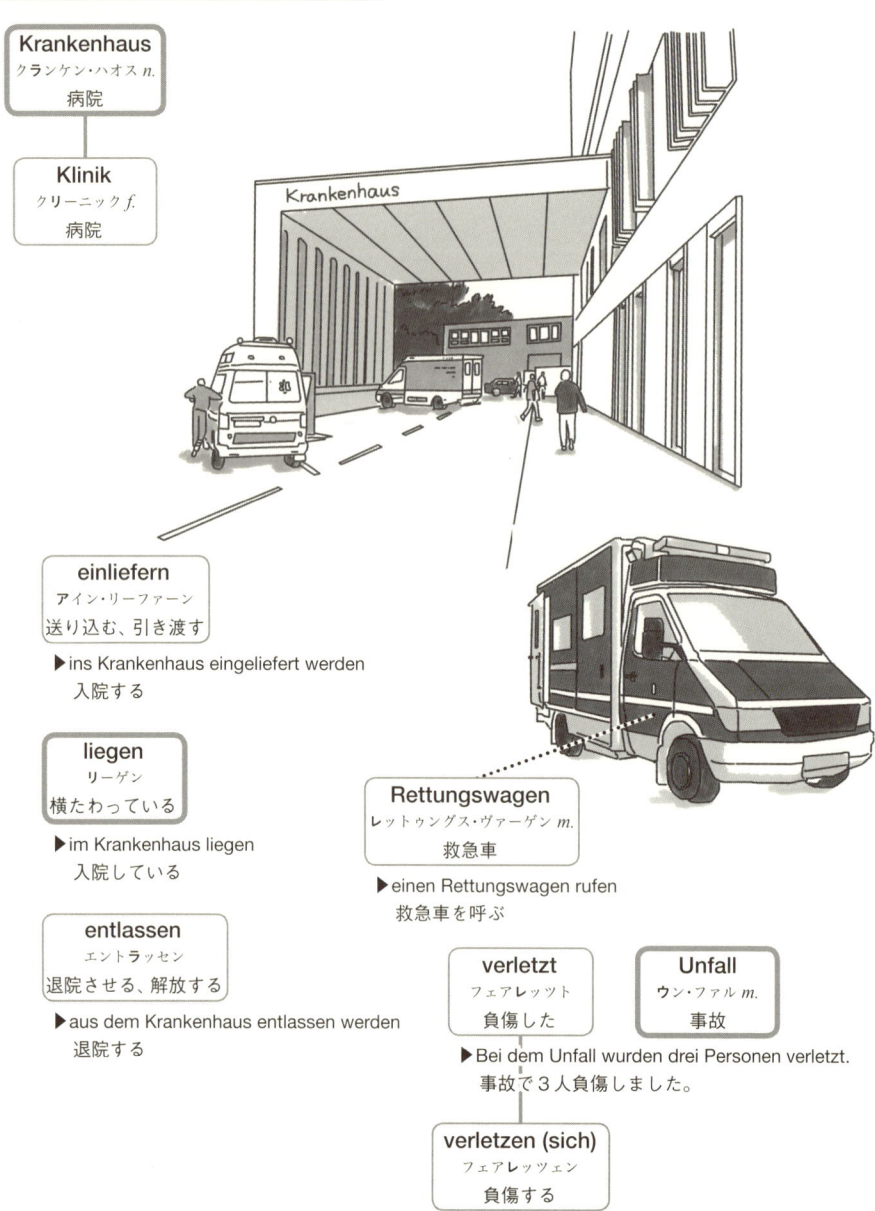

Krankenhaus
クランケン・ハオス *n.*
病院

Klinik
クリーニック *f.*
病院

einliefern
アイン・リーファーン
送り込む、引き渡す
▶ ins Krankenhaus eingeliefert werden
入院する

liegen
リーゲン
横たわっている
▶ im Krankenhaus liegen
入院している

entlassen
エントラッセン
退院させる、解放する
▶ aus dem Krankenhaus entlassen werden
退院する

Rettungswagen
レットゥングス・ヴァーゲン *m.*
救急車
▶ einen Rettungswagen rufen
救急車を呼ぶ

verletzt
フェアレット
負傷した

Unfall
ウン・ファル *m.*
事故

▶ Bei dem Unfall wurden drei Personen verletzt.
事故で3人負傷しました。

verletzen (sich)
フェアレッツェン
負傷する
▶ Ich habe mich am Knie verletzt.
私は膝をけがしました。

Verletzte
フェアレッツテ *m., f.*
負傷者、けが人

Facharzt
ファハ・アールツト *m.*
専門医

Zahnarzt
ツァーン・アールツト *m.*
歯科医

Notarzt
ノート・アールツト *m.*
救急医

praktisch
プラクティッシュ
実際的な

Arzt
アールツト *m.*
医師（男）

▶ Er ist praktischer Arzt.
彼は開業医です。

Ärztin
エーアツティン *f.*
医師（女）

Krankenpfleger
クランケン・プフレーガー *m.*
看護師

Krankenschwester
クランケン・シュヴェスター *f.*
看護婦

Besserung
ベッセルング *f.*
回復

▶ Gute Besserung!
お大事に！

Praxis
プラクスィス *f.*
診療所

Krankenzimmer
クランケン・ツィマー *n.*
病室

Sprechstunde
シュプレヒ・シュトゥンデ *f.*
診療時間

von ... bis ...
フォン〜ビス〜
…から…まで

▶ Die Sprechstunde ist von 9.00 bis 13.00 Uhr.
診療時間は9時から13時までです。

Krankenversicherung
クランケン・フェアズィヒェルング *f.*
健康保険

Patient
パツィエント *m.*
患者

pflegen
プフレーゲン
看護する

▶ einen Patienten pflegen
患者を看護する

8-3 治療と薬

Apotheke
アポテーケ *f.*
薬局

▶ in die Apotheke gehen
薬局に行く

Medikament
メディカメント *n.*
薬

Mittel
ミッテル *n.*
薬

▶ ein Medikament gegen Kopfschmerzen
頭痛薬

Tablette
タブレッテ *f.*
錠剤

Pulver
プルファー *n.*
粉薬

Pflaster
プフラスター *n.*
膏薬、絆創膏

Mahlzeit
マール・ツァイト *f.*
食事

▶ Nehmen Sie die Tabletten dreimal täglich nach der Mahlzeit.
1日3回、食後にこの錠剤を飲んでください。

operieren
オペリーレン
手術する

Operation
オペラツィオーン *f.*
手術

▶ Die Operation ist gelungen.
手術は成功しました。

gelingen
ゲリンゲン
成功する

behandeln
ベハンデルン
治療する

Behandlung
ベハンドルング f.
治療

▶ eine Krankheit behandeln
病気を治療する

untersuchen
ウンターズーヘン
検査する

Untersuchung
ウンターズーフング f.
検査

▶ den Patienten untersuchen
患者を検査する

Blut
ブルート n.
血液

▶ Blut abnehmen
血液を採る

abnehmen
アップ・ネーメン
取る、取り外す

Spritze
シュプリッツェ f.
注射

▶ eine Spritze geben
注射を打つ

Apotheker
アポテーカー m.
薬剤師

Rezept
レツェプト n.
処方箋

rezeptpflichtig
レツェプト・プフリヒティヒ
処方箋の必要な

▶ Dieses Mittel ist rezeptpflichtig.
この薬は処方箋が必要です。

Wunde
ヴンデ f.
傷、傷あと

bluten
ブルーテン
出血する

▶ Die Wunde blutet.
傷口から出血している。

verbinden
フェアビンデン
包帯をする

Verband
フェアバント m.
包帯

brechen
ブレッヒェン
折れる

▶ eine Wunde verbinden
傷に包帯を巻く

▶ Ich habe mir das Bein gebrochen.
私は足を骨折しました。

8-4 体の状態

gesund
ゲズント
健康な

Gesundheit *f.*
ゲズントハイト
健康

ungesund
ウン・ゲズント
不健康な

▶ Rauchen ist ungesund.
喫煙は健康に悪い。

Appetit *m.*
アペティート
食欲

rauchen
ラオヘン
タバコを吸う

leicht
ライヒト
軽い

schwer
シュヴェーア
重い

abnehmen
アップ・ネーメン
痩せる

zunehmen
ツー・ネーメン
太る

▶ Ich habe zwei Kilo abgenommen / zugenommen.
私は2キロ痩せました/太りました。

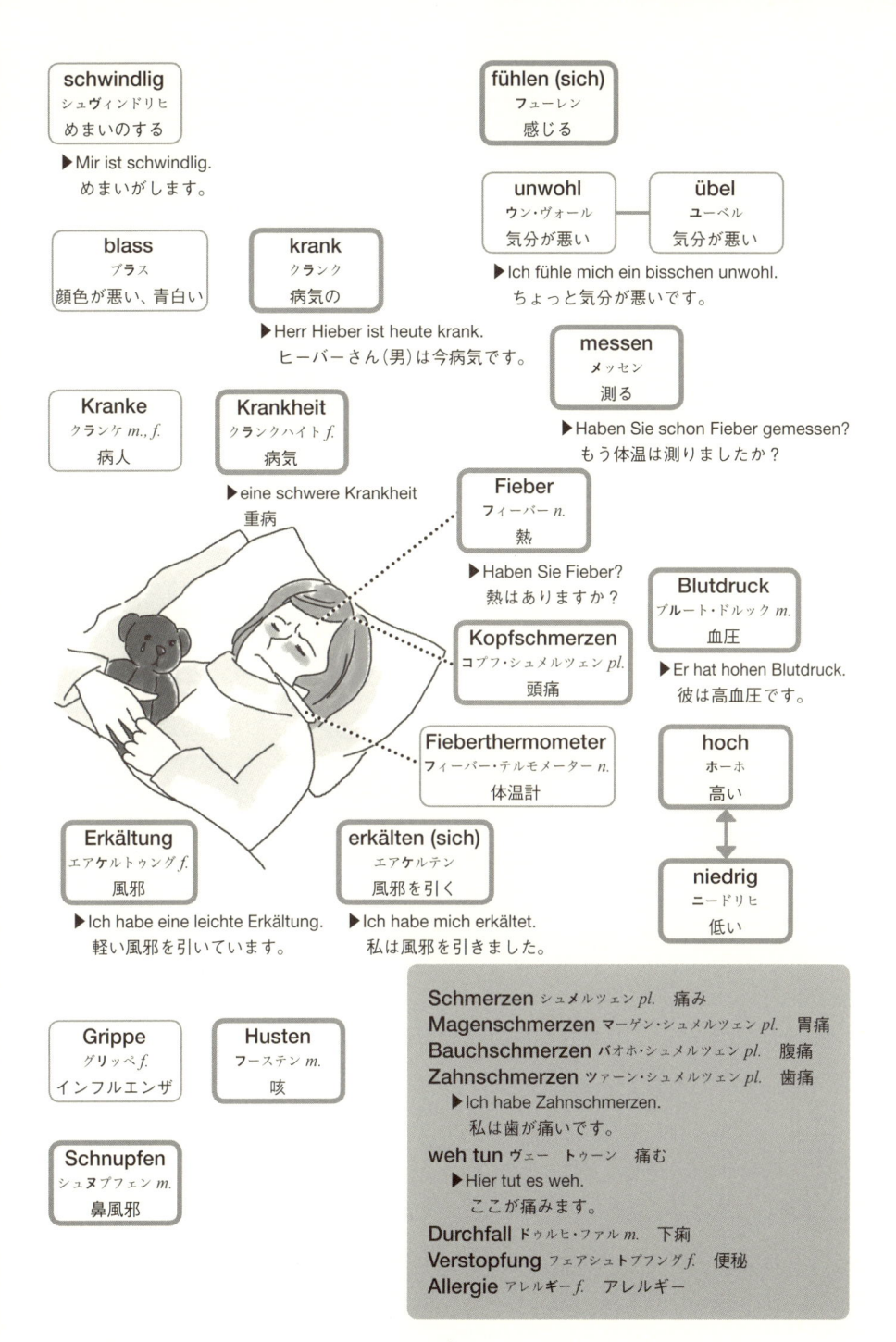

schwindlig
シュヴィンドリヒ
めまいのする
▶ Mir ist schwindlig.
　めまいがします。

fühlen (sich)
フューレン
感じる

unwohl
ウン・ヴォール
気分が悪い

übel
ユーベル
気分が悪い

▶ Ich fühle mich ein bisschen unwohl.
　ちょっと気分が悪いです。

blass
ブラス
顔色が悪い、青白い

krank
クランク
病気の

▶ Herr Hieber ist heute krank.
　ヒーバーさん(男)は今病気です。

messen
メッセン
測る

▶ Haben Sie schon Fieber gemessen?
　もう体温は測りましたか？

Kranke
クランケ m., f.
病人

Krankheit
クランクハイト f.
病気

▶ eine schwere Krankheit
　重病

Fieber
フィーバー n.
熱

▶ Haben Sie Fieber?
　熱はありますか？

Kopfschmerzen
コプフ・シュメルツェン pl.
頭痛

Blutdruck
ブルート・ドルック m.
血圧

▶ Er hat hohen Blutdruck.
　彼は高血圧です。

Fieberthermometer
フィーバー・テルモメーター n.
体温計

hoch
ホーホ
高い

niedrig
ニードリヒ
低い

Erkältung
エアケルトゥング f.
風邪

erkälten (sich)
エアケルテン
風邪を引く

▶ Ich habe eine leichte Erkältung.
　軽い風邪を引いています。

▶ Ich habe mich erkältet.
　私は風邪を引きました。

Grippe
グリッペ f.
インフルエンザ

Husten
フーステン m.
咳

Schnupfen
シュヌプフェン m.
鼻風邪

Schmerzen シュメルツェン pl. 痛み
Magenschmerzen マーゲン・シュメルツェン pl. 胃痛
Bauchschmerzen バオホ・シュメルツェン pl. 腹痛
Zahnschmerzen ツァーン・シュメルツェン pl. 歯痛
▶ Ich habe Zahnschmerzen.
　私は歯が痛いです。
weh tun ヴェー トゥーン 痛む
▶ Hier tut es weh.
　ここが痛みます。
Durchfall ドゥルヒ・ファル m. 下痢
Verstopfung フェアシュトプフング f. 便秘
Allergie アレルギー f. アレルギー

8-5 感情・知覚

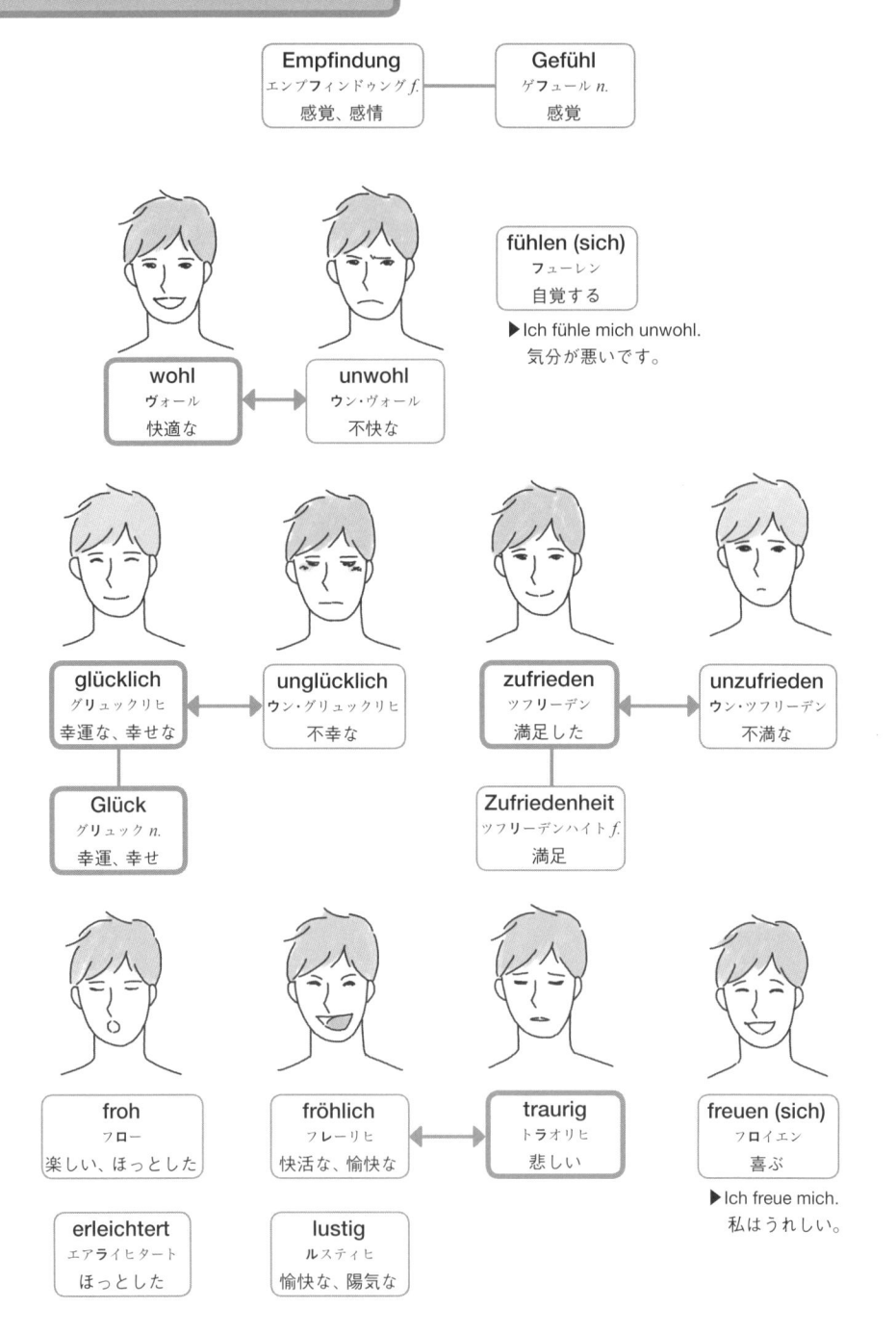

Empfindung エンプフィンドゥング f. 感覚、感情

Gefühl ゲフュール n. 感覚

fühlen (sich) フューレン 自覚する
▶ Ich fühle mich unwohl.
気分が悪いです。

wohl ヴォール 快適な ↔ **unwohl** ウン・ヴォール 不快な

glücklich グリュックリヒ 幸運な、幸せな ↔ **unglücklich** ウン・グリュックリヒ 不幸な

zufrieden ツフリーデン 満足した ↔ **unzufrieden** ウン・ツフリーデン 不満な

Glück グリュック n. 幸運、幸せ

Zufriedenheit ツフリーデンハイト f. 満足

froh フロー 楽しい、ほっとした

fröhlich フレーリヒ 快活な、愉快な ↔ **traurig** トラオリヒ 悲しい

freuen (sich) フロイエン 喜ぶ
▶ Ich freue mich.
私はうれしい。

erleichtert エアライヒタート ほっとした

lustig ルスティヒ 愉快な、陽気な

optimistisch	pessimistisch	enttäuscht	überrascht
オプティミスティッシュ	ペスィミスティッシュ	エントトイシュト	ユーバーラッシュト
楽観的な	悲観的な	失望した	驚いた

ärgerlich		wütend
エルガーリヒ		ヴューテント
怒っている		激怒した

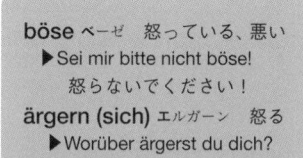

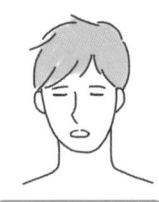

böse ベーゼ 怒っている、悪い
▶Sei mir bitte nicht böse!
　怒らないでください！
ärgern (sich) エルガーン　怒る
▶Worüber ärgerst du dich?
　君は何を怒っているの？
Zorn ツォルン *m.* 怒り
zornig ツォルニヒ　腹を立てた
Wut ヴート *f.* 激怒

ruhig	nervös	lachen
ルーイヒ	ネルヴェース	ラッヘン
静かな、落ち着いた	神経質な、いらいらした	笑う

weinen	niedergeschlagen	deprimiert	aufgeregt
ヴァイネン	ニーダー・ゲシュラーゲン	デプリミールト	アオフ・ゲレークト
泣く	落ち込んだ	憂鬱な	興奮した

クロスワードパズル ⑧

クロスワードではすべて大文字で記入します。ウムラウトは使わず、Ä Ö Ü はそれぞれAE OE UEと表記します。βはSSとなります。

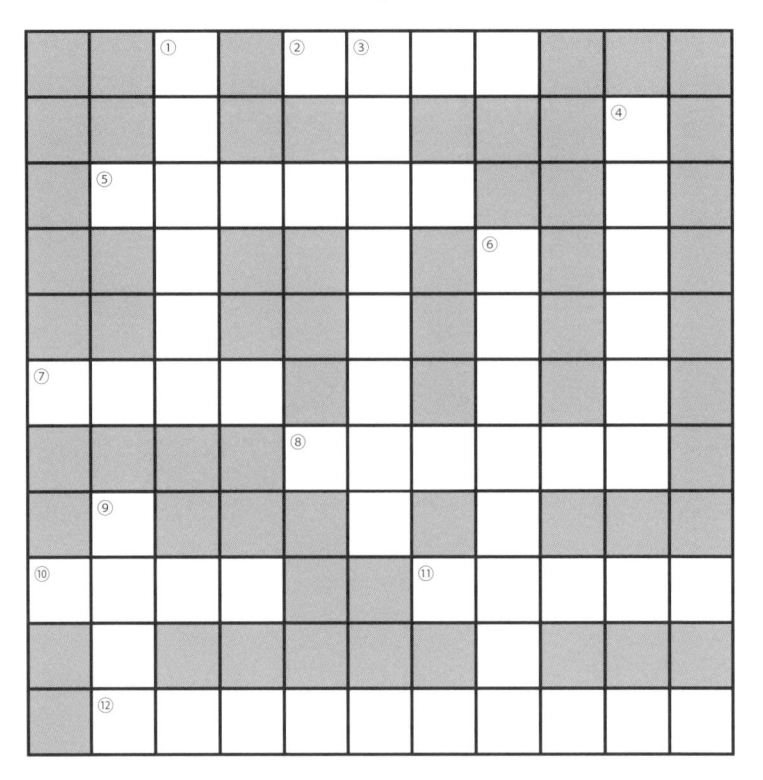

横のカギ

② 顔の中心にある。
⑤ 病気ではない。
⑦ ○○がドキドキする。
⑧ 涙を流す。
⑩ しゃべったり食べたりする体の部位。
⑪ 病気である。
⑫ 熱が出たり、鼻水が出たり…。

縦のカギ

① 体温計でチェックします。
③ 体重が減る。
④ えへん、えへん、こん、こん。
⑥ 虫歯を治療してくれる人。
⑨ 見開いたり、ウィンクしたり。

横のカギ ② NASE ⑤ GESUND ⑦ HERZ ⑧ WEINEN ⑩ MUND ⑪ KRANK ⑫ ERKAELTUNG
縦のカギ ① FIEBER ③ ABNEHMEN ④ HUSTEN ⑥ ZAHNARZT ⑨ AUGE

第9章
社会

9-1 国名・民族

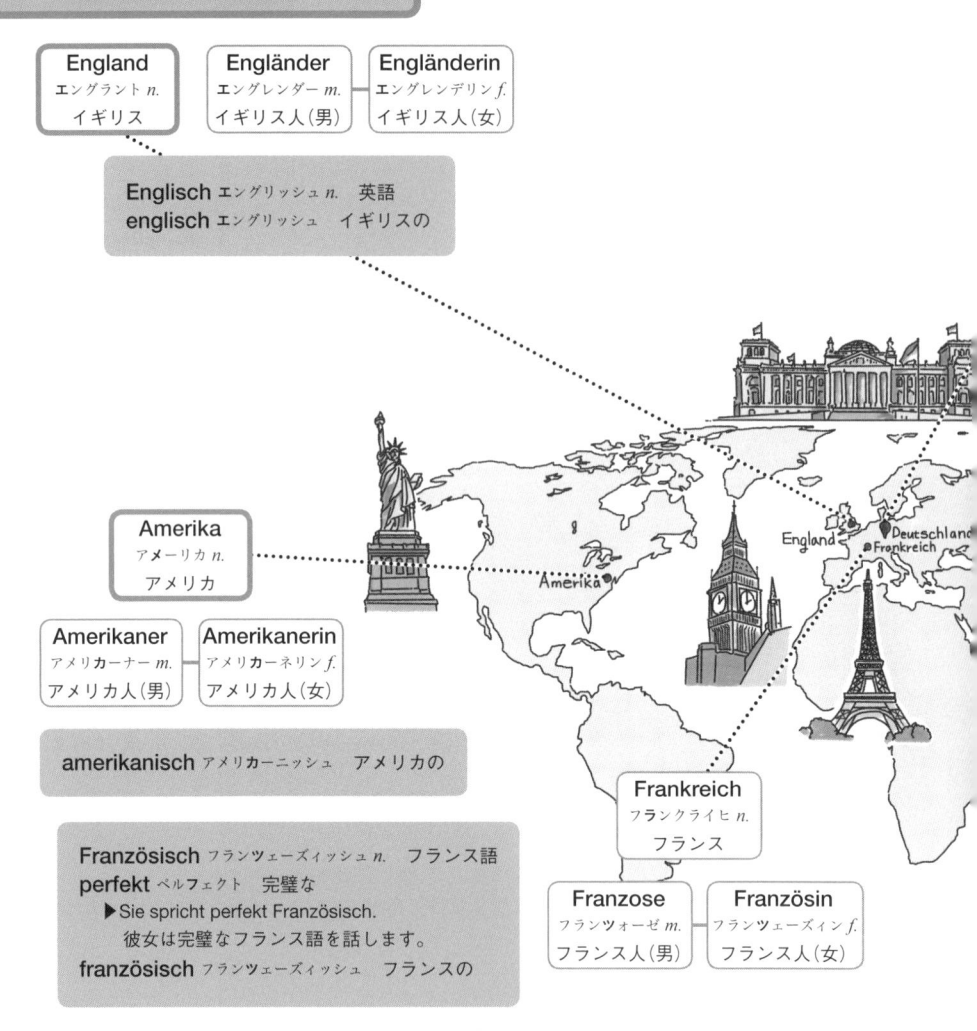

England エングラント n. イギリス
Engländer エングレンダー m. イギリス人(男)
Engländerin エングレンデリン f. イギリス人(女)

Englisch エングリッシュ n. 英語
englisch エングリッシュ イギリスの

Amerika アメーリカ n. アメリカ
Amerikaner アメリカーナー m. アメリカ人(男)
Amerikanerin アメリカーネリン f. アメリカ人(女)
amerikanisch アメリカーニッシュ アメリカの

Französisch フランツェーズィッシュ n. フランス語
perfekt ペルフェクト 完璧な
▶ Sie spricht perfekt Französisch.
彼女は完璧なフランス語を話します。
französisch フランツェーズィッシュ フランスの

Frankreich フランクライヒ n. フランス
Franzose フランツォーゼ m. フランス人(男)
Französin フランツェーズィン f. フランス人(女)

国名	人 (男性)	人 (女性)	形容詞
Deutschland ドイツ	Deutsche ドイツ人	Deutsche ドイツ人	deutsch ドイツの
Österreich オーストリア	Österreicher オーストリア人	Österreicherin オーストリア人	österreichisch オーストリアの
Schweiz スイス	Schweizer スイス人	Schweizerin スイス人	schweizerisch スイスの
Belgien ベルギー	Belgier ベルギー人	Belgierin ベルギー人	belgisch ベルギーの
Luxemburg ルクセンブルク	Luxemburger ルクセンブルク人	Luxemburgerin ルクセンブルク人	luxemburgisch ルクセンブルクの
Holland オランダ	Holländer オランダ人	Holländerin オランダ人	holländisch オランダの
Frankreich フランス	Franzose フランス人	Französin フランス人	französisch フランスの
England イギリス	Engländer イギリス人	Engländerin イギリス人	englisch イギリスの
Italien イタリア	Italiener イタリア人	Italienerin イタリア人	italienisch イタリアの
Spanien スペイン	Spanier スペイン人	Spanierin スペイン人	spanisch スペインの
Portugal ポルトガル	Portugiese ポルトガル人	Portugiesin ポルトガル人	portugiesisch ポルトガルの
Griechenland ギリシア	Grieche ギリシア人	Griechin ギリシア人	griechisch ギリシアの
Schweden スウェーデン	Schwede スウェーデン人	Schwedin スウェーデン人	schwedisch スウェーデンの
Dänemark デンマーク	Däne デンマーク人	Dänin デンマーク人	dänisch デンマークの

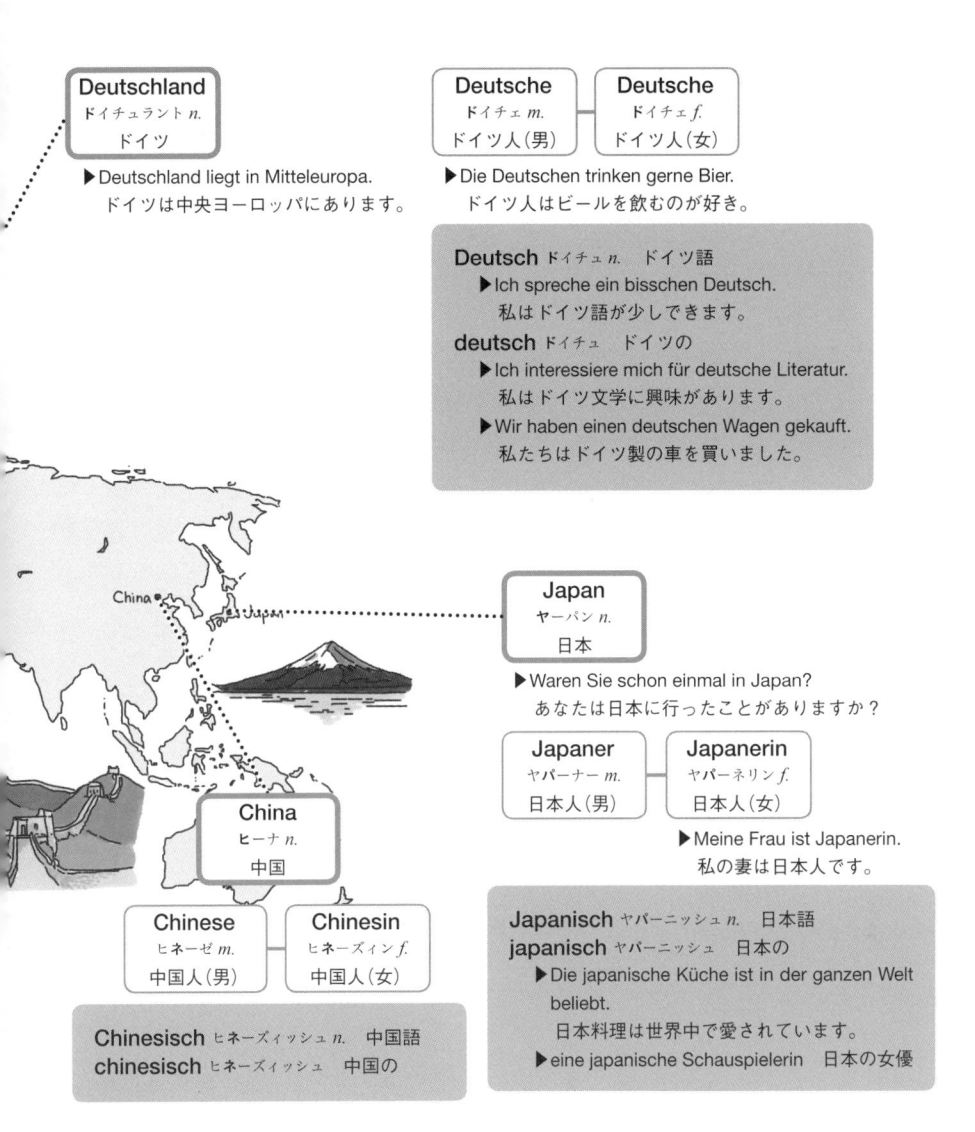

Deutschland ドイチュラント *n.*
ドイツ
▶ Deutschland liegt in Mitteleuropa.
　ドイツは中央ヨーロッパにあります。

Deutsche ドイチェ *m.*
ドイツ人（男）

Deutsche ドイチェ *f.*
ドイツ人（女）
▶ Die Deutschen trinken gerne Bier.
　ドイツ人はビールを飲むのが好き。

Deutsch ドイチュ *n.*　ドイツ語
▶ Ich spreche ein bisschen Deutsch.
　私はドイツ語が少しできます。
deutsch ドイチュ　ドイツの
▶ Ich interessiere mich für deutsche Literatur.
　私はドイツ文学に興味があります。
▶ Wir haben einen deutschen Wagen gekauft.
　私たちはドイツ製の車を買いました。

Japan ヤーパン *n.*
日本
▶ Waren Sie schon einmal in Japan?
　あなたは日本に行ったことがありますか？

Japaner ヤパーナー *m.*
日本人（男）

Japanerin ヤパーネリン *f.*
日本人（女）
▶ Meine Frau ist Japanerin.
　私の妻は日本人です。

China ヒーナ *n.*
中国

Chinese ヒネーゼ *m.*
中国人（男）

Chinesin ヒネーズィン *f.*
中国人（女）

Chinesisch ヒネーズィッシュ *n.*　中国語
chinesisch ヒネーズィッシュ　中国の

Japanisch ヤパーニッシュ *n.*　日本語
japanisch ヤパーニッシュ　日本の
▶ Die japanische Küche ist in der ganzen Welt beliebt.
　日本料理は世界中で愛されています。
▶ eine japanische Schauspielerin　日本の女優

国名	人（男性）	人（女性）	形容詞
Norwegen ノルウェー	Norweger ノルウェー人	Norwegerin ノルウェー人	norwegisch ノルウェーの
Finnland フィンランド	Finne フィンランド人	Finnin フィンランド人	finnisch フィンランドの
Polen ポーランド	Pole ポーランド人	Polin ポーランド人	polnisch ポーランドの
Russland ロシア	Russe ロシア人	Russin ロシア人	russisch ロシアの
Türkei トルコ	Türke トルコ人	Türkin トルコ人	türkisch トルコの
Japan 日本	Japaner 日本人	Japanerin 日本人	japanisch 日本の
Korea 韓国	Koreaner 韓国人	Koreanerin 韓国人	koreanisch 韓国の
China 中国	Chinese 中国人	Chinesin 中国人	chinesisch 中国の
Indien インド	Inder インド人	Inderin インド人	indisch インドの
Amerika (USA) アメリカ(合衆国)	Amerikaner アメリカ人	Amerikanerin アメリカ人	amerikanisch アメリカの

9-2 国際関係・時事

international インターナツィオナール　国際的な
Beziehung ベツィーウング f.　関係
▶ internationale Beziehungen
　国際関係

Land ラント n.　国、国家
Nation ナツィオーン f.　国民、国家、民族

national ナツィオナール　国民の、民族の
Staat シュタート m.　国家、国
staatlich シュタートリヒ　国の
　▶ eine staatliche Prüfung
　　国家試験
Volk フォルク n.　民族、人民、国民
　▶ das deutsche Volk
　　ドイツ国民、ドイツ民族
Bürger ビュルガー m.　国民

Krieg クリーク m.　戦争

Konflikt コンフリクト m.　争い
militärisch ミリテーリッシュ　軍事の
▶ ein militärischer Konflikt
　軍事衝突

Frieden フリーデン m.　平和

EU (Europäische Union) エー・ウー f.　欧州連合、EU
Mitgliedstaat ミットグリート・シュタート m.　加盟国
▶ ein Mitgliedstaat der EU
　欧州連合の加盟国

Sicherheit ズィッヒャーハイト f.　安全

Botschaft ボートシャフト f.　大使館
Botschafter ボートシャフター m.　大使
Diplomat ディプロマート m.　外交官
diplomatisch ディプロマーティッシュ　外交の

Verteidigung フェアタイディグング f.　防衛
verteidigen フェアタイディゲン　守る、防衛する

Recht レヒト n.　権利

Pflicht プフリヒト f.　義務
▶ die Rechte und Pflichten der Bürger
　国民の権利と義務

Demokratie デモクラティー f.　民主主義
demokratisch デモクラーティッシュ　民主主義的な
　▶ eine demokratische Entscheidung
　　民主主義的な決定
Kapitalismus カピタリスムス m.　資本主義
kapitalistisch カピタリスティッシュ　資本主義的な
Sozialismus ゾツィアリスムス m.　社会主義
sozialistisch ゾツィアリスティッシュ　社会主義的な

Staatsbesuch
シュ**タ**ーツ・ベズーフ *m.*
（公式の）外国訪問

Nachrichten
ナーハ・リヒテン *pl.*
ニュース、報道番組

Entscheidung
エント**シャ**イドゥング *f.*
決定

Abkommen
アップ・コメン *n.*
協定

▶ ein Abkommen zwischen zwei Ländern
二国間の協定

Verhandlung
フェア**ハ**ンドルング *f.*
交渉

führen
フューレン
導く

verhandeln
フェア**ハ**ンデルン
交渉する

Vertrag
フェア**ト**ラーク *m.*
契約

abschließen
アップ・シュリーセン
締結する

▶ Verhandlungen führen
交渉する

▶ einen Vertrag abschließen
契約を結ぶ

Problem
プロブ**レ**ーム *n.*
問題

gemeinsam
ゲ**マ**インザーム
共通の、一緒の

lösen
レーゼン
解決する、解消する

Konferenz
コンフェ**レ**ンツ *f.*
会議

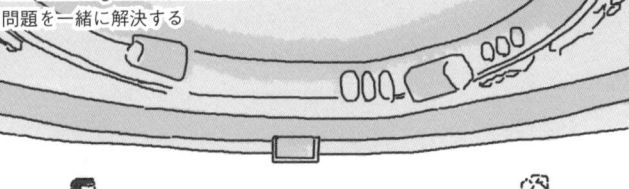

▶ ein Problem gemeinsam lösen
問題を一緒に解決する

9-3 政治と政治機構

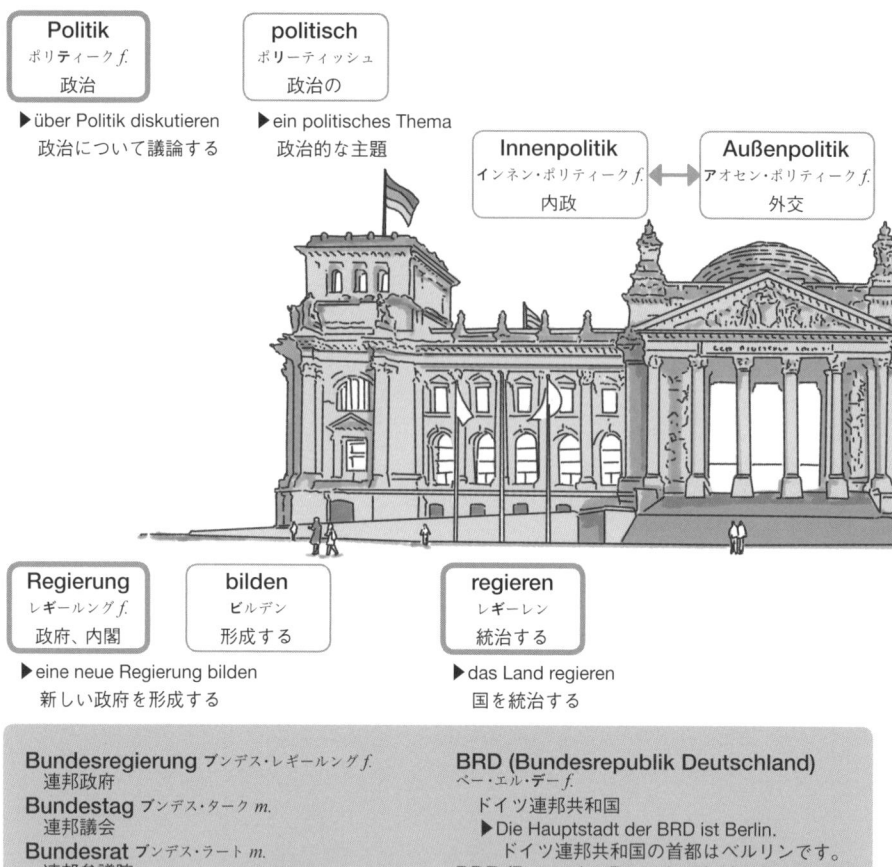

Politik ポリティーク f. 政治
▶ über Politik diskutieren 政治について議論する

politisch ポリーティッシュ 政治の
▶ ein politisches Thema 政治的な主題

Innenpolitik インネン・ポリティーク f. 内政 ↔ **Außenpolitik** アオセン・ポリティーク f. 外交

Regierung レギールング f. 政府、内閣
▶ eine neue Regierung bilden 新しい政府を形成する

bilden ビルデン 形成する

regieren レギーレン 統治する
▶ das Land regieren 国を統治する

Bundesregierung ブンデス・レギールング f. 連邦政府
Bundestag ブンデス・ターク m. 連邦議会
Bundesrat ブンデス・ラート m. 連邦参議院
Bundespräsident ブンデス・プレズィデント m. 連邦大統領
Bundeskanzler ブンデス・カンツラー m. 連邦首相
Ministerpräsident ミニスター・プレズィデント m. 州首相

BRD (Bundesrepublik Deutschland) ベー・エル・デー f. ドイツ連邦共和国
▶ Die Hauptstadt der BRD ist Berlin. ドイツ連邦共和国の首都はベルリンです。
DDR (Deutsche Demokratische Republik) デー・デー・エル f. ドイツ民主共和国、東ドイツ
Bundesland ブンデス・ラント n. 連邦州
▶ Deutschland hat 16 Bundesländer. ドイツには16の州があります。

Partei パルタイ f. 政党

angehören アン・ゲヘーレン 一員である

▶ einer Partei angehören 政党の一員である

Regierungspartei レギールングス・パルタイ f. 与党 ↔ **Opposition** オポズィツィオーン f. 野党

Wahl
ヴァール f.
選挙

wählen
ヴェーレン
選ぶ

▶ Die Wahlen finden im September statt.
選挙は９月に行われる。

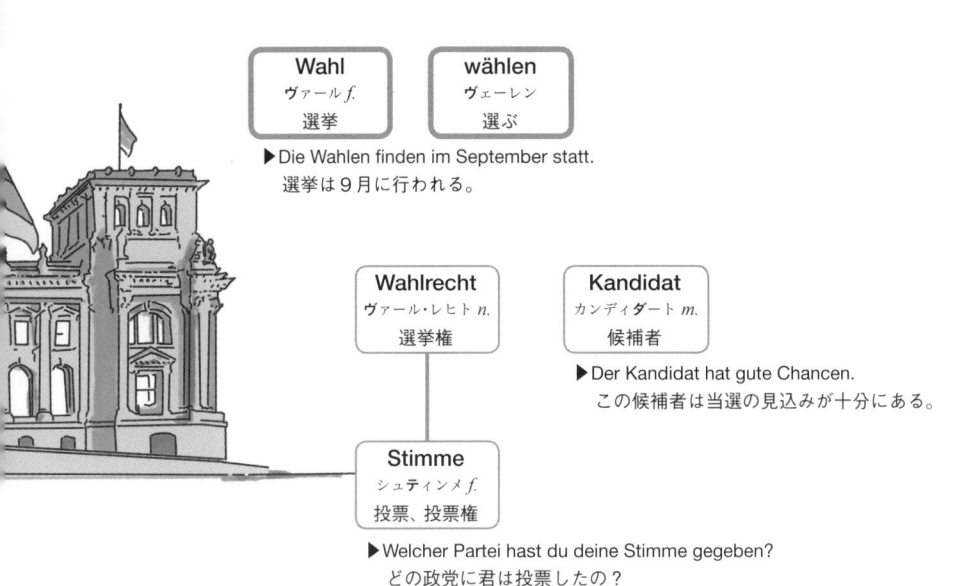

Wahlrecht
ヴァール・レヒト n.
選挙権

Kandidat
カンディダート m.
候補者

▶ Der Kandidat hat gute Chancen.
この候補者は当選の見込みが十分にある。

Stimme
シュティンメ f.
投票、投票権

▶ Welcher Partei hast du deine Stimme gegeben?
どの政党に君は投票したの？

Politiker
ポリティカー m.
政治家

▶ ein bekannter Politiker
知名度の高い政治家

Minister
ミニスター m.
大臣

Außenminister
アオセン・ミニスター m.
外務大臣

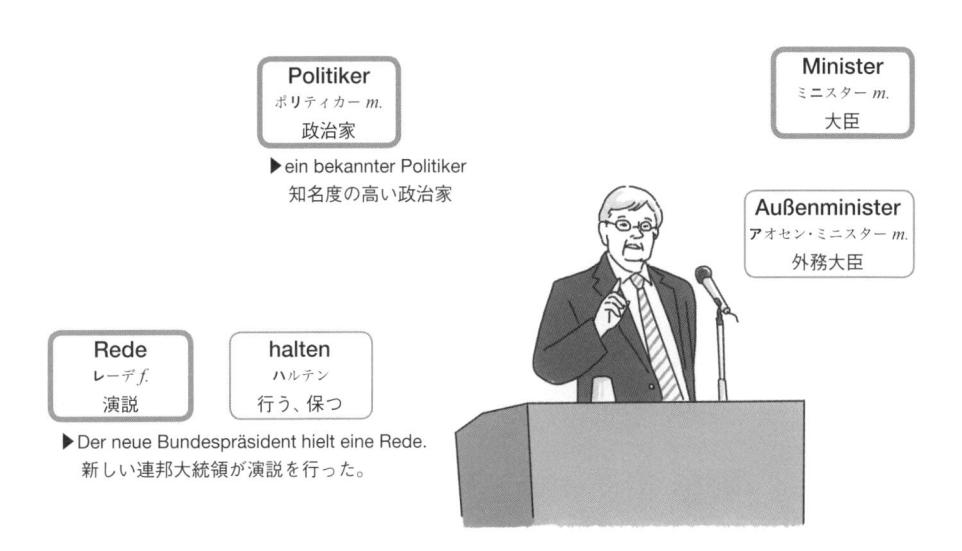

Rede
レーデ f.
演説

halten
ハルテン
行う、保つ

▶ Der neue Bundespräsident hielt eine Rede.
新しい連邦大統領が演説を行った。

9-4 役所

Amt
アムト n.
役所、官庁

Behörde
ベヘーアデ f.
政府機関、役所

Verwaltung
フェア**ヴァ**ルトゥング f.
行政
▶ unter staatlicher Verwaltung stehen
国の管理下にある

Rathaus
ラート・ハオス n.
市庁舎

Beamte
ベアムテ m.
公務員

Arbeitsamt
ア**ル**バイツ・アムト n.
公共職業安定所

Standesamt
シュ**タン**デス・アムト n.
戸籍役場

Gesundheitsamt
ゲ**ズ**ントハイツ・アムト n.
保健所

Finanzamt
フィ**ナ**ンツ・アムト n.
税務署

Anmeldungsformular

Familienname	ファミーリエン・ナーメ m. 名字、姓
Vorname	フォーア・ナーメ m. 名前
Geschlecht	ゲシュレヒト n. 性別
männlich	メンリヒ 男性の
weiblich	ヴァイブリヒ 女性の
Geburtsdatum	ゲブーアツ・ダートゥム n. 生年月日
Geburtsort	ゲブーアツ・オルト m. 出生地
Wohnort	ヴォーン・オルト m. 住所
Adresse	アドレッセ f. 住所
Staatsangehörigkeit	シュターツ・アンゲヘーリヒカイト f. 国籍
Familienstand	ファミーリエン・シュタント m. 配偶者の有無
ledig	レーディヒ 独身の
verheiratet	フェアハイラーテット 既婚の
geschieden	ゲシーデン 離婚した
Beruf	ベルーフ m. 職業

unterschreiben
ウンターシュライベン
署名する

▶ Bitte unterschreiben Sie hier!
ここにサインしてください。

Unterschrift
ウンター・シュリフト f.
署名、サイン

Formular
フォルムラール n.
用紙

ausfüllen
アオス・フュレン
記入する

▶ Füllen Sie bitte dieses Formular aus!
この用紙に記入してください。

Einwohnermeldeamt
アインヴォーナー・メルデアムト n.
住民登録課

anmelden (sich)
アン・メルデン
届け出る

▶ sich im Einwohnermeldeamt anmelden
住民登録課に届け出をする

Passamt
パス・アムト n.
旅券課

beantragen
ベアントラーゲン
申し込む

▶ auf dem Passamt einen Reisepass beantragen
旅券課にパスポートを申請する

Aufenthaltsgenehmigung
アオフエントハルツ・ゲネーミグング f.
滞在許可

verlängern
フェアレンガーン
延長する

▶ die Aufenthaltsgenehmigung verlängern
滞在許可を延長する

Bestätigung
ベシュテーティグング f.
証明書

amtlich
アムトリヒ
公の

▶ eine amtliche Bestätigung
公的な証明書

Antrag アン・トラーク m. 申請
Visum ヴィーズム n. ビザ
Dokument ドクメント n. 文書、書類
Unterlagen ウンター・ラーゲン pl. 書類

9-5 法律に関わること

Recht レヒト n.
法律、権利
▶ das deutsche Recht
ドイツの法律

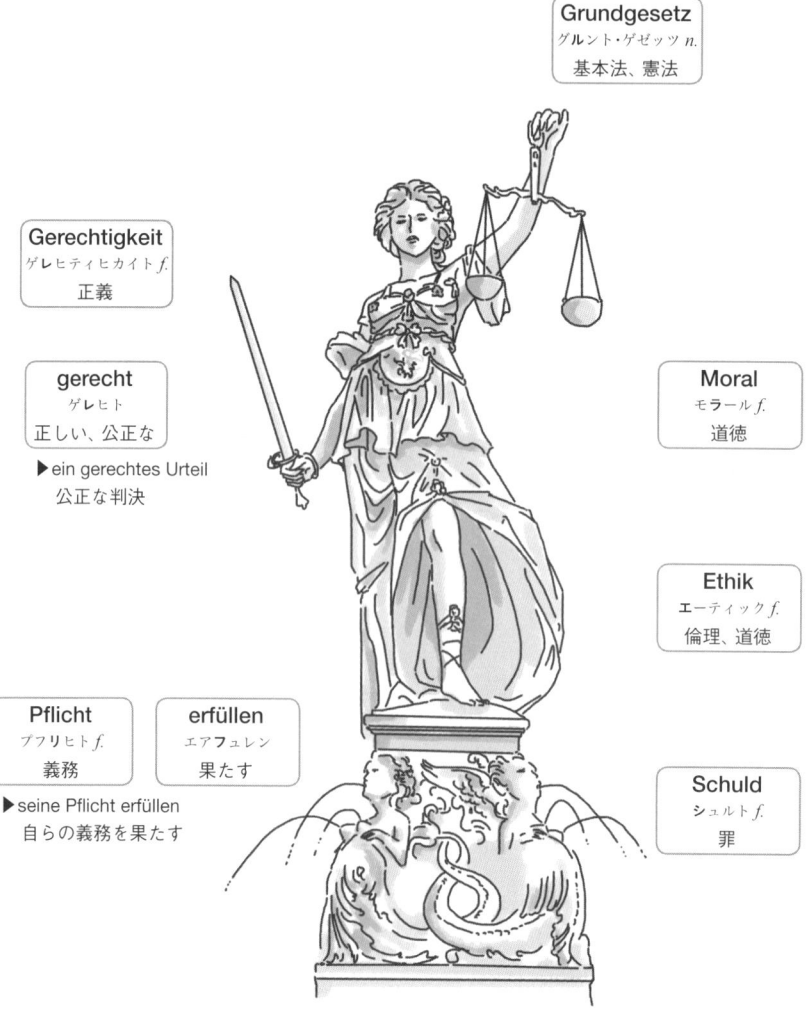

Gesetz ゲゼッツ n.
法律

gesetzlich ゲゼッツリヒ
法的な
▶ Das ist gesetzlich verboten.
これは法的に禁止されている。

Grundgesetz グルント・ゲゼッツ n.
基本法、憲法

Gerechtigkeit ゲレヒティヒカイト f.
正義

gerecht ゲレヒト
正しい、公正な
▶ ein gerechtes Urteil
公正な判決

Moral モラール f.
道徳

Ethik エーティック f.
倫理、道徳

Pflicht プフリヒト f.
義務
▶ seine Pflicht erfüllen
自らの義務を果たす

erfüllen エアフュレン
果たす

Schuld シュルト f.
罪

Gericht	Verhandlung	Angeklagte	Urteil
ゲリヒト n.	フェアハンドルング f.	アン・ゲクラークテ m., f.	ウアタイル n.
裁判所	審理、公判	被告人	判決

▶ Das Gericht sprach den Angeklagten frei.
　裁判所は被告人に無罪を言い渡した。

anklagen
アン・クラーゲン
起訴する

▶ wegen Diebstahls angeklagt werden
　窃盗により起訴される

verurteilen フェアウアタイレン
　有罪の判決を下す
Freispruch フライ・シュプルフ m.
　無罪判決
freisprechen フライ・シュプレヒェン
　無罪を言い渡す

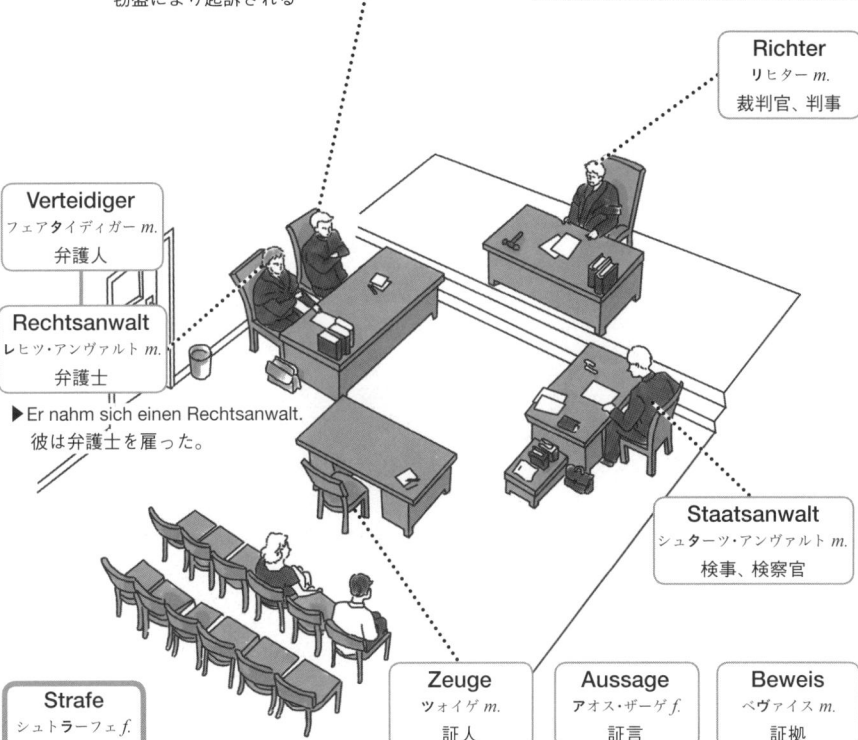

Richter
リヒター m.
裁判官、判事

Verteidiger
フェアタイディガー m.
弁護人

Rechtsanwalt
レヒツ・アンヴァルト m.
弁護士

▶ Er nahm sich einen Rechtsanwalt.
　彼は弁護士を雇った。

Staatsanwalt
シュターツ・アンヴァルト m.
検事、検察官

Zeuge	Aussage	Beweis
ツォイゲ m.	アオス・ザーゲ f.	ベヴァイス m.
証人	証言	証拠

Strafe
シュトラーフェ f.
罰、刑罰

▶ eine Aussage vor Gericht machen
　裁判で証言する

Gefängnis
ゲフェングニス n.
刑務所

Geldstrafe ゲルト・シュトラーフェ f. 罰金刑
▶ eine hohe Geldstrafe
　高い罰金刑
Haftstrafe ハフト・シュトラーフェ f. 禁固刑
▶ Er wurde zu einer Haftstrafe verurteilt.
　彼は禁固刑を言い渡された。
bestrafen ベシュトラーフェン　処罰する

▶ ins Gefängnis kommen
　刑務所に入る

9-6 経済と財政

Wirtschaft ヴィルトシャフト f. 経済
entwickeln エントヴィッケルン 発展させる
▶ eine hoch entwickelte Wirtschaft
高度に発達した経済

wirtschaftlich ヴィルトシャフトリヒ 経済の
▶ ein wirtschaftlich starkes Land
経済的に強い国

Börse ベルゼ f. 取引市場
Markt マルクト m. 市場
▶ der freie Markt
自由市場

Aktie アクツィエ f. 株
steigen シュタイゲン 上がる ⇔ **fallen** ファレン 下がる、落ちる
▶ Die Aktien sind gestiegen / gefallen.
株価が上がった / 下がった

Wachstum ヴァクストゥーム n. 成長、発展
wachsen ヴァクセン 成長する
▶ ein hohes Wachstum
高度成長

Kurs クルス m. (為替)相場

Zins ツィンス m. 利子、利息

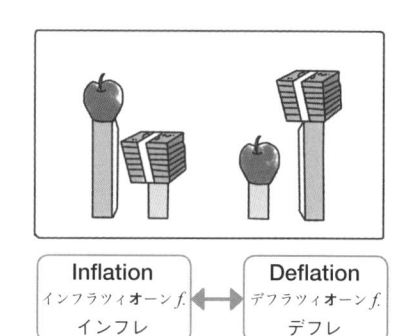

Inflation インフラツィオーン f. インフレ ⇔ **Deflation** デフラツィオーン f. デフレ

Unternehmen	Handel	treiben		Industrie
ウンターネーメン n.	ハンデル m.	トライベン		インドゥストリー f.
企業	貿易、商売	行う		産業

▶ Die beiden Länder treiben Handel miteinander.
両国が互いに貿易を行う。

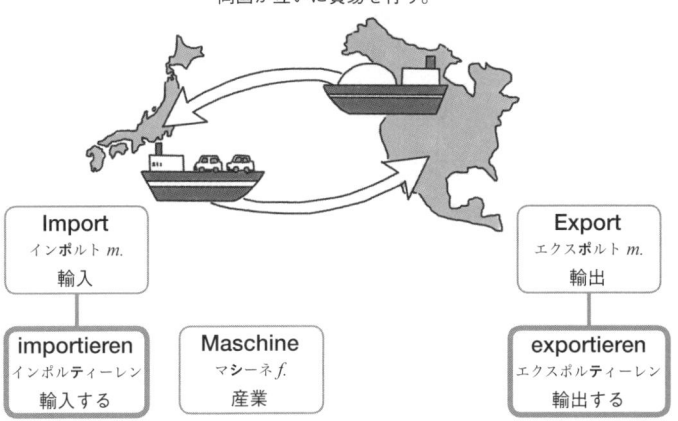

Import			Export	
インポルト m.			エクスポルト m.	
輸入			輸出	

importieren	Maschine		exportieren
インポルティーレン	マシーネ f.		エクスポルティーレン
輸入する	産業		輸出する

▶ Maschinen aus Deutschland importieren
ドイツから機械を輸入する

▶ Japan exportiert Autos in die ganze Welt.
日本は世界中に車を輸出しています。

Hersteller ヘーア・シュテラー m.　メーカー　　Produkt プロドゥクト n.　生産物
herstellen ヘーア・シュテレン　生産する、製造する　Produktion プロドゥクツィオーン f.　生産
Verbraucher フェアブラオハー m.　消費者　　produzieren プロドゥツィーレン　生産する
verbrauchen フェアブラオヘン　消費する　　Erzeugnis エアツォイクニス n.　製品

Finanzen		Geld	Steuer シュトイアー n.　税金
フィナンツェン pl.		ゲルト n.	Zoll ツォル m.　関税
財源、資金		お金	

finanziell	Währung		
フィナンツィエル	ヴェールング f.		
財政の	通貨、通貨制度		

▶ finanzielle Hilfe
資金的援助

	Mark	Dollar ドラー m.　ドル
	マルク f.	Cent セント/ツェント m.
	マルク	セント
Euro		Yen イェン m.　円
オイロ m.		
ユーロ		

▶ Wie viel Yen bekommt man für einen Euro?
1ユーロは何円ですか？

9-7 歴史

Geschichte ゲシヒテ f.
歴史

▶ Das Land hat eine lange Geschichte.
この国には長い歴史がある。

historisch ヒストーリッシュ
歴史の、歴史的な

▶ ein historisches Ereignis
歴史的出来事

Weltgeschichte ヴェルト・ゲシヒテ f.
世界史

Kaiser カイザー m.
皇帝

Jahrtausend ヤール・タオゼント n.
10世紀、1000年

▶ vor vielen Jahrtausenden
何千年も前に

Jahrhundert ヤール・フンダート n.
世紀、100年

▶ im 19. (neunzehnten) Jahrhundert
19世紀に

Reich ライヒ n.
王国、帝国

König ケーニヒ m.
王

▶ Es war einmal ein König. Der hatte eine schöne Tochter.
昔々、あるところに王様がいました。彼にはきれいな娘がいました。

Prinz プリンツ m.
王子

Prinzessin プリンツェスィン f.
王女

Königin ケーニギン f.
王妃

Adel アーデル m. 貴族
Bürger ビュルガー m. 市民
Händler ヘンドラー m. 商人
Bauer バオアー m. 農民

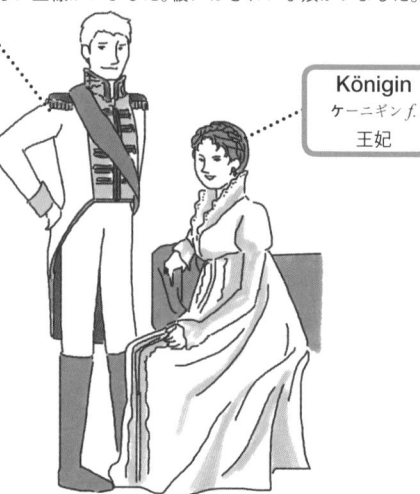

Krieg
クリーク m.
戦争

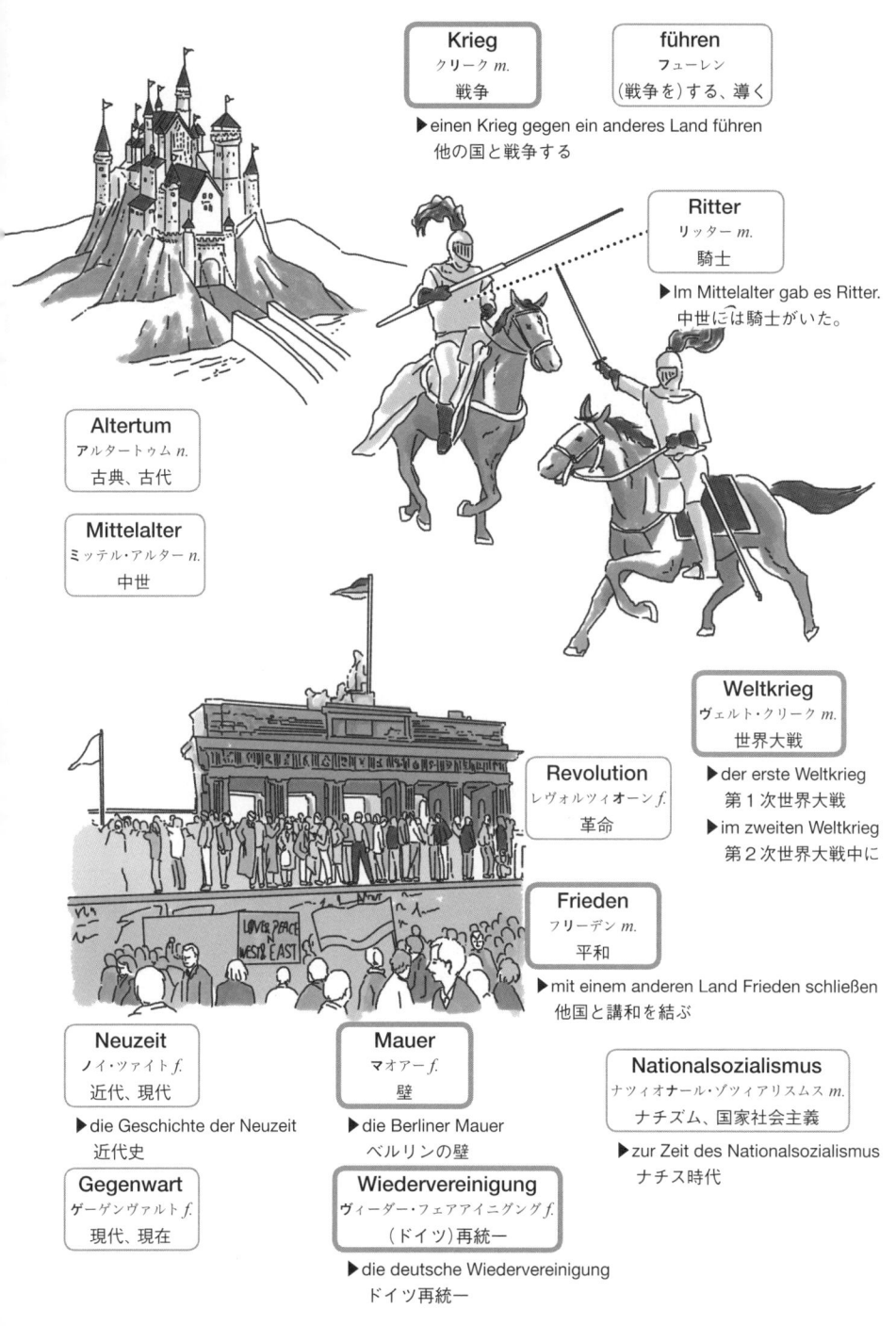

führen
フューレン
(戦争を)する、導く

▶ einen Krieg gegen ein anderes Land führen
他の国と戦争する

Ritter
リッター m.
騎士

▶ Im Mittelalter gab es Ritter.
中世には騎士がいた。

Altertum
アルタートゥム n.
古典、古代

Mittelalter
ミッテル・アルター n.
中世

Weltkrieg
ヴェルト・クリーク m.
世界大戦

▶ der erste Weltkrieg
第1次世界大戦
▶ im zweiten Weltkrieg
第2次世界大戦中に

Revolution
レヴォルツィオーン f.
革命

Frieden
フリーデン m.
平和

▶ mit einem anderen Land Frieden schließen
他国と講和を結ぶ

Neuzeit
ノイ・ツァイト f.
近代、現代

▶ die Geschichte der Neuzeit
近代史

Gegenwart
ゲーゲンヴァルト f.
現代、現在

Mauer
マオアー f.
壁

▶ die Berliner Mauer
ベルリンの壁

Wiedervereinigung
ヴィーダー・フェアアイニグング f.
(ドイツ)再統一

▶ die deutsche Wiedervereinigung
ドイツ再統一

Nationalsozialismus
ナツィオナール・ゾツィアリスムス m.
ナチズム、国家社会主義

▶ zur Zeit des Nationalsozialismus
ナチス時代

161

9-8 宗教

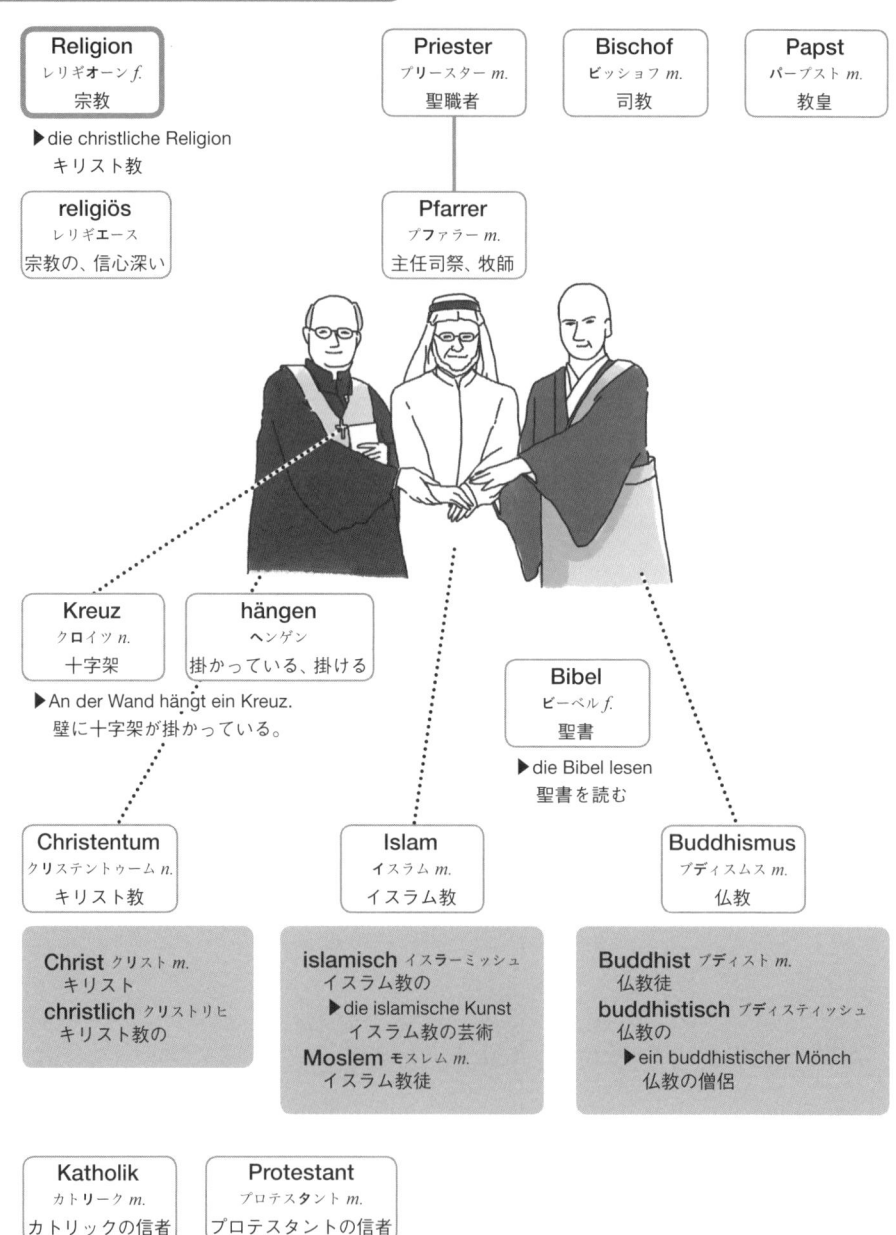

Religion レリギオーン f.
宗教
▶ die christliche Religion
キリスト教

religiös レリギエース
宗教の、信心深い

Priester プリースター m.
聖職者

Bischof ビッショフ m.
司教

Papst パープスト m.
教皇

Pfarrer プファラー m.
主任司祭、牧師

Kreuz クロイツ n.
十字架
▶ An der Wand hängt ein Kreuz.
壁に十字架が掛かっている。

hängen ヘンゲン
掛かっている、掛ける

Bibel ビーベル f.
聖書
▶ die Bibel lesen
聖書を読む

Christentum クリステントゥーム n.
キリスト教

Islam イスラム m.
イスラム教

Buddhismus ブディスムス m.
仏教

Christ クリスト m.
キリスト
christlich クリストリヒ
キリスト教の

islamisch イスラーミッシュ
イスラム教の
▶ die islamische Kunst
イスラム教の芸術
Moslem モスレム m.
イスラム教徒

Buddhist ブディスト m.
仏教徒
buddhistisch ブディスティッシュ
仏教の
▶ ein buddhistischer Mönch
仏教の僧侶

Katholik カトリーク m.
カトリックの信者

Protestant プロテスタント m.
プロテスタントの信者

katholisch カトーリッシュ　カトリックの
protestantisch プロテスタンティッシュ　プロテスタントの
evangelisch エヴァンゲーリッシュ　プロテスタントの、福音の

Judentum ユーデントゥーム n.
ユダヤ教

Glaube グラオベ *m.* 信仰	**glauben** グラオベン 信じる、信仰する	**Dom** ドーム *m.* 大聖堂 ▶der Kölner Dom ケルン大聖堂
Lehre レーレ *f.* 教え ▶die christliche Lehre キリスト教の教え	**Gott** ゴット *m.* 神 ▶an Gott glauben 神を信じる	**Kathedrale** カテドラーレ *f.* 大聖堂

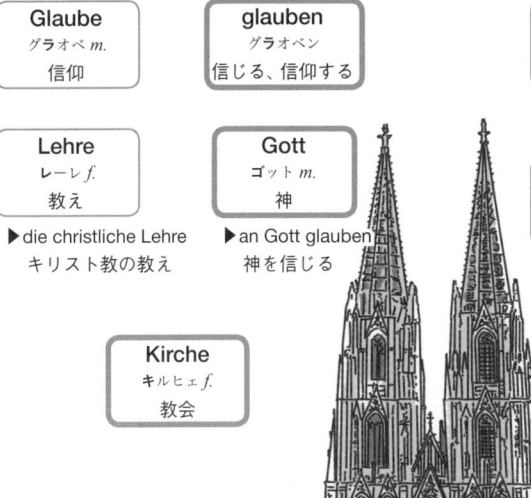

Kirche キルヒェ *f.* 教会

Kloster クロースター *n.* 修道院
▶ins Kloster gehen
　修道院に入る
Mönch メンヒ *m.* 修道士、僧
Nonne ノンネ *f.* 修道女、尼僧

Moschee モシェー *f.* モスク

Gottesdienst ゴッテス・ディーンスト *m.* 礼拝、ミサ
▶jeden Sonntag den Gottesdienst besuchen
　毎日曜日にミサに行く

Tempel テンペル *m.* 寺、寺院

Schrein シュライン *m.* 神社

Schintoismus シントイスムス *m.*
神道
schintoistisch シントイスティッシュ
神道の

Synagoge ズュナゴーグ *f.* シナゴーグ

クロスワードパズル ⑨

クロスワードではすべて大文字で記入します。ウムラウトは使わず、Ä Ö Ü はそれぞれAE OE UEと表記します。βはSSとなります。

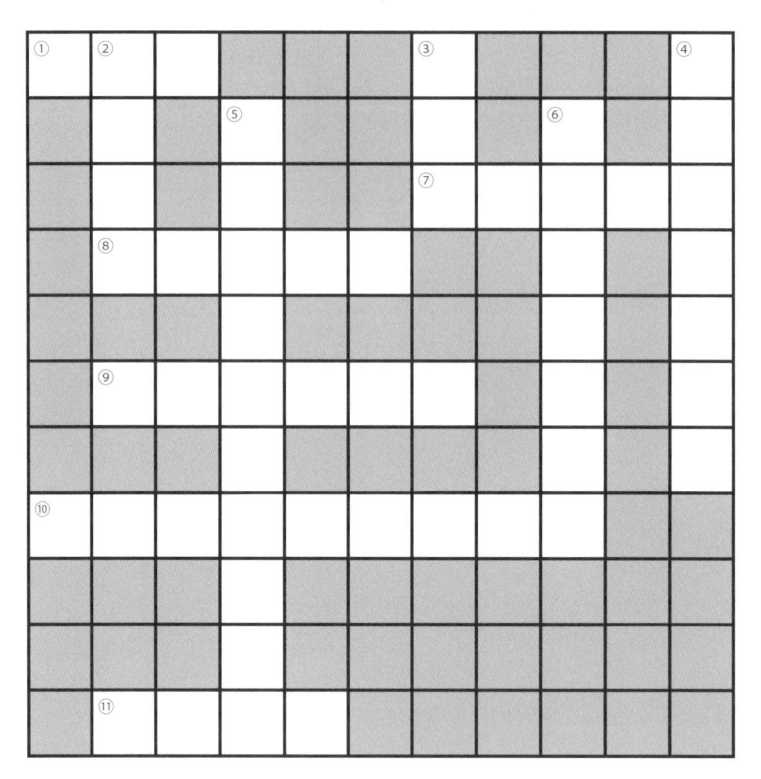

横のカギ
① 市役所とか外務省とか。
⑦ かつてベルリンにあったもの。
⑧ 国と国の争い。
⑨ 王国で一番偉い人。
⑩ 政治を行う人。
⑪ 投票によって選ぶこと。

縦のカギ
② ドイツの昔の通貨単位。
③ 大聖堂。
④ 名字ではなく。
⑤ 中国で話される言葉は？
⑥ 英語ではcitizen。

横のカギ ① AMT ⑦ MAUER ⑧ KRIEG ⑨ KOENIG ⑩ POLITIKER ⑪ WAHL
縦のカギ ② MARK ③ DOM ④ VORNAME ⑤ CHINESISCH ⑥ BUERGER

第10章
町と田舎

10-1 都市、都会、町

Stadt
シュ**タット** f.
都市
▶ in der Stadt leben
都会で暮らす

Hauptstadt
ハオプト・シュタット f.
首都
▶ Berlin ist die Hauptstadt von Deutschland.
ベルリンはドイツの首都です。

Partnerstadt
パルトナー・シュタット f.
姉妹都市
▶ Tokyo und Berlin sind Partnerstädte.
東京とベルリンは姉妹都市です。

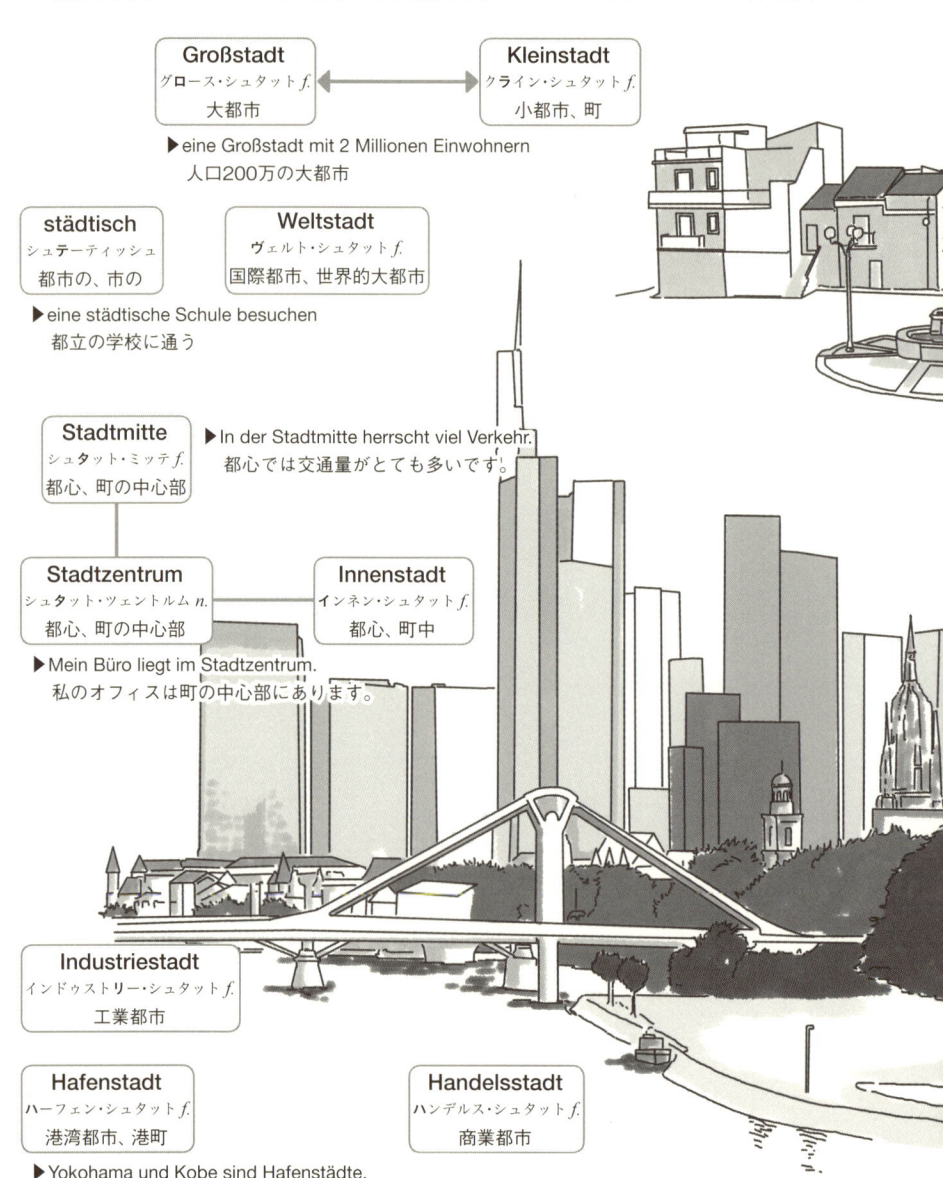

Großstadt
グ**ロ**ース・シュタット f.
大都市
◀▶
Kleinstadt
ク**ラ**イン・シュタット f.
小都市、町

▶ eine Großstadt mit 2 Millionen Einwohnern
人口200万の大都市

städtisch
シュ**テ**ーティッシュ
都市の、市の
▶ eine städtische Schule besuchen
都立の学校に通う

Weltstadt
ヴェルト・シュタット f.
国際都市、世界的大都市

Stadtmitte
シュ**タット**・ミッテ f.
都心、町の中心部
▶ In der Stadtmitte herrscht viel Verkehr.
都心では交通量がとても多いです。

Stadtzentrum
シュ**タット**・ツェントルム n.
都心、町の中心部
▶ Mein Büro liegt im Stadtzentrum.
私のオフィスは町の中心部にあります。

Innenstadt
インネン・シュタット f.
都心、町中

Industriestadt
イン**ド**ゥストリー・シュタット f.
工業都市

Hafenstadt
ハーフェン・シュタット f.
港湾都市、港町
▶ Yokohama und Kobe sind Hafenstädte.
横浜と神戸は港湾都市です。

Handelsstadt
ハンデルス・シュタット f.
商業都市

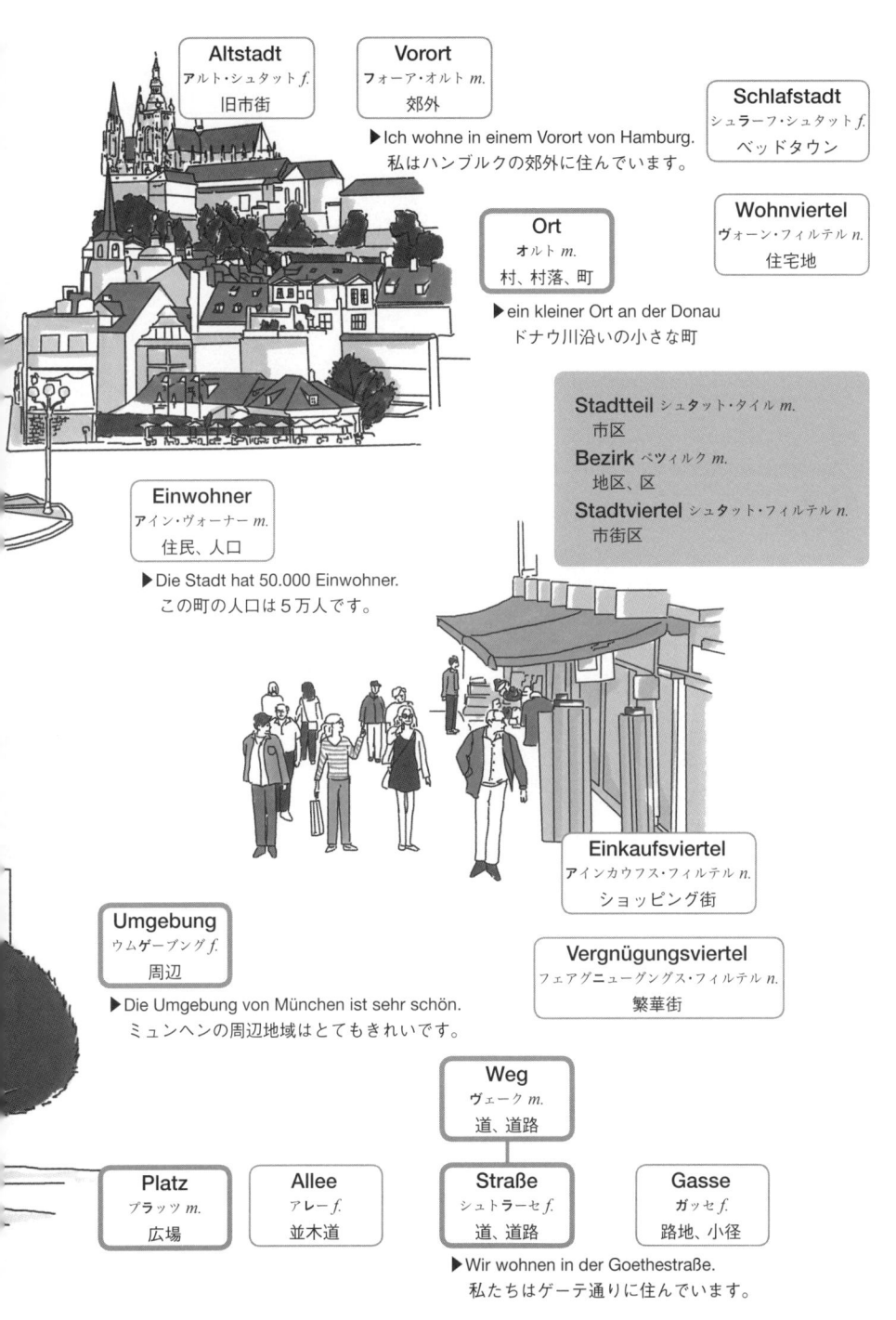

Altstadt アルト・シュタット *f.*
旧市街

Vorort フォーア・オルト *m.*
郊外
▶ Ich wohne in einem Vorort von Hamburg.
私はハンブルクの郊外に住んでいます。

Schlafstadt シュラーフ・シュタット *f.*
ベッドタウン

Ort オルト *m.*
村、村落、町
▶ ein kleiner Ort an der Donau
ドナウ川沿いの小さな町

Wohnviertel ヴォーン・フィルテル *n.*
住宅地

Stadtteil シュタット・タイル *m.*
市区
Bezirk ベツィルク *m.*
地区、区
Stadtviertel シュタット・フィルテル *n.*
市街区

Einwohner アイン・ヴォーナー *m.*
住民、人口
▶ Die Stadt hat 50.000 Einwohner.
この町の人口は5万人です。

Einkaufsviertel アインカウフス・フィルテル *n.*
ショッピング街

Umgebung ウムゲーブング *f.*
周辺
▶ Die Umgebung von München ist sehr schön.
ミュンヘンの周辺地域はとてもきれいです。

Vergnügungsviertel フェアグニューグングス・フィルテル *n.*
繁華街

Weg ヴェーク *m.*
道、道路

Platz プラッツ *m.*
広場

Allee アレー *f.*
並木道

Straße シュトラーセ *f.*
道、道路

Gasse ガッセ *f.*
路地、小径

▶ Wir wohnen in der Goethestraße.
私たちはゲーテ通りに住んでいます。

10-2 町の中にあるもの

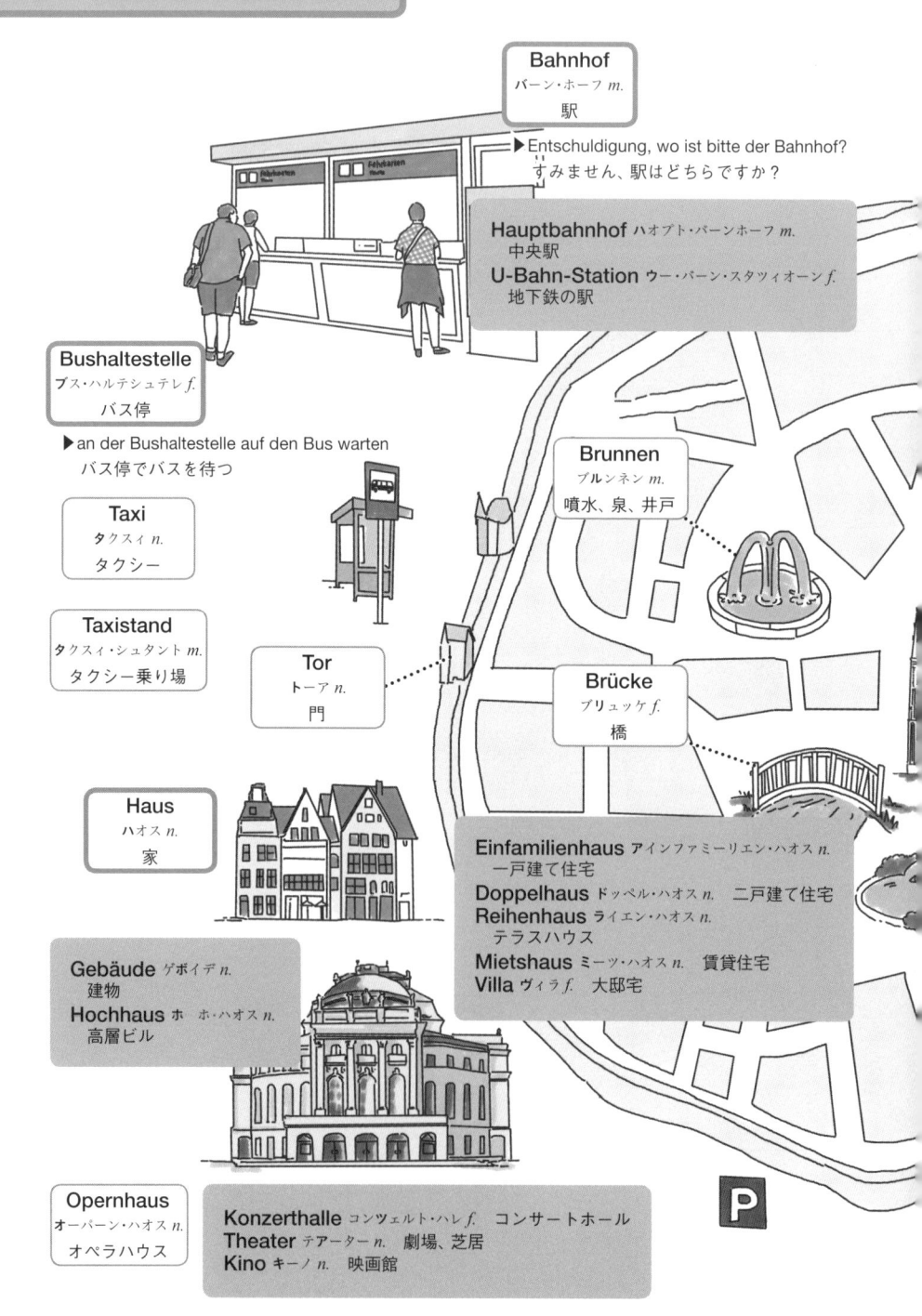

Bahnhof バーン・ホーフ *m.*
駅

▶ Entschuldigung, wo ist bitte der Bahnhof?
すみません、駅はどちらですか？

Hauptbahnhof ハオプト・バーンホーフ *m.* 中央駅
U-Bahn-Station ウー・バーン・スタツィオーン *f.* 地下鉄の駅

Bushaltestelle ブス・ハルテシュテレ *f.*
バス停

▶ an der Bushaltestelle auf den Bus warten
バス停でバスを待つ

Taxi タクスィ *n.*
タクシー

Taxistand タクスィ・シュタント *m.*
タクシー乗り場

Tor トーア *n.*
門

Brunnen ブルンネン *m.*
噴水、泉、井戸

Brücke ブリュッケ *f.*
橋

Haus ハオス *n.*
家

Einfamilienhaus アインファミーリエン・ハオス *n.* 一戸建て住宅
Doppelhaus ドッペル・ハオス *n.* 二戸建て住宅
Reihenhaus ライエン・ハオス *n.* テラスハウス
Mietshaus ミーツ・ハオス *n.* 賃貸住宅
Villa ヴィラ *f.* 大邸宅

Gebäude ゲボイデ *n.*
建物
Hochhaus ホーホ・ハオス *n.*
高層ビル

Opernhaus オーパーン・ハオス *n.*
オペラハウス

Konzerthalle コンツェルト・ハレ *f.* コンサートホール
Theater テアーター *n.* 劇場、芝居
Kino キーノ *n.* 映画館

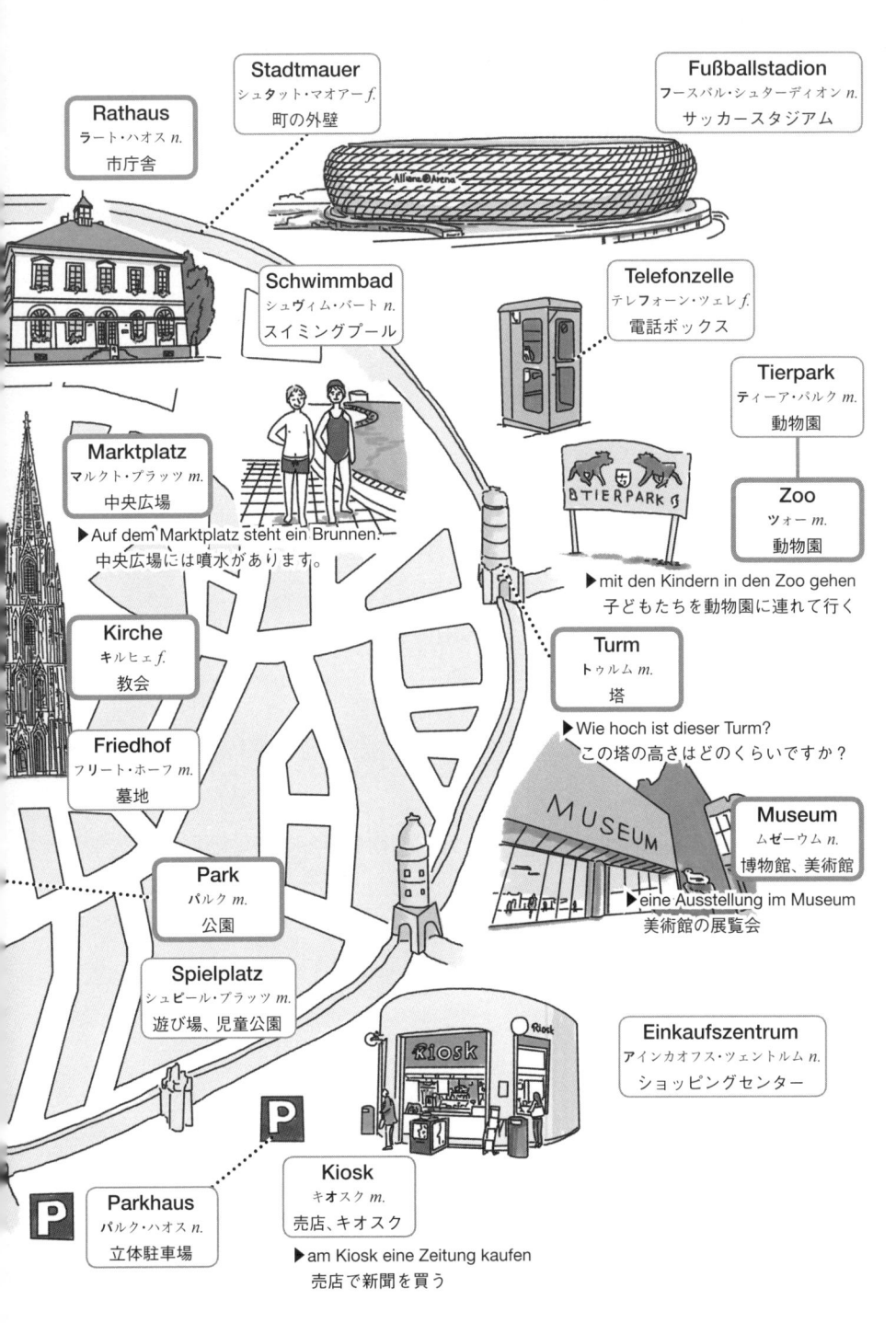

Rathaus
ラート・ハオス *n.*
市庁舎

Stadtmauer
シュタット・マオアー *f.*
町の外壁

Fußballstadion
フースバル・シュターディオン *n.*
サッカースタジアム

Schwimmbad
シュヴィム・バート *n.*
スイミングプール

Telefonzelle
テレフォーン・ツェレ *f.*
電話ボックス

Tierpark
ティーア・パルク *m.*
動物園

Marktplatz
マルクト・プラッツ *m.*
中央広場

▶ Auf dem Marktplatz steht ein Brunnen.
中央広場には噴水があります。

Zoo
ツォー *m.*
動物園

▶ mit den Kindern in den Zoo gehen
子どもたちを動物園に連れて行く

Kirche
キルヒェ *f.*
教会

Turm
トゥルム *m.*
塔

▶ Wie hoch ist dieser Turm?
この塔の高さはどのくらいですか？

Friedhof
フリート・ホーフ *m.*
墓地

Museum
ムゼーウム *n.*
博物館、美術館

▶ eine Ausstellung im Museum
美術館の展覧会

Park
パルク *m.*
公園

Spielplatz
シュピール・プラッツ *m.*
遊び場、児童公園

Einkaufszentrum
アインカオフス・ツェントルム *n.*
ショッピングセンター

Kiosk
キオスク *m.*
売店、キオスク

Parkhaus
パルク・ハオス *n.*
立体駐車場

▶ am Kiosk eine Zeitung kaufen
売店で新聞を買う

10-3 歩行者、道を尋ねる

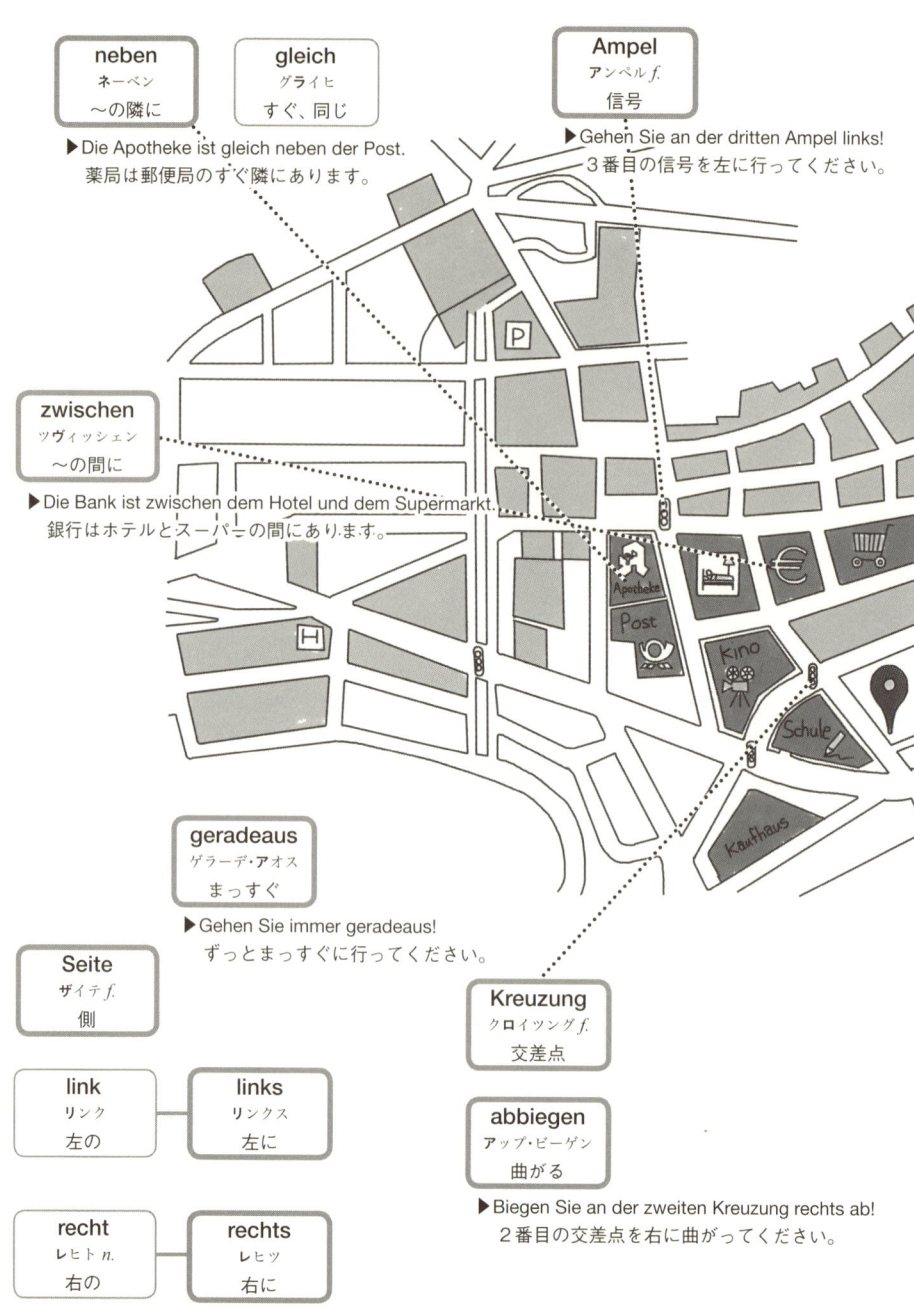

neben
ネーベン
〜の隣に
▶ Die Apotheke ist gleich neben der Post.
薬局は郵便局のすぐ隣にあります。

gleich
グライヒ
すぐ、同じ

Ampel
アンペル *f.*
信号
▶ Gehen Sie an der dritten Ampel links!
3番目の信号を左に行ってください。

zwischen
ツヴィッシェン
〜の間に
▶ Die Bank ist zwischen dem Hotel und dem Supermarkt.
銀行はホテルとスーパーの間にあります。

geradeaus
ゲラーデ・アオス
まっすぐ
▶ Gehen Sie immer geradeaus!
ずっとまっすぐに行ってください。

Seite
ザイテ *f.*
側

link
リンク
左の

links
リンクス
左に

recht
レヒト *n.*
右の

rechts
レヒツ
右に

▶ Das Hotel ist auf der rechten Seite.
そのホテルは右側にあります。

Kreuzung
クロイツング *f.*
交差点

abbiegen
アップ・ビーゲン
曲がる

▶ Biegen Sie an der zweiten Kreuzung rechts ab!
2番目の交差点を右に曲がってください。

Fußgängerweg
フースゲンガー・ヴェーク m.
歩行者用道路

Gehsteig
ゲー・シュタイク m.
歩道

Fußgängerzone
フースゲンガー・ツォーネ f.
歩行者天国

Zebrastreifen
ツェーブラ・シュトライフェン m.
横断歩道

überqueren
ユーバークヴェーレン
横断する

Radweg
ラート・ヴェーク m.
自転車道

▶ die Straße auf dem Zebrastreifen überqueren
横断歩道で道路を渡る

hinter
ヒンター
〜の後ろに

▶ hinter der Schule
学校の裏側に

Fußgänger
フース・ゲンガー m.
歩行者

Weg
ヴェーク m.
道、道路

▶ nach dem Weg fragen
道を尋ねる
▶ Können Sie mir den Weg zu Ihrem Haus erklären?
あなたのお宅までの道順を説明してもらえますか？

weit
ヴァイト
遠い

▶ Wie weit ist es von hier bis zur Uni?
– Circa 500 Meter.
ここから大学まで、どのくらい離れていますか？
— だいたい500メートルです。

circa
ツィルカ
だいたい、約

zu Fuß gehen
ツー フース ゲーエン
徒歩で行く

▶ Gehen wir zu Fuß!
歩いて行きましょう！

entlang
エントラング
〜に沿って

▶ Gehen Sie den Fluss entlang!
川に沿って行ってください。

kommen
コンメン
来る

▶ Verzeihung, wie komme ich zum Bahnhof?
すみません、駅にはどう行けばいいですか？

10-4 農村地帯、田舎

Land ラント n.
農村地帯、田舎、地方
▶ Meine Großeltern wohnen auf dem Land.
私の祖父母は田舎に住んでいます。

ländlich レントリヒ
田舎の、地方の
▶ eine ländliche Gegend
田園地域

Stall シュタル m.
家畜小屋

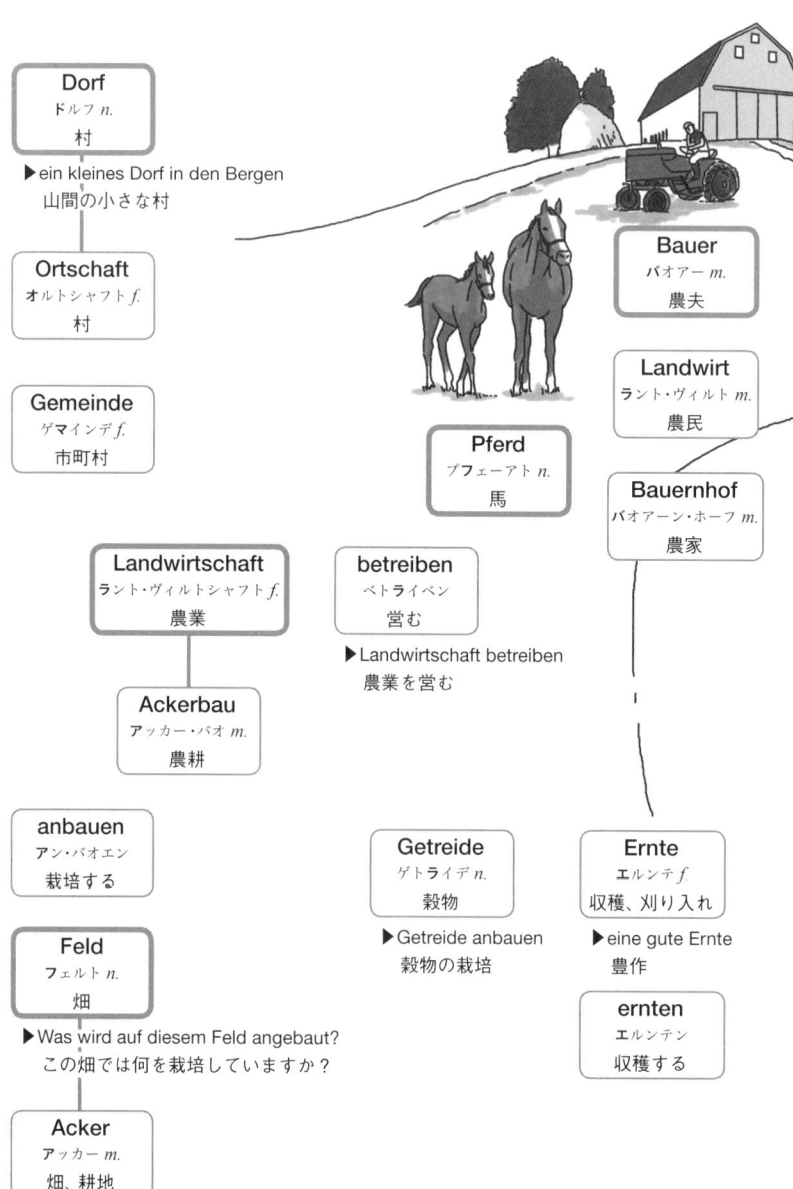

Dorf ドルフ n.
村
▶ ein kleines Dorf in den Bergen
山間の小さな村

Ortschaft オルトシャフト f.
村

Gemeinde ゲマインデ f.
市町村

Pferd プフェーアト n.
馬

Bauer バオアー m.
農夫

Landwirt ラント・ヴィルト m.
農民

Bauernhof バオアーン・ホーフ m.
農家

Landwirtschaft ラント・ヴィルトシャフト f.
農業

Ackerbau アッカー・バオ m.
農耕

betreiben ベトライベン
営む
▶ Landwirtschaft betreiben
農業を営む

anbauen アン・バオエン
栽培する

Feld フェルト n.
畑
▶ Was wird auf diesem Feld angebaut?
この畑では何を栽培していますか？

Acker アッカー m.
畑、耕地

Getreide ゲトライデ n.
穀物
▶ Getreide anbauen
穀物の栽培

Ernte エルンテ f.
収穫、刈り入れ
▶ eine gute Ernte
豊作

ernten エルンテン
収穫する

Rind
リント n.
牛

Vieh
フィー n.
家畜

züchten
ツュヒテン
飼育する

▶Schweine und Rinder züchten
豚と牛を飼う

Kuh
クー f.
雌牛

Schwein
シュヴァイン n.
豚

Ziege
ツィーゲ f.
山羊

Schaf
シャーフ n.
羊

Ente
エンテ f.
鴨、アヒル

Gans
ガンス f.
ガチョウ

Huhn
フーン n.
鶏

Hahn
ハーン m.
雄鶏

10-5 地理、風景

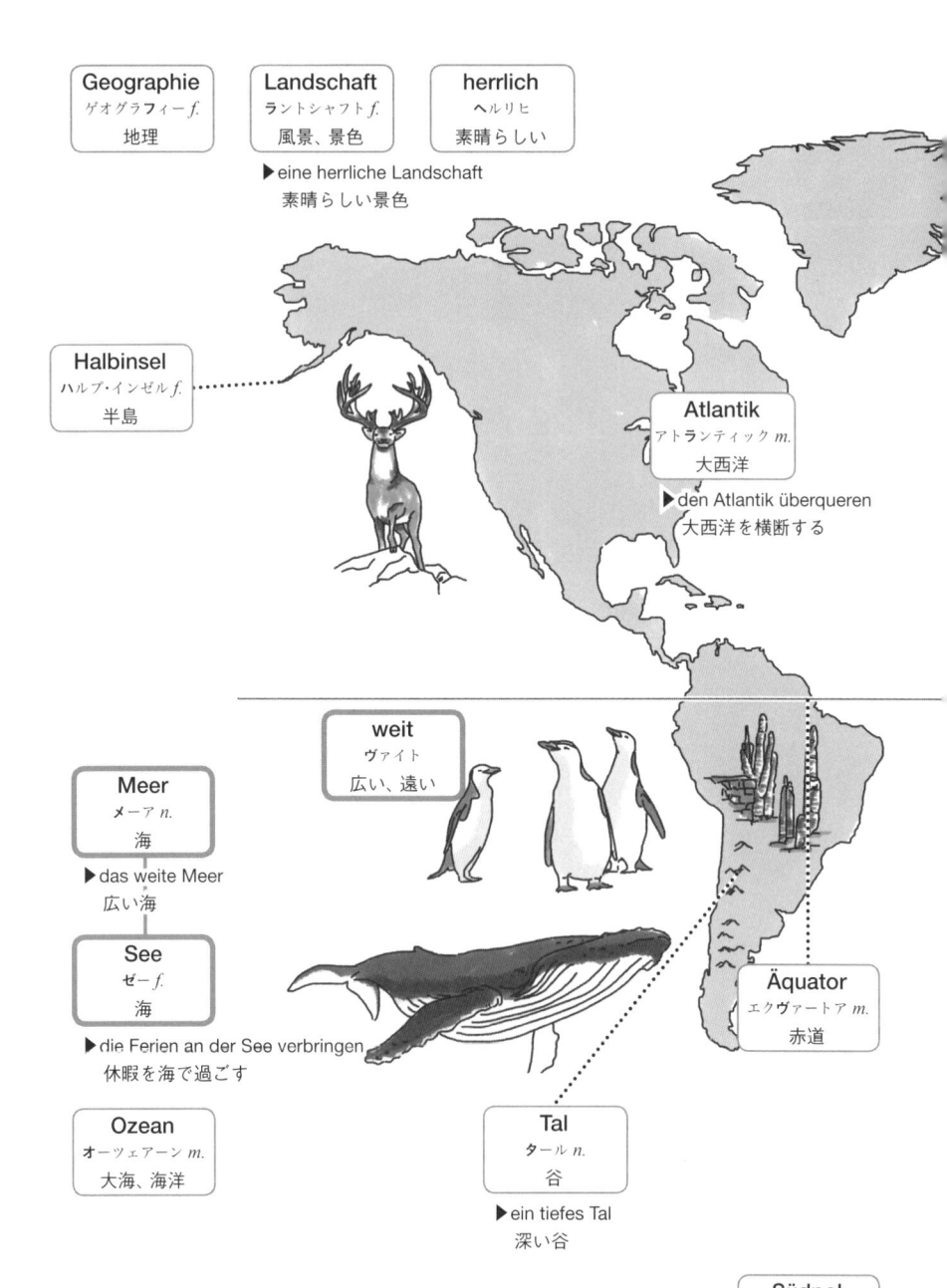

Geographie
ゲオグラフィー f.
地理

Landschaft
ラントシャフト f.
風景、景色
▶ eine herrliche Landschaft
素晴らしい景色

herrlich
ヘルリヒ
素晴らしい

Halbinsel
ハルプ・インゼル f.
半島

Atlantik
アトランティック m.
大西洋
▶ den Atlantik überqueren
大西洋を横断する

weit
ヴァイト
広い、遠い

Meer
メーア n.
海
▶ das weite Meer
広い海

See
ゼー f.
海
▶ die Ferien an der See verbringen
休暇を海で過ごす

Ozean
オーツェアーン m.
大海、洋

Äquator
エクヴァートア m.
赤道

Tal
タール n.
谷
▶ ein tiefes Tal
深い谷

Südpol
ズュート・ポール m.
南極

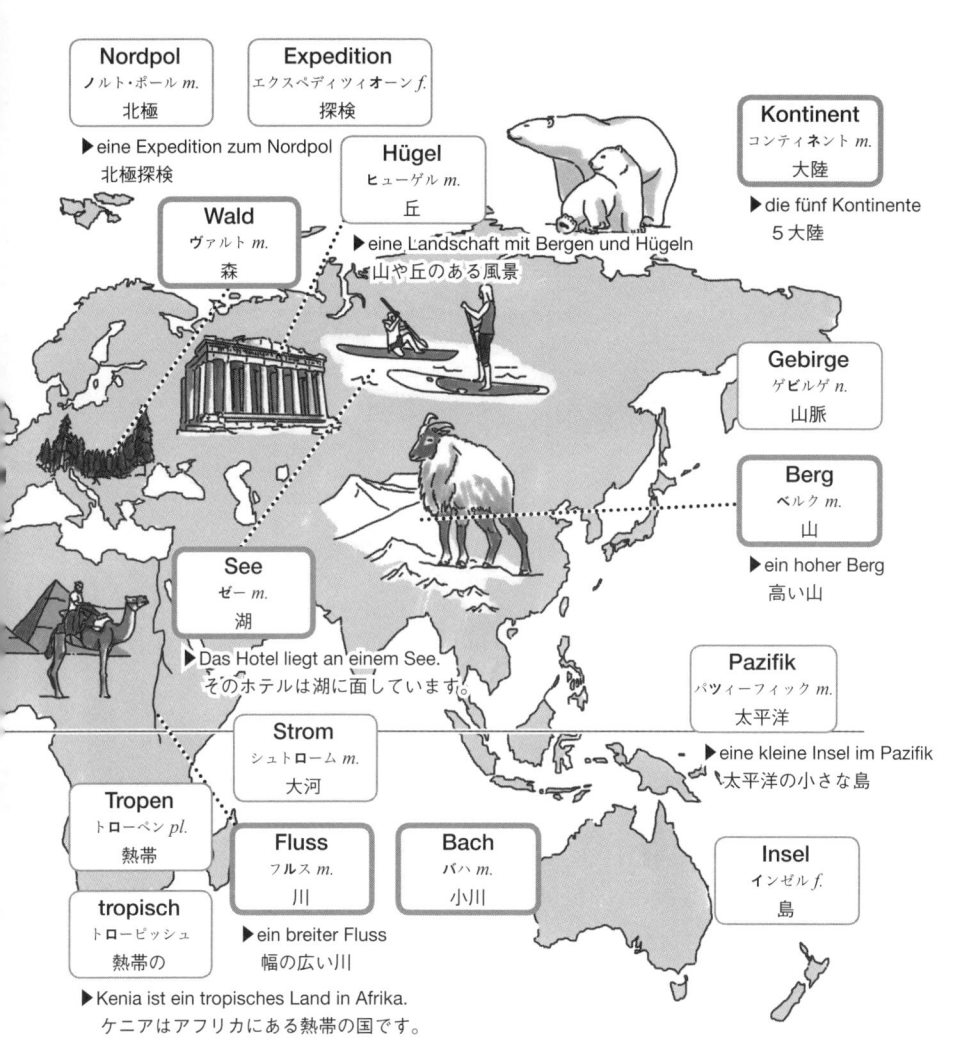

Nordpol
ノルト・ポール m.
北極
▶ eine Expedition zum Nordpol
北極探検

Expedition
エクスペディツィオーン f.
探検

Hügel
ヒューゲル m.
丘
▶ eine Landschaft mit Bergen und Hügeln
山や丘のある風景

Kontinent
コンティネント m.
大陸
▶ die fünf Kontinente
5大陸

Wald
ヴァルト m.
森

Gebirge
ゲビルゲ n.
山脈

Berg
ベルク m.
山
▶ ein hoher Berg
高い山

See
ゼー m.
湖
▶ Das Hotel liegt an einem See.
そのホテルは湖に面しています。

Pazifik
パツィーフィック m.
太平洋
▶ eine kleine Insel im Pazifik
太平洋の小さな島

Strom
シュトローム m.
大河

Tropen
トローペン pl.
熱帯

Fluss
フルス m.
川
▶ ein breiter Fluss
幅の広い川

Bach
バハ m.
小川

Insel
インゼル f.
島

tropisch
トローピッシュ
熱帯の

▶ Kenia ist ein tropisches Land in Afrika.
ケニアはアフリカにある熱帯の国です。

地域	人（男性）	人（女性）	形容詞
Afrika アフリカ	Afrikaner アフリカ人	Afrikanerin アフリカ人	afrikanisch アフリカの
Amerika アメリカ	Amerikaner アメリカ人	Amerikanerin アメリカ人	amerikanisch アメリカの
Asien アジア	Asiat アジア人	Asiatin アジア人	asiatisch アジアの
Australien オーストラリア	Australier オーストラリア人	Australierin オーストラリア人	australisch オーストラリアの
Europa ヨーロッパ	Europäer ヨーロッパ人	Europäerin ヨーロッパ人	europäisch ヨーロッパの

10-6 エネルギーと環境

Energie エネルギー f.
エネルギー

erneuerbar エアノイアーバール
再生可能な
▶ die erneuerbare Energie
再生可能なエネルギー

Windenergie ヴィント・エネルギー f.
風力エネルギー

Natur ナトゥーア f.
自然
▶ die freie Natur
野外

Luft ルフト f.
空気
▶ saubere Luft
きれいな空気

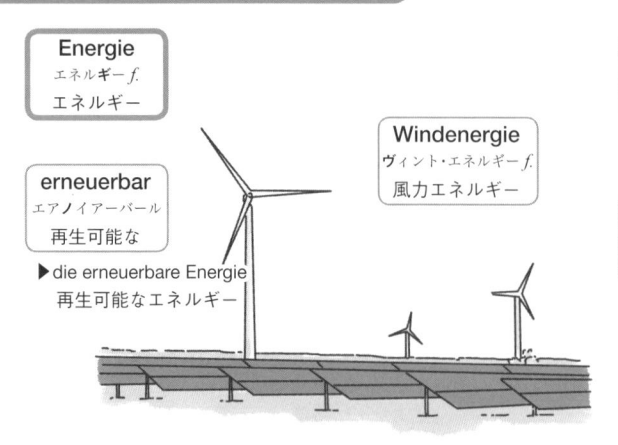

Wasserkraftwerk ヴァッサー・クラフトヴェルク n.
水力発電所

Atomenergie アトーム・エネルギー f.
原子力エネルギー

Atomkraftwerk アトーム・クラフトヴェルク n.
原子力発電所
▶ ein Atomkraftwerk schließen
原子力発電所を廃炉にする

Demonstration デモンストラツィオーン f.
デモ
▶ eine Demonstration gegen die Atomenergie
原子力エネルギーに反対するデモ

Sonnenenergie ゾンネン・エネルギー f.
太陽エネルギー
Solarenergie ゾラール・エネルギー f.
太陽エネルギー

Umwelt ウム・ヴェルト f.
環境
▶ die Umwelt schützen
環境を守る

schützen シュッツェン
保護する

Umweltbewusstsein ウムヴェルト・ベヴストザイン n.
環境に対する意識
▶ ein hohes Umweltbewusstsein haben
環境に対する意識が高い

Umweltschutz ウムヴェルト・シュッツ m.
環境保護

umweltfreundlich ウムヴェルト・フロイントリヒ
環境に優しい
▶ ein umweltfreundliches Produkt
環境に優しい製品

Umweltproblem ウムヴェルト・プロブレーム n.
環境問題

Umweltverschmutzung ウムヴェルト・フェアシュムッツング f.
環境汚染

Umweltzerstörung ウムヴェルト・ツェアシュテールング f.
環境破壊

Klimaerwärmung クリーマ・エアヴェルムング f.
温暖化
Smog スモック m.
スモッグ
Abgas アップ・ガース n.
排気ガス
Abwasser アップ・ヴァサー n.
下水、廃水

Müllabfuhr ミュル・アプフーア f.
ゴミ収集

Abfall アップ・ファル m.
ゴミ、廃棄物

Müll ミュル m.
ゴミ、廃棄物
▶ den Müll trennen
ゴミを分ける

trennen トレンネン
分ける

Recycling リサイクリング n.
リサイクル

Mülltonne ミュル・トネ f.
大型ゴミ容器

10-7 天文、気象

ドイツ語	カナ	日本語
Wetter	ヴェッター n.	天気
Klima	クリーマ n.	気候
Wettervorhersage	ヴェッター・フォーアヘーアザーゲ f.	天気予報
Wetterbericht	ヴェッター・ベリヒト m.	天気予報
sonnig	ゾンニヒ	よく晴れた、日当たりのいい
Sonne	ゾンネ f.	太陽
scheinen	シャイネン	輝く、照る
Wind	ヴィント m.	風

▶ ein sonniger Tag
よく晴れた日

▶ Heute scheint die Sonne.
今日は晴れです。

heiß	ハイス	暑い
schwül	シュヴュール	蒸し暑い
windig	ヴィンディヒ	風の強い
ziemlich	ツィームリヒ	かなり

▶ Es ist ziemlich windig.
かなり風が強い。

Wolke	ヴォルケ f.	雲
bewölkt	ベヴェルクト	曇っている
Regenbogen	レーゲン・ボーゲン m.	虹

▶ Der Himmel ist bewölkt.
空は雲で覆われている。

Gewitter	ゲヴィッター n.	雷
Regenschirm	レーゲン・シルム m.	雨傘
Regenzeit	レーゲン・ツァイト f.	雨期、梅雨
Donner	ドンナー m.	雷鳴
Blitz	ブリッツ m.	稲妻
regnen	レーグネン	雨が降る
Regen	レーゲン m.	雨

▶ Heute regnet es.
今日は雨が降っています。

Schnee	シュネー m.	雪
schneien	シュナイエン	雪が降る
kalt	カルト	寒い
besonders	ベゾンダース	特に、格別に、非常に

▶ In dieser Gegend schneit es viel.
この地域ではたくさん雪が降ります。

▶ Heute ist es besonders kalt.
今日は特に寒いです。

Temperatur テンペラトゥーア f. 気温	Grad グラート m., n. 度		warm ヴァルム 暖かい ⇔ kühl キュール 冷たい

▶ Wie viel Grad haben wir heute?
今日は何度でしょう？

Katastrophe カタストローフェ f.　大災害
Naturkatastrophe ナトゥーア・カタストローフェ f.
　自然災害
Feuer フォイアー n.　火、火事
Brand ブラント m.　火事、火災
brennen ブレンネン　燃える
Hochwasser ホーホ・ヴァサー n.　洪水、高潮
Sturm シュトゥルム m.　嵐

Lawine ラヴィーネ f.　雪崩
Taifun タイフーン m.　台風
Erdbeben エーアト・ベーベン n.　地震
　▶ ein starkes Erdbeben
　　大きな地震
Tsunami ツナーミ m.　津波
Reaktorunfall レアクトア・ウンファル m.
　原子力事故

Weltall ヴェルト・アル n. 宇宙	Erde エーアデ f. 地球、大地

▶ auf unserer Erde
この地球で

Himmel ヒンメル m. 空

Mond モーント m. 月

Stern シュテルン m. 星

▶ Am Himmel stehen viele Sterne.
空にはたくさんの星があります。

Norden ノルデン m. 北

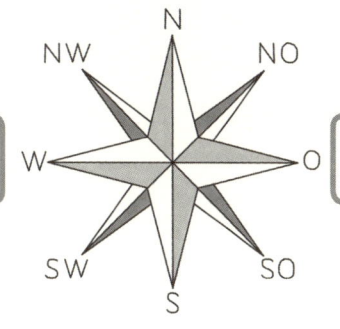

N / NW / NO / W / O / SW / SO / S

Westen ヴェステン m. 西

Osten オステン m. 東

Süden ズューデン m. 南

▶ im Süden
南部

クロスワードパズル ⑩

クロスワードではすべて大文字で記入します。ウムラウトは使わず、Ä Ö Ü はそれぞれAE OE UEと表記します。βはSSとなります。

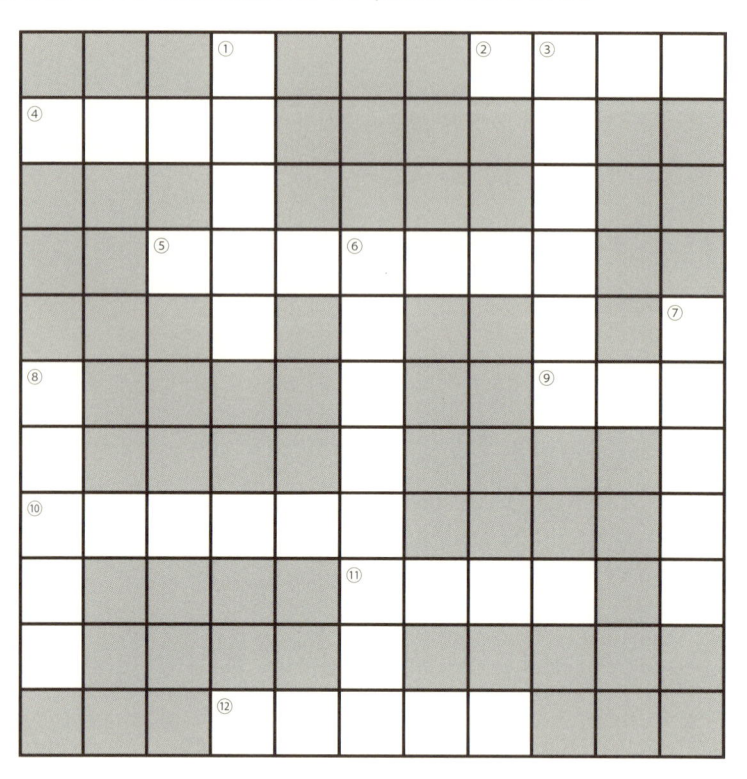

横のカギ
② バベルの○○。
④ 町ではなく。
⑤ 川を渡るときに通る。
⑨ 山や丘の間に挟まれた低地。
⑩ 寒いと雨ではなくこれが降ります。
⑪ 富士やユングフラウが有名。
⑫ rechtsの反対。

縦のカギ
① 競馬場で走っているのは。
③ 私たちを取り巻く周りの状況。
⑥ 地面が揺れる。
⑦ 広場。
⑧ 海に囲まれた小さい陸地。

横のカギ ② TURM ④ DORF ⑤ BRUECKE ⑨ TAL ⑩ SCHNEE ⑪ BERG ⑫ LINKS
縦のカギ ① PFERD ③ UMWELT ⑥ ERDBEBEN ⑦ PLATZ ⑧ INSEL

第11章
表現することば

11-1 日時 ①

Tag ターク m.
日、日時

jeden Tag イェーデン ターク 毎日	▶ Ich gehe jeden Tag in die Uni. 私は毎日大学に行きます。
täglich テークリヒ 毎日	▶ Sie putzt sich dreimal täglich die Zähne. 彼女は1日3回歯を磨きます。
pro Tag プロー ターク 1日に	▶ Ich verdiene 70 Euro pro Tag. 私の日給は70ユーロです。
-tägig …テーギヒ …日の	▶ ein fünftägiger Aufenthalt 5日間の滞在

Woche ヴォッヘ f.
週

diese Woche ディーゼ ヴォッヘ 今週	▶ Diese Woche habe ich eine Prüfung. 今週、私は試験があります。
wöchentlich ヴェッヒェントリヒ 毎週の	▶ zweimal wöchentlich Fußball trainieren 1週間に2回サッカーの練習をする
pro Woche プロー ヴォッヘ 1週間につき	▶ Ich gehe einmal pro Woche schwimmen. 私は週に1度泳ぎに行きます。
-wöchig …ヴェヒヒ 〜週間の	▶ ein sechswöchiges Praktikum 6週間の実習

> nächste Woche ネーヒステ ヴォッヘ 来週
> letzte Woche レッツテ ヴォッヘ 先週
> jede Woche イェーデ ヴォッヘ 毎週

Monat
モーナット m.
月

diesen Monat ディーゼン モーナット 今月	▶ Ich ziehe diesen Monat um. 私は今月引っ越します。
monatlich モーナトリヒ 毎月の	▶ ein monatliches Gehalt 月給
pro Monat プロー モーナット 月毎に	▶ zweimal pro Monat 1ヵ月に2回
-monatig …モーナティヒ 〜月の	▶ ein dreimonatiger Sprachkurs 3ヵ月の語学コース

nächsten Monat ネーヒステン モーナット 来月
letzten Monat レッツテン モーナット 先月
jeden Monat イェーデン モーナット 毎月

Jahr
ヤール n.
年

dieses Jahr ディーゼス ヤール 今年	▶ Ich schließe dieses Jahr mein Studium ab. 私は今年大学を卒業します。
jährlich イェーアリヒ 毎年の	▶ viermal jährlich 年に4回
pro Jahr プロー ヤール 年毎に	▶ einmal pro Jahr 1年に1回
-jährig …イェーリヒ 〜年に	▶ ein einjähriger Auslandsaufenthalt 1年間の海外での滞在
im Jahr イム ヤール 〜年に	▶ im Jahr 2014 2014年に

nächstes Jahr ネーヒステス ヤール 来年
letztes Jahr レッツテス ヤール 去年
jedes Jahr イェーデス ヤール 毎年

11-2 日時 ②

heute ホイテ 今日
▶ Ich habe heute viel zu tun.
私は今日はたくさんすることがある。

morgen モルゲン 明日
gestern ゲスターン 昨日
übermorgen ユーバー・モルゲン あさって
vorgestern フォーア・ゲスターン おととい

heutig ホイティヒ 今日の
▶ der heutige Unterricht
今日の授業

morgig モルギヒ 明日の
gestrig ゲストリヒ 昨日の

Wochentag ヴォッヘン・ターク m. 曜日

月曜日	火曜日	水曜日	木曜日	金曜日	土曜日	日曜日
Montag モーンターク m.	Dienstag ディーンスターク m.	Mittwoch ミットヴォホ m.	Donnerstag ドンナースターク m.	Freitag フライターク m.	Samstag / Sonnabend ザムスターク m. / ゾンアーベント m.	Sonntag ゾンターク m.

am Montag アム モーンターク 月曜日に ── **montags** モーンタークス 月曜日に

▶ Am Montag habe ich immer Deutschunterricht.
月曜日にはいつもドイツ語の授業があります。

▶ Montags ist dieses Restaurant geschlossen.
このレストランは月曜日がお休みです。

dienstags ディーンスタークス 火曜日に
mittwochs ミットヴォホス 水曜日に
donnerstags ドンナースタークス 木曜日に
freitags フライタークス 金曜日に
samstags / sonnabends ザムスタークス／ゾンアーベンツ 土曜日に
sonntags ゾンタークス 日曜日に

letzten Montag	diesen Montag	nächsten Montag
レッツテン　モーンターク	ディーゼン　モーンターク	ネーヒステン　モーンターク
先週の月曜日に	今週の月曜日に	来週の月曜日に

▶ Diesen Montag habe ich wenig Zeit.
今週の月曜日は私はあまり時間がありません。

Wochenende
ヴォッヘン・エンデ n.
週末

am Wochenende アム ヴォッヘン・エンデ 週末に	▶ Wollen wir am Wochenende in die Berge fahren? 週末に山へ行きませんか？
dieses Wochenende ディーゼス ヴォッヘン・エンデ 今週の週末［に］	▶ Dieses Wochenende gehe ich ins Konzert. 今度の週末に私はコンサートに行きます。

letztes Wochenende	nächstes Wochenende
レッツテス　ヴォッヘン・エンデ	ネーヒステス　ヴォッヘン・エンデ
先週の週末に	来週の週末に

Monat
モーナット m.
月

1月	2月	3月	4月	5月	6月
Januar	Februar	März	April	Mai	Juni
ヤヌアール m.	フェーブルアール m.	メルツ m.	アプリル m.	マイ m.	ユーニ m.
7月	8月	9月	10月	11月	12月
Juli	August	September	Oktober	November	Dezember
ユーリ m.	アオグスト m.	ゼプテンバー m.	オクトーバー m.	ノヴェンバー m.	デツェンバー m.

im Januar イム　ヤヌアール　1月に
Anfang Januar アンファング　ヤヌアール　1月の始めに
Mitte Februar ミッテ　フェブルアール　2月の半ばに
Ende März エンデ　メルツ　3月の終わりに

11-3 日時 ③

Jahreszeit	die vier Jahreszeiten
ヤーレス・ツァイト f.	ディー フィーア ヤーレス・ツァイテン
季節	四季

Frühling	Sommer	Herbst	Winter
フリューリング m.	ゾンマー m.	ヘルプスト m.	ヴィンター m.
春	夏	秋	冬

▶ im Frühling
　春に

Uhr	Uhrzeit
ウーア f.	ウーア・ツァイト f.
時、時計	時刻

▶ Wie viel Uhr ist es jetzt?
　今何時ですか？
▶ Um wie viel Uhr beginnt das Konzert?
　何時からコンサートは始まりますか？
▶ Hast du eine Uhr?
　時計を持ってる？

Stunde
シュトゥンデ f.
時

▶ Der Vortrag dauert eine Stunde.
　講演会は1時間です。
▶ Ich komme in einer Stunde zurück.
　1時間後には戻ります。
▶ Ich habe eine halbe Stunde auf sie gewartet.
　私は彼女を30分待っていました。
▶ Wir machen eine Viertelstunde Pause.
　私たちは15分の休憩を取ります。

Minute	Sekunde
ミヌーテ f.	ゼクンデ f.
分	秒

Wie spät ist es jetzt? 今何時ですか？	
1:00	Es ist ein Uhr. / Es ist eins.
8:00	Es ist acht Uhr.
8:10	Es ist acht Uhr zehn. / Es ist zehn nach acht.
8:15	Es ist acht Uhr fünfzehn. / Es ist Viertel nach acht.
8:30	Es ist acht Uhr dreißig. / Es ist halb neun.
20:45	Es ist acht Uhr fünfundvierzig. / Es ist Viertel vor neun.
20:20	Es ist zwanzig Uhr zwanzig. / Es ist zwanzig nach acht.
0:00	Es ist null Uhr.

Morgen モルゲン m. 朝

Vormittag フォーア・ミッターク m. 午前

Mittag ミッターク m. 昼

Nachmittag ナーハ・ミッターク m. 午後

Abend アーベント m. 夕

Nacht ナハト f. 夜

朝に	am Morgen	morgens	午後に	am Nachmittag	nachmittags
午前に	am Vormittag	vormittags	夕方に	am Abend	abends
正午に	am Mittag	mittags	夜に	in der Nacht	nachts

heute Morgen ホイテ モルゲン
今朝
heute Mittag ホイテ ミッターク
今日の正午
heute Nachmittag ホイテ ナーハ・ミッターク
今日の午後
heute Abend ホイテ アーベント
今晩
heute Nacht ホイテ ナハト
今日の夜

Guten Morgen! グーテン モルゲン
おはようございます！
Guten Tag! グーテン ターク
こんにちは！
Guten Abend! グーテン アーベント
こんばんは！
Gute Nacht! グーテ ナハト
おやすみなさい！

11-4 場所、程度、頻度 ①

場所を表すことば

wo
ヴォー
どこに

▶ Wo wohnst du?
君はどこに住んでいるの？

wohin ヴォ・ヒン　どこへ
woher ヴォ・ヘーア　どこから
hier ヒーア　ここに
hierher ヒーア・ヘーア　ここへ
dort ドルト　あそこに
dort drüben ドルト　ドリューベン　向こうの方に
dorthin ドルト・ヒン　あちらへ
da ダー　そこに、あそこに

oben
オーベン
上方に

▶ Siehst du das Flugzeug dort oben?
あの上に飛んでいる飛行機が見える？

unten ウンテン　下方に
vorn フォルン　前方に
hinten ヒンテン　後方に
drinnen ドリンネン　中に
draußen ドラオセン　外に

links
リンクス
左に

⇄

rechts
レヒツ
右に

▶ Gehen Sie bitte rechts!
右に行ってください。

geradeaus
ゲラーデ・アオス
まっすぐ

überall
ユーバー・アル
いたるところに

▶ Ich habe dich überall gesucht!
私は君をあちこち探しましたよ！

irgendwo イルゲント・ヴォー
　どこかで
irgendwohin イルゲント・ヴォヒン
　どこかへ
nirgendwo / nirgends ニルゲント・ヴォー／ニルゲンツ
　どこにも～ない
nirgendwohin ニルゲント・ヴォヒン
　どこへもない

頻度・程度

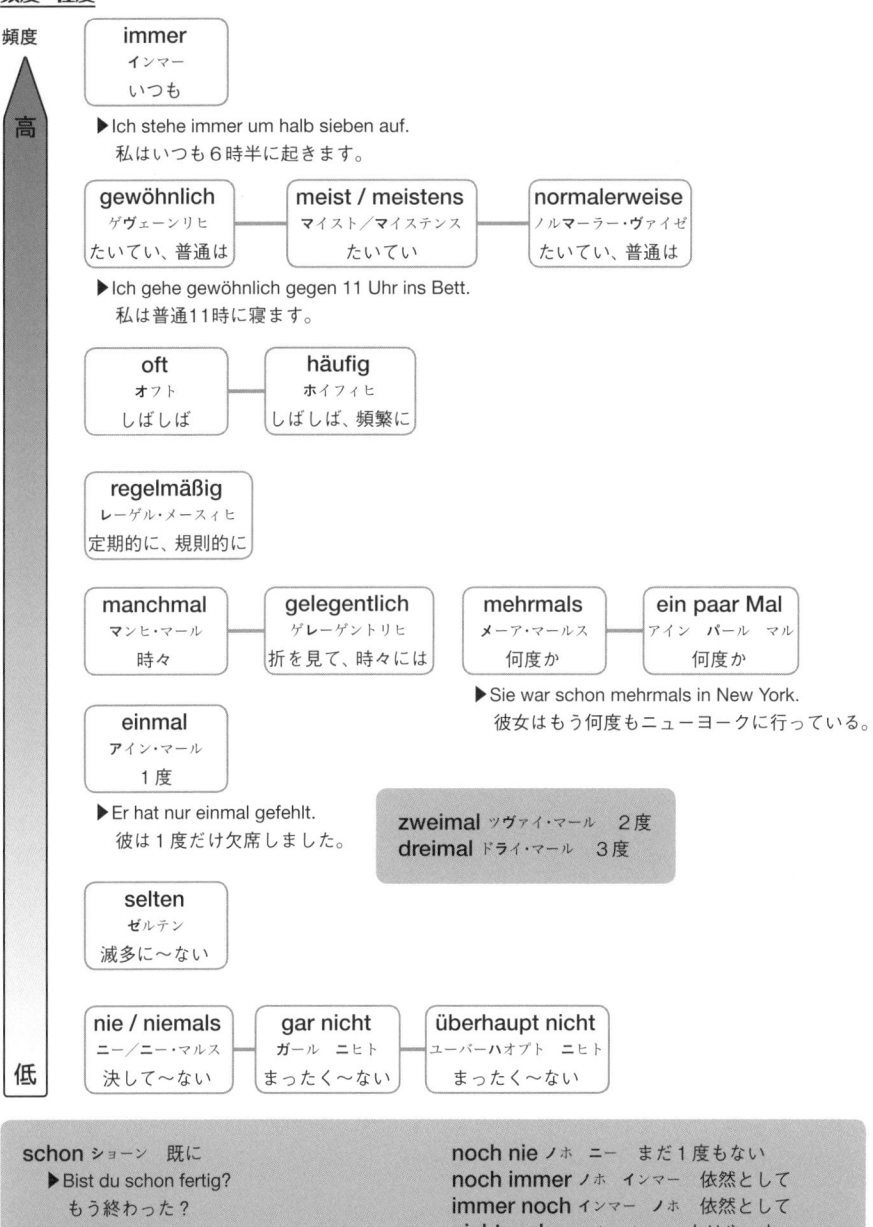

頻度 高 → 低

immer
インマー
いつも
▶ Ich stehe immer um halb sieben auf.
　私はいつも6時半に起きます。

gewöhnlich ゲヴェーンリヒ たいてい、普通は
meist / meistens マイスト／マイステンス たいてい
normalerweise ノルマーラー・ヴァイゼ たいてい、普通は
▶ Ich gehe gewöhnlich gegen 11 Uhr ins Bett.
　私は普通11時に寝ます。

oft オフト しばしば
häufig ホイフィヒ しばしば、頻繁に

regelmäßig レーゲル・メースィヒ 定期的に、規則的に

manchmal マンヒ・マール 時々
gelegentlich ゲレーゲントリヒ 折を見て、時々には
mehrmals メーア・マールス 何度か
ein paar Mal アイン パール マル 何度か
▶ Sie war schon mehrmals in New York.
　彼女はもう何度もニューヨークに行っている。

einmal アイン・マール 1度
▶ Er hat nur einmal gefehlt.
　彼は1度だけ欠席しました。

zweimal ツヴァイ・マール 2度
dreimal ドライ・マール 3度

selten ゼルテン 滅多に〜ない

nie / niemals ニー／ニー・マルス 決して〜ない
gar nicht ガール ニヒト まったく〜ない
überhaupt nicht ユーバーハオプト ニヒト まったく〜ない

---

schon ショーン 既に
　▶ Bist du schon fertig?
　　もう終わった？
schon einmal ショーン アインマル 既に1度
noch ノホ まだ
noch nicht ノホ ニヒト まだ〜ない

noch nie ノホ ニー まだ1度もない
noch immer ノホ インマー 依然として
immer noch インマー ノホ 依然として
nicht mehr ニヒト メーア もはや〜ない
nie mehr ニー メーア 2度と〜ない
nie wieder ニー ヴィーダー 2度と〜ない

11-5 場所、程度、頻度 ②

alles アレス
すべてのもの(こと)
▶ Sie hat mir alles erzählt.
彼女は私にすべてを話してくれました。

viel フィール おおいに
mehr メーア より多く
wenig ヴェーニヒ あまり～ない
ein bisschen アイン ビスヒェン 少し
ein wenig アイン ヴェーニヒ 少し
etwas エトヴァス 少し

sehr ゼーア
とても
▶ Das schmeckt sehr gut!
これはとてもおいしいです！

ganz ガンツ まったく
zu ツー あまりに～
fast / beinahe ファスト／バイ・ナーエ ほとんど
kaum カオム どとんど～ない
nur ヌーア たった、だけ

früher フリューアー
以前は
▶ Früher wohnte er in München.
昔、彼はミュンヘンに住んでいました。

jetzt イェッツト
今
▶ Ich lerne jetzt Deutsch.
私は今ドイツ語を勉強しています。

später シュペーター
将来
▶ Ich möchte später Ärztin werden.
私は将来医者(女)になりたいです。

einst アインスト 昔、かつて
einmal アイン・マール 昔、かつて
damals ダー・マールス 当時

nun ヌーン 今
gerade ゲラーデ 今ちょうど
eben エーベン ちょうど今、ちょっと前に

neulich ノイリヒ
最近、この前
▶ Neulich habe ich Herrn Weimann getroffen.
この前私はヴァイマンさん(男)に会いました。

kürzlich キュルツリヒ 最近、この前
vor kurzem フォーア クルツェム この前

zuerst ツ・エーアスト
最初に
▶ Ich muss zuerst Hausaufgaben machen.
私は最初に宿題をしなければなりません。

dann ダン
そのあとで
▶ Was machen wir dann?
その後何をしましょうか？

zuvor ツ・フォーア
その前に、それ以前に

danach ダ・ナーハ その後で
zuletzt ツ・レッツト 最後に
schließlich シュリースリヒ 最後に、結局
endlich エントリヒ とうとう

plötzlich プレッツリヒ
突然
▶ Plötzlich begann es zu regnen.
突然雨が降り出しました。

auf einmal アオフ アインマル
突然

zufällig ツ・フェリヒ
偶然に
▶ Gestern habe ich zufällig einen alten Bekannten getroffen.
昨日私は偶然古い知り合いに会いました。

allmählich アルメーリヒ
徐々に、だんだん
▶ Allmählich wird es dunkel.
だんだん暗くなってきます。

sicher
ズィッヒャー
きっと、必ず

▶ Ich komme morgen ganz sicher.
私は明日必ず行きます。

bestimmt ベシュティムト　きっと、疑いもなく
gewiss ゲヴィス　きっと
unbedingt ウン・ベディンクト　絶対に

vielleicht
フィライヒト
ひょっとすると

▶ Vielleicht fahre ich im Sommer in die Schweiz.
ひょっとすると私は夏にスイスに行くかもしれません。

wahrscheinlich ヴァール・シャインリヒ　多分
wohl ヴォール　多分
möglicherweise メークリッヒャー・ヴァイゼ　場合によると
eventuell エヴェントゥエル　ひょっとしたら

auf keinen Fall
アオフ　カイネン　ファル
絶対に〜ない

▶ Diesem Kerl darfst du auf keinen Fall Geld leihen.
あいつに絶対にお金を貸してはだめだよ。

doppelt
ドッペルト
2倍の

zweifach
ツヴァイ・ファハ
2倍の

▶ Dieser Pullover ist doppelt so teuer.
こちらのセーターは倍の値段です。

dreifach ドライ・ファハ　3倍の
vierfach フィーア・ファハ　4倍の

Hälfte
ヘルフテ f.
半分

▶ Ich bezahle die Hälfte.
私が半分払います。

Drittel ドリッテル n.　3分の1
Viertel フィルテル n.　4分の1

ungefähr
ウン・ゲフェーア
およそ

▶ Die Kirche wurde vor ungefähr 300 Jahren gebaut.
この教会はおよそ300年前に建てられました。

etwa エトヴァ　約
circa ツィルカ　約、およそ
gegen ゲーゲン　およそ、だいたい

11-6 前置詞 ①

2格支配の前置詞

während ヴェーレント ～の間に	▶ während des Unterrichts 授業の間に
wegen ヴェーゲン ～のために	▶ wegen des schlechten Wetters 悪天候のために
trotz トロッツ ～なのに	▶ trotz seines hohen Alters 高齢にもかかわらず
statt シュタット ～の代わりに	▶ statt meines Vaters 父の代わりに
innerhalb インナー・ハルプ ～の内側で、～以内に	▶ innerhalb einer Stunde 1時間以内に
außerhalb アオサー・ハルプ ～の外側で	▶ außerhalb der Stadt wohnen 郊外に住む

3格支配の前置詞

aus アオス ～の中から	▶ Ich komme aus Berlin. 私はベルリン出身です。 ▶ Die Tasche ist aus Leder. このバッグは革製です。
bei バイ ～のところに、～の時に	▶ Ich wohne bei meinen Eltern. 私は両親のところに住んでいます。 ▶ Er ist gerade beim Essen. 彼はちょうど食事をしているところです。
mit ミット ～といっしょに	▶ mit dem Auto fahren 自動車で行く ▶ mit meiner Freundin 彼女と一緒に
nach ナーハ ～の方へ、～のあとで	▶ nach Köln fahren ケルンに行く ▶ nach dem Essen 食事の後に
seit ザイト ～以来	▶ seit einem Jahr 1年前から
von フォン ～から	▶ ein Brief von meiner Mutter 私の母からの手紙
ab アップ ～から	▶ ab sechs Jahren 6歳から
zu ツー ～の所へ	▶ zur Bank gehen 銀行に行く ▶ zum Schwimmen gehen 泳ぎに行く

4格支配の前置詞

durch ドゥルヒ ～を通って	▶ durch den Park gehen 公園を通って行く
für フューア ～のために	▶ Ist das Geschenk für mich? このプレゼントは私にですか？ ▶ Ich bin für den Vorschlag. 私はこの提案に賛成です。
gegen ゲーゲン ～に対して、～に向かって	▶ ein Mittel gegen Kopfschmerzen 頭痛薬 ▶ Ich bin gegen diesen Plan. 私はこの計画に反対です。
ohne オーネ ～なしに	▶ Wir gehen ohne ihn. 彼なしで出掛けましょう。 ▶ Kaffee ohne Milch und Zucker ミルクと砂糖抜きのコーヒー
um ウム ～の周りに	▶ um den See joggen 湖の周りをジョギングする
bis ビス ～まで	▶ bis diesen Dienstag 今週の火曜日まで

3・4格支配の前置詞

in イン ～の中で [へ]	▶ Jürgen ist in der Schule. ユルゲンは学校にいる。 ▶ Jürgen geht in die Schule. ユルゲンは学校に行く。
an アン ～のきわで [へ]	vor フォーア ～の前で [へ]
auf アオフ ～の上で [へ]	hinter ヒンター ～の後ろで [へ]
unter ウンター ～の下で [へ]	neben ネーベン ～の横で [へ]
über ユーバー ～の上方で [へ]	zwischen ツヴィッシェン ～の間で [へ]

11-7 前置詞 ②

da-+前置詞

damit
ダ・ミット
それでもって

▶Kann man damit die Flasche öffnen?
これでビンを開けることができますか？

wo-+前置詞

womit
ヴォ・ミット
何を使って

▶Womit fahren wir? Mit der Bahn?
何で行きますか？ 電車ですか？

前置詞	da+前置詞	wo+前置詞
für	dafür ダ・フューア そのために	wofür ヴォ・フューア 何のために
gegen	dagegen ダ・ゲーゲン それに対して	wogegen ヴォ・ゲーゲン 何に対して
in	darin ダ・リン その中に	worin ヴォ・リン 何の中に
an	daran ダ・ラン それに接して	woran ヴォ・ラン 何に接して
auf	darauf ダ・ラオフ その上に	worauf ヴォ・ラオフ 何の上に
unter	darunter ダ・ルンター その下に	worunter ヴォ・ルンター 何の下に
über	darüber ダ・リューバー その上に	worüber ヴォ・リューバー 何の上方に、何について
von	davon ダ・フォン それについて	wovon ヴォ・フォン 何から
vor	davor ダ・フォーア その前に	wovor ヴォ・フォーア 何の前に
hinter	dahinter ダ・ヒンター その後ろに	wohinter ヴォ・ヒンター 何の後ろに
neben	daneben ダ・ネーベン その側に	woneben ヴォ・ネーベン 何の横に、何と並んで
zwischen	dazwischen ダ・ツヴィッシェン その間に	wozwischen ヴォ・ツヴィッシェン 何の間に
bei	dabei ダ・バイ そのそばに、その際に	wobei ヴォ・バイ 何の際に
durch	dadurch ダ・ドゥルヒ そこを通って、それによって	wodurch ヴォ・ドゥルヒ 何によって
zu	dazu ダ・ツー それに加えて、それによって	wozu ヴォ・ツー 何のために
um	darum ダ・ルム その周りに	worum ヴォ・ルム 何の周りに

並列の接続詞

und
ウント
そして、〜と

▶ Ich studiere Mathematik, und sie studiert Jura.
私は数学を、彼女は法律を勉強しています。

- **aber** アーバー　しかし
- **oder** オーダー　または、あるいは
- **denn** デン　〜というのは、〜だから
- **sondern** ゾンダーン　そうではなくて

従属の接続詞

dass
ダス
〜ということ

▶ Ich glaube, dass er Franzose ist.
彼はフランス人だと思います。

- **weil** ヴァイル　〜であるから
- **ob** オップ　〜かどうか
- **wenn** ヴェン　もし〜であれば、〜するときに
- **obwohl** オプ・ヴォール　〜にもかかわらず
- **während** ヴェーレント　〜している間、〜であるに対して
- **als** アルス　〜したときに
- **bevor** ベフォーア　〜する前に
- **nachdem** ナーハ・デーム　〜した後で、〜してから
- **indem** イン・デーム　〜によって、〜という方法で

副詞的接続詞

deshalb
デス・ハルプ
〜それゆえに

▶ Er ist krank. Deshalb kommt er nicht.
彼は病気です。だから彼は来ません。

- **deswegen** デス・ヴェーゲン　〜それゆえに、〜その理由で
- **trotzdem** トロッツ・デーム　〜かどうか
- **also** アルゾ　それゆえに

11-8 形容詞 ①

形・大きさ

groß グロース 大きい	⟷	klein クライン 小さい
lang ラング 長い	⟷	kurz クルツ 短い
dick ディック 厚い、太った	⟷	dünn デュン 薄い schlank シュランク やせた
breit ブライト 幅の広い	⟷	schmal シュマール 幅の狭い
weit ヴァイト 広い	⟷	eng エング 狭い、狭苦しい
hoch ホーホ 高い	⟷	niedrig ニードリヒ 低い
tief ティーフ 深い	⟷	seicht ザイヒト 浅い

> rund ルント 丸い　　　　　　　viereckig フィーア・エッキヒ 四角の
> eckig エッキヒ 角張った、とがった　oval オヴァール 楕円形の
> dreieckig ドライ・エッキヒ 三角の

感覚

heiß ハイス 暑い schwül シュヴュール 蒸し暑い	⟷	kalt カルト 寒い
warm ヴァルム 暖かい	⟷	kühl キュール 涼しい、冷えた
nass ナス 濡れた feucht フォイヒト 湿り気のある	⟷	trocken トロッケン 乾いた
hart ハルト 堅い	⟷	weich ヴァイヒ 柔らかい
fest フェスト しっかりした、固体の	⟷	sanft ザンフト 穏やかな、ソフトな flüssig フリュッスィヒ 液体の
schwer シュヴェーア 重い	⟷	leicht ライヒト 軽い
laut ラオト 音の大きい	⟷	leise ライゼ 音の小さい still シュティル 静かな
schnell シュネル 速い	⟷	langsam ラングザーム ゆっくりした

> süß ズース 甘い　　　　salzig ザルツィヒ 塩辛い
> bitter ビッター 苦い　　scharf シャルフ 辛い
> sauer ザオアー 酸っぱい

色

色	意味	色	意味
weiß ヴァイス	白い	rosa ローザ	ピンクの
schwarz シュヴァルツ	黒い	orange オランジェ	だいだい色の
rot ロート	赤い	violett ヴィオレット	紫色の
blau ブラオ	青い	dunkelblau ドゥンケル・ブラオ	藍色の、ダークブルーの
grün グリューン	緑の	hellblau ヘル・ブラオ	水色の
gelb ゲルプ	黄色い	golden ゴルデン	金色の
braun ブラオン	茶色い	silbern ズィルバーン	銀色の
grau グラオ	灰色の	blond ブロント	金髪の
dunkel ドゥンケル	暗い	hell ヘル	明るい
klar クラール	透明の	trübe トリューベ	濁った

価値

teuer トイアー 値段の高い	⇔	billig ビリヒ 値段の安い preiswert プライス・ヴェーアト 値段が手頃な、買い得の
wertvoll ヴェーアト・フォル 価値のある kostbar コストバール 高価な	⇔	wertlos ヴェーアト・ロース 価値のない
nützlich / brauchbar ニュッツリヒ/ブラオホバール 役に立つ nötig / notwendig ネーティヒ/ノートヴェンディヒ 必要な	⇔	unnötig ウン・ネーティヒ 不必要な
neu ノイ 新しい	⇔	alt アルト 古い gebraucht ゲブラオホト 中古の

> kaputt カプット 壊れた、故障した
> beschädigt ベシェーディヒト 破損した

11-9 形容詞 ②

人を表す形容詞

jung ユング 若い	⇔	alt アルト 年をとった
gesund ゲズント 元気な、健康な	⇔	krank クランク 病気の
schön シェーン 美しい hübsch ヒュプシュ かわいらしい	⇔	hässlich ヘスリヒ みにくい、不格好な
reich ライヒ 豊かな	⇔	arm アルム 貧しい
bekannt ベカント 知られた berühmt ベリュームト 有名な、名高い	⇔	unbekannt ウン・ベカント 知られていない
beliebt ベリープト 人気のある、好かれる	⇔	unbeliebt ウン・ベリープト 人気のない
freundlich フロイントリヒ 友好的な、親切な	⇔	unfreundlich ウン・フロイントリヒ 不親切な、感じの悪い
nett ネット やさしい、親切な	←-→	streng シュトレング 厳しい böse ベーゼ 意地の悪い
fleißig フライスィヒ 熱心な	⇔	faul ファオル 怠惰な
intelligent インテリゲント 知的な、頭のいい klug クルーク 賢い	⇔	dumm ドゥム 愚かな
aufmerksam アオフ・メルクザーム 注意深い	←-→	vergesslich フェアゲスリヒ 忘れっぽい
offen オッフェン 率直な	←-→	schüchtern シュヒターン 　内気な、恥ずかしがりの scheu ショイ 物おじする、臆病な zurückhaltend ツリュック・ハルテント 　遠慮がちの、慎重な verschlossen フェアシュロッセン 　うち解けない、無口の einsam アインザーム 　孤独な、寂しい、人のいない
mutig ムーティヒ 勇気のある、大胆な	⇔	ängstlich エングストリヒ 　心配そうな、気の小さい feige ファイゲ 臆病な
lebendig レベンディヒ 活発な	⇔	ruhig ルーイヒ 物静かな
aktiv アクティーフ 活動的な	⇔	passiv パッスィーフ 消極的な
stark シュタルク 強い	⇔	schwach シュヴァハ 弱い

よく使う形容詞

gut グート 良い ideal イデアール 理想的な	←-→	schlecht シュレヒト 悪い schlimm シュリム 悪い、たちのよくない
günstig ギュンスティヒ 好都合の	←→	ungünstig ウン・ギュンスティヒ 都合の悪い
gleich グライヒ 同じ ähnlich エーンリヒ 似た	←→	verschieden フェアシーデン 異なった
richtig リヒティヒ 正しい genau ゲナオ 正確な、ちょうど echt エヒト 本物の、真の wahr ヴァール 事実の wirklich ヴィルクリヒ 現実の	←-→	falsch ファルシュ 誤った
natürlich ナテューアリヒ 自然の	←→	künstlich キュンストリヒ 人工の
interessant インテレサント 　おもしろい、興味深い spannend シュパンネント 　はらはらさせる、わくわくさせる	←→	langweilig ラングヴァイリヒ たいくつな
theoretisch テオレーティッシュ 理論的な	←→	praktisch プラクティッシュ 　実際の、実用的な
leicht / einfach ライヒト／アイン・ファハ 　簡単な	←→	schwer / schwierig シュヴェーア／シュヴィーリヒ 　難しい、苦労の多い kompliziert コンプリツィーアト 複雑な
möglich メークリヒ 可能な	←→	unmöglich ウン・メークリヒ 不可能な
sicher ズィッヒャー 安全な	←→	gefährlich ゲフェーアリヒ 危険な
frei フライ 空いている	←→	besetzt ベゼッツト 使用中の
voll フォル いっぱいの、満ちた、満員の	←→	leer レーア 空（から）、空いた

11-10 動物

Tier	Säugetier	Haustier	Raubtier
ティーア n.	ゾイゲ・ティーア n.	ハオス・ティーア n.	ラオプ・ティーア n.
動物	哺乳類	ペット	猛獣

Hund	Katze	Hase	Affe	Pferd
フント m.	カッツェ f.	ハーゼ m.	アッフェ m.	プフェーアト n.
犬	猫	うさぎ	猿	馬

Kuh	Schwein	Schaf	Ziege
クー f.	シュヴァイン n.	シャーフ n.	ツィーゲ f.
雌牛	豚	羊	山羊

Wolf	Bär	Löwe	Tiger	Fuchs
ヴォルフ m.	ベーア m.	レーヴェ m.	ティーガー m.	フクス m.
おおかみ	熊	ライオン	トラ	キツネ

Elefant	Flusspferd	Zebra	Giraffe
エレファント m.	フルス・プフェーアト n.	ツェーブラ n.	ギラッフェ f.
象	カバ	シマウマ	キリン

Kamel
カメール n.
ラクダ

Schnecke
シュネッケ f.
カタツムリ

Vogel
フォーゲル m.
鳥

- Spatz シュパッツ m. スズメ
- Schwalbe シュヴァルベ f. ツバメ
- Eule オイレ f. フクロウ
- Adler アードラー m. ワシ
- Krähe クレーエ f. カラス
- Taube タオベ f. ハト
- Huhn フーン n. 鶏
- Ente エンテ f. アヒル、カモ
- Gans ガンス f. ガチョウ
- Schwan シュヴァーン m. 白鳥

Fisch
フィッシュ m.
魚

- Hering ヘーリング m. ニシン
- Makrele マクレーレ f. サバ
- Sardine サルディーネ f. イワシ
- Thunfisch トゥーン・フィッシュ m. マグロ
- Kabeljau カーベルヤオ m. タラ
- Lachs ラクス m. サケ
- Seezunge ゼー・ツンゲ f. シタビラメ
- Forelle フォレレ f. マス
- Karpfen カルプフェン m. コイ
- Goldfisch ゴルト・フィッシュ m. 金魚
- Tintenfisch ティンテン・フィッシュ m. イカ
- Hai ハイ m. サメ
- Wal ヴァール m. クジラ

Insekt
インゼクト n.
昆虫

- Ameise アーマイゼ f. アリ
- Biene ビーネ f. ミツバチ
- Fliege フリーゲ f. ハエ
- Käfer ケーファー m. カブトムシ
- Mücke ミュッケ f. 蚊
- Schmetterling シュメッターリング m. 蝶
- Spinne シュピンネ f. クモ

Reptil
レプティール n.
爬虫類

- Schlange シュランゲ f. ヘビ
- Eidechse アイデクセ f. トカゲ
- Schildkröte シルト・クレーテ f. カメ
- Krokodil クロコディール n. ワニ
- Frosch フロッシュ m. カエル

11-11 植物、無機物

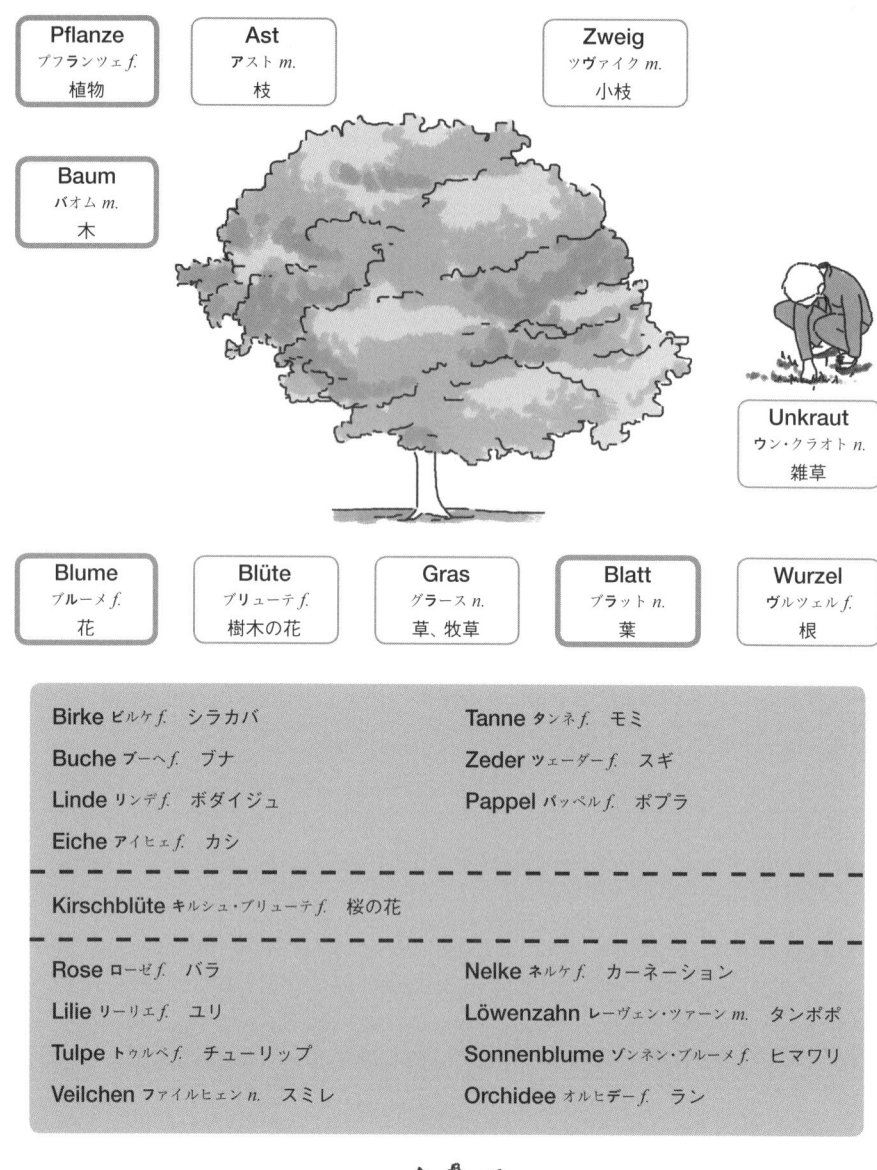

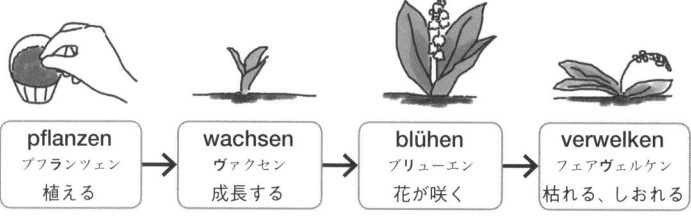

Pflanze プフランツェ f. 植物
Ast アスト m. 枝
Zweig ツヴァイク m. 小枝
Baum バオム m. 木
Unkraut ウン・クラオト n. 雑草
Blume ブルーメ f. 花
Blüte ブリューテ f. 樹木の花
Gras グラース n. 草、牧草
Blatt ブラット n. 葉
Wurzel ヴルツェル f. 根

Birke ビルケ f. シラカバ
Buche ブーヘ f. ブナ
Linde リンデ f. ボダイジュ
Eiche アイヒェ f. カシ

Tanne タンネ f. モミ
Zeder ツェーダー f. スギ
Pappel パッペル f. ポプラ

Kirschblüte キルシュ・ブリューテ f. 桜の花

Rose ローゼ f. バラ
Lilie リーリエ f. ユリ
Tulpe トゥルペ f. チューリップ
Veilchen ファイルヒェン n. スミレ

Nelke ネルケ f. カーネーション
Löwenzahn レーヴェン・ツァーン m. タンポポ
Sonnenblume ゾンネン・ブルーメ f. ヒマワリ
Orchidee オルヒデー f. ラン

pflanzen プフランツェン 植える
wachsen ヴァクセン 成長する
blühen ブリューエン 花が咲く
verwelken フェアヴェルケン 枯れる、しおれる

Stein	Fels	Kohle	Erdöl
シュ**タ**イン m.	**フェ**ルス m.	**コ**ーレ f.	**エ**ーアト・エール n.
石	岩	石炭	石油

Edelstein			Erdgas
エーデル・シュタイン m.			**エ**ーアト・ガース n.
宝石			天然ガス

Diamant
ディア**マ**ント m.
ダイヤモンド

Gold
ゴルト n.
金

Metall	Silber	Bronze
メ**タ**ル n.	**ズィ**ルバー n.	ブ**ロ**ーンセ f.
金属	銀	ブロンズ

＊ドイツ語では銅メダルをブロンズメ
　ダルといいます。

Eisen **ア**イゼン n. 鉄	**Kupfer** ク**プ**ファー n. 銅
Stahl シュ**タ**ール m. 鋼	**Blei** ブ**ラ**イ n. 鉛

203

11-12 抽象名詞

単語	読み（カタカナ発音）	性.	訳語
Absicht	アップ・ズィヒト	f.	意図
Ahnung	アーヌング	f.	予感、概念
Anfang	アン・ファング	m.	始まり
Angst	アングスト	f.	心配、不安
Ansicht	アン・ズィヒト	f.	見解、眺め
Ärger	エルガー	m.	怒り
Armut	アルムート	f.	貧困
Art	アールト	f.	やり方、種類
Ausdauer	アオス・ダオアー	f.	忍耐
Ausdruck	アオス・ドルック	m.	言い回し、表現
Beginn	ベギン	m.	始まり
Chance	シャーンセ	f.	チャンス
Charakter	カラクター	m.	性格
Dummheit	ドゥムハイト	f.	愚かしさ、愚かさ
Eindruck	アイン・ドルック	m.	印象
Ende	エンデ	n.	終わり
Entscheidung	エントシャイドゥング	f.	決定、決心
Entschluss	エントシュルス	m.	決心
Enttäuschung	エントトイシュング	f.	失望
Entwicklung	エントヴィックルング	f.	発展、開発
Erfahrung	エアファールング	f.	経験
Erfolg	エアフォルク	m.	成果、成功
Ergebnis	エアゲープニス	n.	結果
Erinnerung	エアインネルング	f.	記憶、回想、思い出
Erlaubnis	エアラオプニス	f.	許可
Erlebnis	エアレープニス	n.	体験
Fantasie	ファンタズィー	f.	想像力
Faulheit	ファオルハイト	f.	怠惰
Fleiß	フライス	m.	勤勉、努力
Freiheit	フライハイト	f.	自由
Freude	フロイデ	f.	喜び
Furcht	フルヒト	f.	恐れ
Geduld	ゲドゥルト	f.	忍耐
Gefahr	ゲファール	f.	危険
Gefühl	ゲフュール	n.	感覚、感情
Gegenwart	ゲーゲンヴァルト	f.	現代
Gelegenheit	ゲレーゲンハイト	f.	機会、チャンス
Gerechtigkeit	ゲレヒティヒカイト	f.	正義
Gleichberechtigung	グライヒ・ベレヒティグング	f.	男女同権
Gleichheit	グライヒハイト	f.	平等
Glück	グリュック	n.	幸運、幸福
Grund	グルント	m.	理由
Hass	ハス	m.	憎しみ
Hoffnung	ホフヌング	f.	希望

単語	読み（カタカナ発音）	性.	訳語
Ideal	イデアール	n.	理想
Idee	イデー	f.	思い付き
Instinkt	インスティンクト	m.	本能、直感
Interesse	インテレッセ	n.	興味、関心
Klugheit	クルークハイト	f.	知性、分別
Konzentration	コンツェントラツィオーン	f.	集中
Liebe	リーベ	f.	愛、恋
Lust	ルスト	f.	意欲
Meinung	マイヌング	f.	意見
Misserfolg	ミス・エアフォルク	m.	失敗
Mut	ムート	m.	勇気、気力
Nachteil	ナーハ・タイル	m.	不利、欠点
Pech	ペヒ	n.	不運、災難
Persönlichkeit	ペルゼーンリヒカイト	f.	人格、個性
Rat	ラート	m.	助言、忠告
Regel	レーゲル	f.	規則、ルール
Reichtum	ライヒトゥーム	m.	裕福
Schluss	シュルス	m.	終わり、結論
Schuld	シュルト	f.	責任、罪
Sorge	ゾルゲ	f.	心配、世話
Stolz	シュトルツ	m.	誇り、プライド
Teil	タイル	m.	部分
Trauer	トラオアー	f.	悲しみ、喪
Überzeugung	ユーバーツォイグング	f.	確信
Unglück	ウン・グリュック	n.	不運、不幸
Unterschied	ウンターシート	m.	相違、区別
Ursache	ウーアザヘ	f.	原因
Verantwortung	フェアアントヴォルトゥング	f.	責任
Verbot	フェアボート	n.	禁止
Vergangenheit	フェアガンゲンハイト	f.	過去
Vernunft	フェアヌンフト	f.	理性
Verstand	フェアシュタント	m.	分別、理解力
Verständnis	フェアシュテントニス	n.	理解、理解力
Verzweiflung	フェアツヴァイフルング	f.	絶望
Vorschlag	フォーア・シュラーク	m.	提案
Vorsicht	フォーア・ズィヒト	f.	用心、慎重さ
Vorteil	フォルタイル	m.	利点、長所
Weisheit	ヴァイスハイト	f.	知恵
Widerstand	ヴィーダー・シュタント	m.	抵抗
Wissen	ヴィッセン	n.	知識
Wunsch	ヴンシュ	m.	念願、望み
Wut	ヴート	f.	怒り
Zufriedenheit	ツフリーデンハイト	f.	満足
Zukunft	ツー・クンフト	f.	未来、将来
Zweifel	ツヴァイフェル	m.	疑念

クロスワードパズル ⑪

クロスワードではすべて大文字で記入します。ウムラウトは使わず、Ä Ö Ü はそれぞれAE OE UEと表記します。βはSSとなります。

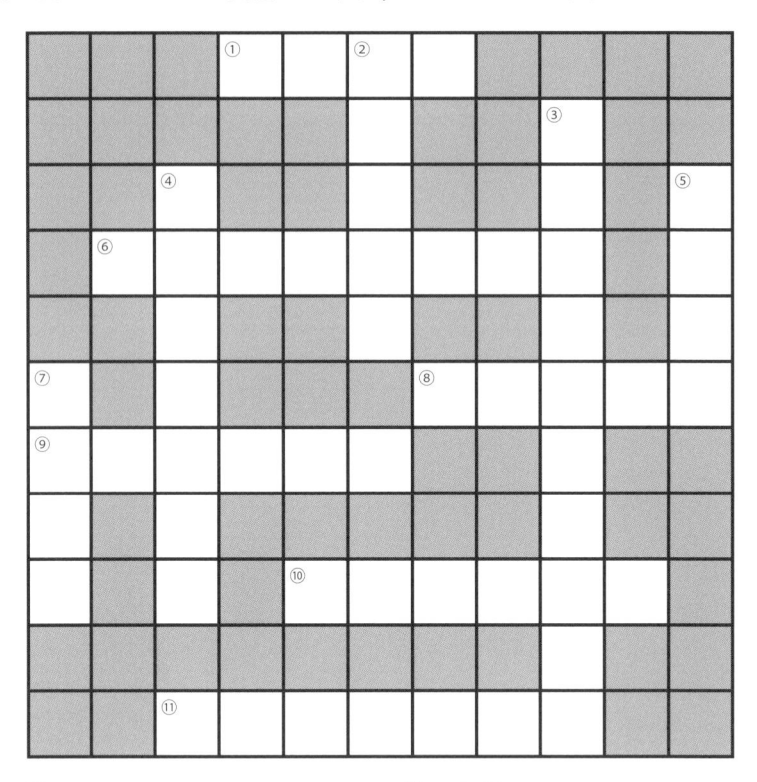

横のカギ

① レモンは何色？
⑥ 週の真ん中の日。
⑧ 日本ではひな祭りがある月です。
⑨ 紅葉の季節。
⑩ vorの反対。
⑪ 人気がある。

縦のカギ

② 百獣の王。
③ 春夏秋冬。
④ hochの反対。
⑤ langの反対。
⑦ 「ない」ことを示す前置詞。

横のカギ　① GELB ⑥ MITTWOCH ⑧ MAERZ ⑨ HERBST ⑩ HINTER ⑪ BELIEBT
縦のカギ　② LOEWE ③ JAHRESZEIT ④ NIEDRIG ⑤ KURZ ⑦ OHNE

索引

A

ab	192
abbestellen	52
abbiegen	170
abbrechen	67
Abend *m.* / -e	117, 187
Abendessen *n.* / —	103
abends	187
aber	195
abfahren	46, 127
Abfahrt *f.*	127
Abfall *m.* / -fälle	23, 177
Abfalleimer *m.* / —	23
Abfertigungsschalter *m.* / —	131
abfliegen	131
Abflug *m.* / -flüge	130
Abflughalle *f.* / -n	131
Abgas *n.* / -e	177
abgeben	52, 71
abheben	120
abholen	131
Abitur *n.*	79
Abkommen *n.* / —	151
abnehmen	125, 141, 142
absagen	60
abschicken	119
Abschied *m.* / -e	61
abschließen	67, 151
Abschluss *m.* / -schlüsse	67
Abschlussprüfung *f.* / -en	79
Absender *m.* / —	119
Absicht *f.* / -en	204
abspülen	23
Abteil *n.* / -e	127
Abteilung *f.* / -en	36, 87
Abteilungsleiter *m.* / —	36
abtrocknen	22, 24
abwaschen	23
Abwasser *n.* / -wässer	177
abwesend	69

Acker *m.* / Äcker	172
Ackerbau *m.*	172
Adel *m.*	160
Adler *m.* / —	201
Adresse *f.* / -n	11, 118, 155
Aerobic *n.*	57
Affe *m.* / -n	200
Afrika *n.*	175
ähnlich	13, 199
Ahnung *f.* / -en	204
Aktie *f.* / -n	158
aktiv	198
Alkohol *m.*	60
Allee *f.* / -n	167
allein	26
Allergie *f.* / -n	143
alles	190
allmählich	190
als	195
also	195
alt	11, 19, 197, 198
Alter *n.*	11
Altertum *n.*	161
Altstadt *f.* / -städte	167
Ameise *f.* / -n	201
Amerika (USA) *n.*	148, 149, 175
Amerikaner *m.* / —	148, 149
Amerikanerin *f.* / -nen	148, 149
amerikanisch	148, 149
Ampel *f.* / -n	129, 170
Amt *n.* / Ämter	154
amtlich	155
an	193, 194
analog	38
Ananas *f.* / —, -nasse	89
anbauen	172
anbieten	60
Anfang *m.*	204
anfangen	34
angehören	152

Angeklagte *m., f.* / -n	157
angeln	55
angenehm	42
angestellt	31, 34
Angestellte *m., f.* / -n	31, 32
Angst *f.* / Ängste	204
ängstlich	198
anklagen	157
ankommen	47, 127
Ankunft *f.*	127, 130
Ankunftshalle *f.* / -n	131
anmachen	21
anmelden (sich)	155
anprobieren	94
Anrufbeantworter *m.*	125
anrufen	32, 124
ansehen	54
Ansicht *f.* / -en	204
Ansichtskarte *f.* / -n	49, 93
anstrengend	35
Antrag *m.* / Anträge	155
Antwort *f.* / -en	71
antworten	71
anwesend	69
anziehen	117
Anzug *m.* / Anzüge	95
Apfel *m.* / Äpfel	89
Apfelkuchen *m.*	109
Apfelsaft *m.*	107, 109
Apotheke *f.* / -n	82, 140
Apotheker *m.* / —	141
Apparat *m.* / -e	43, 125
Appetit *m.*	142
Aprikose *f.* / -n	89
April *m.*	185
Äquator *m.*	174
Arbeit *f.* / -en	11, 30, 40
Arbeit(s)suche *f.*	40
arbeiten	11, 30
Arbeiter *m.* / —	31
Arbeitgeber *m.* / —	36
Arbeitnehmer *m.* / —	36
Arbeitsamt *n.* / -ämter	154

arbeitslos	40
Arbeitslose *m., f.* / -n	40
Arbeitslosigkeit *f.*	40
Arbeitsplatz *m.* / -plätze	11, 32
Arbeitszeit *f.* / -en	33
Arbeitszimmer *n.* / —	19
Architekt *m.* / -en	30
Architektin *f.* / -nen	30
Architektur *f.*	77
Ärger *m.*	204
ärgerlich	145
ärgern (sich)	145
Arm *m.* / -e	137
arm	198
Armut *f.*	204
Art *f.* / -en	204
Arzt *m.* / Ärzte	30, 139
Ärztin *f.* / -nen	30, 139
Asien *n.*	175
Ast *m.* / Äste	202
Atlantik *m.*	174
Atomenergie *f.*	176
Atomkraftwerk *n.* / -e	176
Aubergine *f.* / -n	89
auf	193, 194
auf einmal	190
auf keinen Fall	191
Aufenthaltsgenehmigung *f.*	155
Aufgabe *f.* / -n	70
aufgeben	118
aufgeregt	145
aufhören	40
aufladen	39
auflegen	43, 125
aufmachen	18
aufmerksam	198
aufräumen	20, 23
Aufsatz *m.* / -sätze	70
aufstehen	69, 116
aufwachsen	15
Aufzug *m.* / -züge	86
Auge *n.* / -n	137
August *m.*	185

aus ··············· 10, 192
Ausbildung *f.* ··············· 30
auschecken ··············· 52
Ausdauer *f.* ··············· 204
Ausdruck *m.* / -drücke ··············· 204
ausdrucken ··············· 33, 38
ausfallen ··············· 69
Ausflug *m.* / -flüge ··············· 55
ausfüllen ··············· 50, 155
Ausgang *m.* / -gänge ··············· 132
ausgezeichnet ··············· 49
Ausland *n.* ··············· 47, 75
Ausländer *m.* / — ··············· 50
Auslandsgespräch *n.* / -e ··············· 124
Auslandsreise *f.* / -n ··············· 47
Auslandsstudium *n.* ··············· 75
ausmachen ··············· 21
auspacken ··············· 47
ausreichend ··············· 78
Aussage *f.* / -n ··············· 157
Außenminister *m.* / — ··············· 153
Außenpolitik *f.* ··············· 152
außerhalb ··············· 192
Aussprache *f.* ··············· 69
aussteigen ··············· 127
Ausstellung *f.* / -en ··············· 54
Australien *n.* ··············· 175
Auswahl *f.* ··············· 108
auswählen ··············· 108
ausziehen ··············· 27
Auto *n.* / -s ··············· 129
Autobahn *f.* / -en ··············· 129
Autohersteller *m.* / — ··············· 37
Automat *m.* / -en ··············· 83
Azubi *m., f.* / -s ··············· 30

B

Baby *n.* / -s ··············· 15
Bach *m.* / Bäche ··············· 175
backen ··············· 22, 111
Bäcker *m.* / — ··············· 31
Bäckerei *f.* / -en ··············· 82, 90
Bad *n.* / Bäder ··············· 24, 53
baden ··············· 24, 117

Badetuch *n.* / -tücher ··············· 24
Badewanne *f.* / -n ··············· 24
Badezimmer *n.* / — ··············· 19, 24
Bahn *f.* / -en ··············· 127
Bahnhof *m.* / -höfe ··············· 168
Bahnsteig *m.* / -e ··············· 126
bald ··············· 47
Balkon *m.* / -e ··············· 18
Ball *m.* / Bälle ··············· 57
Banane *f.* / -n ··············· 89
Bank *f.* / -en ··············· 37, 120
Bankautomat *m.* / -en ··············· 120
Bankkauffrau *f.* / -en ··············· 31
Bankkaufmann *m.* / -kaufleute ··············· 31
Bankleitzahl *f.* / -en ··············· 120
Banküberfall *m.* / -überfälle ··············· 122
bar ··············· 97, 121
Bär *m.* / -en ··············· 200
Bargeld *n.* ··············· 121
Bart *m.* / Bärte ··············· 137
Baseball *m.* ··············· 57
Basketball *m.* ··············· 57
Batterie *f.* / -n ··············· 94
Bauch *m.* / Bäuche ··············· 137
Bauchschmerzen *pl.* ··············· 143
bauen ··············· 55
Bauer *m.* / -n ··············· 160, 172
Bauernhof *m.* / -höfe ··············· 172
Baum *m.* / Bäume ··············· 202
Baumkuchen *m.* ··············· 90
Beamte *m.* / -n ··············· 31, 154
Beamtin *f.* / -nen ··············· 31
beantragen ··············· 51, 155
Becher *m.* / — ··············· 96
bedanken (sich) ··············· 61
bedienen ··············· 104
beeilen (sich) ··············· 116
befinden (sich) ··············· 86
befriedigend ··············· 78
begegnen ··············· 17
begehen ··············· 123
Beginn *m.* ··············· 204
beginnen ··············· 34, 47

begrüßen	61
behandeln	141
Behandlung *f.* / -en	141
Behörde *f.* / -n	154
bei	192, 194
beide	137
Beilage *f.* / -n	106
beilegen	41
Bein *n.* / -e	136
beinahe	190
Beispiel *n.* / -e	71
bekannt	37, 198
Bekannte *m., f.* / -n	17
bekommen	39, 87
Belgien *n.*	148
beliebt	62, 198
benutzen	39
Benzin *n.*	128
Berg *m.* / -e	49, 175
bergsteigen	49
Bericht *m.* / -e	32, 71
berichten	32
Beruf *m.* / -e	11, 30, 155
Berufsschule *f.* / -n	67
berühmt	59, 198
beschädigt	197
beschäftigen	41
beschäftigt	35
besetzt	43, 132, 199
besichtigen	49
besonders	178
Besprechung *f.* / -en	42
Besserung *f.*	139
Bestätigung *f.* / -en	155
Besteck *n.*	113
bestehen	78
bestellen	104
bestimmt	191
bestrafen	157
Besuch *m.*	42, 61
besuchen	47
betragen	26, 97
betreiben	172
Bett *n.* / -en	20, 117
bevor	195
Beweis *m.* / -e	157
bewerben (sich)	41, 75
Bewerbungsunterlagen *pl.*	41
bewölkt	178
bezahlen	84, 97, 105
Beziehung *f.* / -en	150
Bezirk *m.* / -e	167
Bibel *f.*	162
Bibliothek *f.* / -en	73
Biene *f.* / -n	201
Bier *n.* / -e	63, 107
Biergarten *m.* / -gärten	103
Bierglas *n.* / -gläser	112
Bierkeller *m.* / —	103
Bierkrug *m.* / -krüge	112
Bierlokal *n.* / -e	103
Bild *n.* / -er	20, 41, 54
bilden	152
Bilderbuch *n.* / -bücher	93
Bildschirm *m.* / -e	39
Bildung *f.*	66
Bildungssystem *n.*	66
billig	97, 197
Bioladen *m.* / -läden	82
Biologie *f.*	76, 77
Birke *f.* / -n	202
Birne *f.* / -n	89
bis	193
bis wann	43, 71
Bischof *m.* / Bischöfe	162
Bistro *n.* / -s	108
bitter	196
blass	143
Blatt *n.* / Blätter	68, 93, 202
blau	137, 197
Blei *n.*	203
bleiben	43, 47, 125
Bleistift *m.* / -e	69, 92
Blitz *m.* / -e	178
Blockflöte *f.* / -n	59
blond	136, 197

blühen	202
Blume f. / -n	60, 202
Blumenkohl m.	89
Blumenladen m. / -läden	83
Blumenstrauß m. / -sträuße	61
Bluse f. / -n	95
Blut n.	141
Blutdruck m.	143
Blüte f. / -n	202
bluten	141
Bohne f. / -n	88
Bonus m.	34
Boot n. / -e	130
Bordkarte f. / -n	131
Börse f. / -n	158
böse	145, 198
Botschaft f. / -en	150
Botschafter m. / —	150
boxen	57
Brand m. / Brände	179
braten	22, 111
Brathähnchen n. / —	106
Bratkartoffeln pl.	106
brauchbar	197
braun	197
BRD (Bundesrepublik Deutschland) f.	152
brechen	141
breit	137, 196
brennen	179
Brezel f. / -n	90
Brief m. / -e	119
Briefkasten m. / -kästen	119
Briefmarke f. / -n	119
Briefpapier n.	92
Briefträger m. / —	118
Briefumschlag m. / -umschläge	92, 119
Brille f. / -n	94
bringen	107
Bronze f.	203
Brot n. / -e	90, 101
Brötchen n. / —	90, 101
Brücke f. / -n	168
Bruder m. / Brüder	13

Brunnen m. / —	168
Brust f. / Brüste	137
brutto	35
Buch n. / Bücher	68, 93
Buche f. / -n	202
buchen	50
Bücherregal n. / -e	21
Buchhandlung f. / -en	82, 93
Buddhismus m.	162
Buddhist m. / -en	162
buddhistisch	162
bügeln	21
Bundeskanzler m. / —	152
Bundesland n. / -länder	152
Bundespräsident m. / -en	152
Bundesrat m.	152
Bundesregierung f.	152
Bundestag m.	152
bunt	95
Burg f. / -en	55
Bürger m. / —	150, 160
Büro n. / -s	32
Büroklammer f. / -n	92
Bürste f. / -n	25
Bus m. / -se	127
Bushaltestelle f. / -n	168
Butter f.	84, 101

C

Café n. / -s	108
Camping n.	55
Cappuccino m.	109
Cello n. / Celli	58
Cent m.	97, 159
Chance f. / -n	204
Charakter m.	204
Chef m. / -s	32
Chemie f.	76, 77
China n.	149
Chinese m. / -n	149
Chinesin f. / -nen	149
Chinesisch n.	76, 149
chinesisch	149
Chor m. / Chöre	58

Christ *m.* / -en	162
Christentum *n.*	162
christlich	162
circa	171, 191
Cola *n.*	109
Computer *m.* / —	20, 39
Computerspiel *n.* / -e	55
Cousin *m.* / -s	13

D

da	188
dabei	194
dabeihaben	84
Dach *n.* / Dächer	18
dadurch	194
dafür	194
dagegen	194
dahinter	194
damals	190
Dame *f.* / -n	16
Damen *pl.* (→ Dame)	132
Damenmode *f.*	87
damit	194
danach	190
daneben	194
Dänemark *n.*	148
danken	61
dann	190
daran	194
darauf	194
darin	194
Darm *m.* / Därme	137
darüber	194
darum	194
darunter	194
dass	195
Datei *f.* / -en	39
Daten *pl.*	39
dauern	47
Daumen *m.* / —	137
davon	194
davor	194
dazu	194
dazwischen	194

DDR (Deutsche Demokratische Republik) *f.*	152
decken	112
Deflation *f.*	158
Demokratie *f.*	150
demokratisch	150
Demonstration *f.* / -en	176
Denkmal *n.* / -mäler	55
denn	195
deprimiert	145
deshalb	195
Dessert *n.* / -s	107
deswegen	195
Deutsch *n.*	76, 149
deutsch	149
Deutsche *m.*, *f.* / -n	149
Deutschland *n.*	149
Dezember *m.*	185
Diamant *m.* / -en	203
dick	93, 136, 196
Dieb *m.* / -e	122
Diebstahl *m.* / -stähle	122
Dienstag *m.*	184
dienstags	184
digital	38
Digitalkamera *f.* / -s	95
Diplomat *m.* / -en	150
diplomatisch	150
direkt	127
Direktor *m.* / -en	36
Dirigent *m.* / -en	58
dirigieren	58
diskutieren	71
Doktor *m.* / -en	73
Doktortitel *m.* / —	73
Dokument *n.* / -e	39, 155
Dollar *m.*	159
Dom *m.* / -e	163
Donner *m.*	178
Donnerstag *m.*	184
donnerstags	184
Doppelhaus *n.* / -häuser	168
doppelt	191
Doppelzimmer *n.* / —	53

Dorf *n.* / Dörfer	172	Eiche *f.* / -n	202
dort	188	Eidechse *f.* / -n	201
dort drüben	188	Eier *pl.* (→ Ei)	85
dorthin	188	Eierbecher *m.* / —	101
Dose *f.* / -n	84, 96	eigen	11
Dosenöffner *m.* / —	23	Eilbrief *m.* / -e	119
Dozent *m.* / -en	72	Eilzug *m.* / -züge	126
draußen	188	ein bisschen	190
dreieckig	196	ein paar Mal	189
dreifach	191	ein wenig	190
dreimal	189	Einbahnstraße *f.* / -n	128, 132
Dressing *n.* / -s	110	einbrechen	123
drinnen	188	Einbrecher *m.* / —	123
Drittel *n.* / —	191	einchecken	52, 131
Drogerie *f.* / -n	82	Eindruck *m.* / -drücke	204
Druckbleistift *m.* / -e	92	eineinhalb	131
drücken	38, 132	einfach	79, 199
drucken	38	Einfamilienhaus *n.* / -häuser	168
Drucker *m.* / —	33, 38	einfügen	38
dumm	198	Eingang *m.* / -gänge	132
Dummheit *f.*	204	eingeben	39
dunkel	19, 197	einkaufen	87
dunkelblau	197	Einkaufsviertel *n.* / —	167
dünn	196	Einkaufswagen *m.* / —	84
dünsten	111	Einkaufszentrum *n.* / -zentren	169
durch	193, 194	Einkommen *n.* / —	34
Durchfall *m.*	143	einladen	60
durchfallen	78	Einladung *f.* / -en	60
Durst *m.*	103	einliefern	138
Dusche *f.* / -n	24, 53	einmal	189, 190
duschen	24, 117	einsam	198
Duty-free-Shop *m.* / -s	131	einscannen	38
		Einschreiben *n.* / —	119

E

eben	190	einst	190
EC (Eurocity) *m.* / -s	126	einsteigen	127
echt	95, 199	einstellen	41
eckig	196	eintreten	66
Edelstein *m.* / -e	203	Eintritt *m.*	66, 132, 133
Ehe *f.* / -n	15	Einwohner *m.* / —	167
Ehefrau *f.* / -en	15	Einwohnermeldeamt *n.* / -ämter	155
Ehemann *m.* / -männer	15	einzahlen	120
Ehepaar *n.* / -e	15	Einzelzimmer *n.* / —	53
Ei *n.* / -er	101	einziehen	26

Eis *n.*	107	Erde *f.*	179
Eisbein *n.*	106	Erdgas *n.*	203
Eisen *n.*	203	Erdgeschoss *n.*	19, 87
Eisenbahn *f.* / -en	127	Erdöl *n.*	203
Elefant *m.* / -en	200	Ereignis *n.* / -se	63
elektrisch	25	erfahren	49
Elektrogerät *n.* / -e	86	Erfahrung *f.* / -en	49, 204
Elektrogitarre *f.* / -n	59	Erfolg *m.* / -e	204
elektronisch	39	erfüllen	156
Eltern *pl.*	12	Ergebnis *n.* / -se	79, 204
E-Mail *f.* / -s	39	erhalten	119
E-Mail-Adresse *f.* / -n	39	Erinnerung *f.* / -en	204
Empfänger *m.* / —	119	erkälten (sich)	143
empfehlen	105	Erkältung *f.* / -en	143
Empfehlungsschreiben *n.* / —	41	erklären	70
Empfindung *f.* / -en	144	Erlaubnis *f.*	204
Ende *n.*	185, 204	erleben	49
enden	57	Erlebnis *n.* / -se	49, 204
endlich	190	erledigen	116
Energie *f.* / -n	176	erleichtert	144
eng	19, 196	erneuerbar	176
England *n.*	148	Ernte *f.* / -n	172
Engländer *m.* / —	148	ernten	172
Engländerin *f.* / -nen	148	eröffnen	120
englisch	148	erreichen	43, 125
Englisch *n.*	76, 148	erscheinen	37, 60
Enkel *m.* / —	13	Erwachsene *m.*, *f.* / -n	15
Enkelin *f.* / -nen	13	Erzählung *f.* / -en	93
Ente *f.* / -n	173, 201	Erzeugnis *n.* / -se	159
entlang	171	Espresso *m.*	109
entlassen	40, 138	essen	102
entscheiden	35	Essen *n.*	102
Entscheidung *f.* / -en	35, 151, 204	Essig *m.*	85, 110
Entschluss *m.* / -schlüsse	204	Essstäbchen *n.* / —	113
enttäuscht	145	Esszimmer *n.* / —	19
Enttäuschung *f.* / -en	204	Etage *f.* / -n	87
entwickeln	158	Ethik *f.*	156
Entwicklung *f.* / -en	204	etwa	191
Erbse *f.* / -n	88	etwas	100, 190
Erdbeben *n.* / —	179	EU (Europäische Union) *f.*	150
Erdbeere *f.* / -n	89	Eule *f.* / -n	201
Erdbeereis *n.*	107	Euro *m.*	97, 159
Erdbeermarmelade *f.*	101	Europa *n.*	175

evangelisch	162
eventuell	191
Examen *n.* / —	79
Expedition *f.* / -en	175
Export *m.* / -e	159
exportieren	159

F

Fabrik *f.* / -en	34
Fach *n.* / Fächer	77
Facharzt *m.* / -ärzte	139
Fachgeschäft *n.* / -e	83
Fachhochschule *f.* / -n	67
Fähre *f.* / -n	130
Fahrkarte *f.* / -n	126
Fahrkartenautomat *m.* / -en	126
Fahrkartenschalter *m.* / —	126
Fahrplan *m.* / -pläne	126
Fahrrad *n.* / -räder	128
Fahrt *f.* / -en	55
Fakultät *f.* / -en	72
fallen	158
falsch	79, 199
Familie *f.* / -n	12
Familienfest *n.* / -e	63
Familienname *m.* / -n	10, 155
Familienstand *m.*	155
Fan *m.* / -s	59
Fantasie *f.* / -n	204
Farbe *f.* / -n	94
Farbstift *m.* / -e	92
Fasching *m.*	63
Fassbier *n.*	107
fassen	122
fast	190
faul	198
Faulheit *f.*	204
Fax *n.* / -e	33
Februar *m.*	185
fehlen	69
Fehler *m.* / —	79
Feier *f.* / -n	61
feiern	62
Feiertag *m.* / -e	63

feige	198
Feinkostgeschäft *n.* / -e	83
Feld *n.* / -er	172
Fels *m.* / -en	203
Fenster *n.* / —	19, 20
Ferien *pl.*	47
Ferienjob *m.* / -s	75
fernsehen	21, 117
Fernseher *m.* / —	21
fertig	102
Fest *n.* / -e	62
fest	196
festnehmen	122
Festspiel *n.* / -e	63
Fete *f.* / -n	60
fett	111
feucht	196
Feuer *n.*	179
Fieber *n.*	143
Fieberthermometer *n.* / —	143
Filiale *f.* / -n	37
Film *m.* / -e	54
Filmfestspiele *pl.*	63
Finanzamt *n.* / -ämter	154
Finanzen *pl.*	159
finanziell	159
finden	40
Finger *m.* / —	137
Finnland *n.*	149
Firma *f.* / Firmen	37
Fisch *m.* / -e	85, 201
Flasche *f.* / -n	61, 96
Flaschenöffner *m.* / —	23
Fleisch *n.*	61, 85, 91
Fleischerei *f.* / -en	82, 91
Fleiß *m.*	204
fleißig	30, 70, 198
Fliege *f.* / -n	201
fliegen	46, 131
Flöte *f.* / -n	59
Flug *m.* / Flüge	50, 131
Fluggesellschaft *f.* / -en	50, 131
Flughafen *m.* / -häfen	130

Flugschein *m.* / -e	131	Frosch *m.* / Frösche	201
Flugsteig *m.* / -e	131	Früchte *pl.*	89
Flugzeug *n.* / -e	131	früh	116
Flur *m.* / -e	18	früher	190
Fluss *m.* / Flüsse	175	Frühling *m.*	186
flüssig	196	Frühstück *n.*	52, 100
Flusspferd *n.* / -e	200	frühstücken	100, 117
Föhn *m.* / -e	25	Fuchs *m.* / Füchse	200
Forelle *f.* / -n	106, 201	fühlen (sich)	143, 144
Formular *n.* / -e	50, 121, 155	führen	151, 161
forschen	73	Führerschein *m.* / -e	128
Forscher *m.* / —	73	Führung *f.* / -en	49
Foto *n.* / -s	21	Füller *m.* / —	92
fotografieren	54	funktionieren	39
Frage *f.* / -n	71	für	193, 194
fragen	71	Furcht *f.*	204
Frankreich *n.*	148	Fuß *m.* / Füße	136
Franzose *m.* / -n	148	Fußball *m.*	56
Französin *f.* / -nen	148	Fußballstadion *n.* / -s	169
Französisch *n.*	76, 148	Fußgänger *m.* / —	171
französisch	148	Fußgängerweg *m.* / -e	171
Frau *f.* / -en	16	Fußgängerzone *f.* / -n	171

G

frei	53, 104, 132, 199		
Freiheit *f.*	204	Gabel *f.* / -n	113
freisprechen	157	Gans *f.* / Gänse	173, 201
Freispruch *m.*	157	ganz	190
Freitag *m.*	184	ganz meinerseits	42
freitags	184	gar nicht	189
Freizeit *f.*	54, 75	Garage *f.* / -n	19
fremd	47	Garten *m.* / Gärten	19
Fremdsprache *f.* / -n	76	Gartenparty *f.* / -s	61
Freude *f.* / -n	204	Gas *n.*	23
freuen (sich)	42, 144	Gasse *f.*	167
Freund *m.* / -e	14, 16	Gast *m.* / Gäste	61, 105
Freundin *f.* / -nen	14, 16	Gästezimmer *n.* / —	19
freundlich	16, 198	Gastgeber *m.* / —	60
Frieden *m.*	150, 161	Gebäck *n.*	90, 108
Friedhof *m.* / -höfe	169	gebacken	90
frisch	85, 88	Gebäude *n.* / —	168
Friseur *m.* / -e	31	Gebirge *n.* / —	175
Friseuse *f.* / -n	31	geboren	10
froh	144	gebraucht	197
fröhlich	144	Geburtstagsparty *f.* / -s	61

Geburt f. / -en	11	Gericht n. / -e	103, 157
Geburtsdatum n. / -daten	11, 155	Germanistik f.	77
Geburtsort m. / -e	10, 155	gern	10
Geburtstag m. / -e	11	Gesang m.	59
Geburtstagsfeier f. / -n	63	Geschäft n. / -e	82
Geduld f.	204	geschäftlich	33
Gefahr f. / -en	204	Geschäftsführer m. / —	43
gefährlich	123, 199	Geschäftsmann m. / -leute	36
Gefängnis n. / -se	123, 157	Geschäftsreise f. / -n	33
Gefühl n. / -e	144, 204	Geschenk n. / -e	61
gegen	191, 193, 194	Geschichte f.	77, 160
Gegend f. / -en	27	geschieden	15, 155
Gegenteil n. / -e	71	Geschirr n.	23, 113
Gegenwart f.	161, 204	Geschirrschrank m. / -schränke	22
Gehalt n. / Gehälter	34	Geschirrspülmaschine f. / -n	23
Gehirn n. / -e	137	Geschlecht n.	155
gehören	57	geschlossen	18, 83, 132
Gehsteig m. / -e	171	Geschwindigkeit f. / -en	96, 129
Geige f. / -n	58	Geschwindigkeitsbeschränkung f. / -en	129
Geisteswissenschaften pl.	77	Geschwister pl.	13
gekocht	101	Gesellschaft f. / -en	37
gelb	197	Gesetz n. / -e	156
Geld n. / -er	50, 120, 159	gesetzlich	156
Geldautomat m. / -en	120	Gesicht n. / -er	136
Geldbeutel m. / —	122	gestern	184
Geldstrafe f. / -n	157	gestrig	184
Gelegenheit f. / -en	204	gesund	142, 198
gelegentlich	189	Gesundheit f.	142
gelingen	140	Gesundheitsamt n. / -ämter	154
Gemeinde f. / -n	172	Getränk n. / -e	84
gemeinsam	151	Getränke pl. (→ Getränk)	107
gemischt	107	Getreide n.	172
Gemüse n. / —	85, 88	getrennt	105
Gemüsesuppe f. / -n	106	Gewerkschaft f. / -en	36
gemütlich	60	Gewicht n.	96
genau	199	gewinnen	57
geöffnet	18, 83, 132	gewiss	191
Geographie f.	76, 174	Gewitter n. / —	178
Gepäck n.	46, 131	gewöhnlich	189
gerade	40, 137, 190	Gewürz n. / -e	110
geradeaus	170, 188	Gewürze pl. (→ Gewürz)	85
gerecht	156	Giraffe f. / -n	200
Gerechtigkeit f.	156, 204	Gitarre f. / -n	59

Glas *n.* / Gläser	113	gültig	50
Glaube *m.*	163	günstig	97, 199
glauben	163	Gurke *f.* / -n	88
gleich	170, 199	gut	78, 199
Gleichberechtigung *f.*	204	Gymnasium *n.* / Gymnasien	66
Gleichheit *f.*	204	Gymnastik *f.*	57
Gleis *n.* / -e	126		

H

Glück *n.*	144, 204	Haar *n.* / -e	136
glücklich	15, 144	Hackfleisch *n.*	91
Glückwunsch *m.* / -wünsche	61	Hafen *m.* / Häfen	130
Glühwein *m.*	62	Hafenstadt *f.* / -städte	166
Gold *n.*	203	Haftstrafe *f.* / -n	157
golden	197	Hahn *m.* / Hähne	173
Goldfisch *m.* / -e	13, 201	Hai *m.* / -e	201
Gott *m.* / Götter	163	Halbinsel *f.* / -n	174
Gottesdienst *m.* / -e	163	Hälfte *f.* / -n	191
Grad *m.*	179	Hals *m.*	137
Gramm *n.*	96	halten	74, 127, 153
Gras *n.* / Gräser	202	Hand *f.* / Hände	137
grau	197	Handball *m.*	57
Grenze *f.* / -n	51	Handel *m.*	159
Grenzkontrolle *f.* / -n	51	Handelsfirma *f.* / -firmen	37
Griechenland *n.*	148	Handelsstadt *f.* / -städte	166
grillen	55, 111	Handgepäck *n.*	46, 131
Grillparty *f.* / -s	61	Händler *m.* / —	160
Grippe *f.*	143	Handschuhe *pl.*	94
groß	19, 196	Handtuch *n.* / -tücher	24
Größe *f.* / -n	96	Handwerker *m.* / —	30
Großeltern *pl.*	12	Handy *n.* / -s	39, 125
Großmutter *f.* / -mütter	12	hängen	20, 162
Großraumwagen *m.* / —	127	hart	101, 196
Großstadt *f.* / -städte	166	Hase *m.* / -n	200
Großvater *m.* / -väter	12	Hass *m.*	204
grün	100, 197	hässlich	198
Grund *m.* / Gründe	204	häufig	189
gründen	36	Hauptbahnhof *m.* / -bahnhöfe	168
Gründer *m.* / —	36	Hauptfach *n.* / -fächer	77
Grundgesetz *n.* / -e	156	Hauptgericht *n.* / -e	106
Grundschule *f.* / -n	66	Hauptschule *f.* / -n	67
Gruppe *f.* / -n	37, 51	Hauptstadt *f.* / -städte	166
Gruppenreise *f.* / -n	51	Haus *n.* / Häuser	18, 168
Gruß *m.* / Grüße	61	Hausaufgabe *f.* / -n	70
grüßen	61	Hausfrau *f.* / -en	23

Haushalt *m.*	23
Haushaltswaren *pl.*	86
Hausnummer *f.* / -n	27
Hausschuhe *pl.*	95
Haustier *n.* / -e	13, 200
Haut *f.*	137
Heft *n.* / -e	68, 92
Heirat *f.*	14
heiraten	14
heiß	24, 178, 196
heißen	10
Heizung *f.* / -en	21
helfen	23
hell	19, 197
hellblau	197
Hemd *n.* / -en	94
Herbst *m.*	186
Herd *m.* / -e	23
Hering *m.* / -e	201
Herr *m.* / -en	16
Herren *pl.* (→ Herr)	132
Herrenmode *f.*	86
herrlich	174
herstellen	35, 159
Hersteller *m.* / —	159
herunterladen	39
Herz *n.* / -en	137
herzlich	61
heute	184
heutig	184
hier	188
hierher	188
Hilfe *f.* / -n	23
Himbeere *f.* / -n	89
Himmel *m.*	179
hin und zurück	126
hinaufsteigen	19
hinten	188
hinter	171, 193, 194
hinuntersteigen	19
historisch	160
Hobby *n.* / -s	10, 54
hoch	19, 35, 143, 196
Hochhaus *n.* / -häuser	168
Hochschule *f.* / -n	67
Hochwasser *n.*	179
Hochzeit *f.* / -en	14, 61
hoffentlich	61
Hoffnung *f.* / -en	204
Holland *n.*	148
Homepage *f.* / -s	39
Honig *m.*	101
hören	125
Hörer *m.* / —	43, 125
Horn *n.* / Hörner	58
Hörnchen *n.* / —	90
Hörsaal *m.* / -säle	72
Hose *f.* / -n	95
Hotel *n.* / -s	52
Hotelzimmer *n.* / —	53
hübsch	95, 198
Hüfte *f.* / -n	136
Hügel *m.* / —	175
Huhn *n.* / Hühner	173, 201
Hühnerfleisch *n.*	91
Hund *m.* / -e	12, 200
Hunger *m.*	103
Husten *m.*	143
Hut *m.* / Hüte	94

I

IC (Intercity) *m.* / -s	126
ICE (Intercity-Express) *m.* / -s	126
ich	10
ideal	199
Ideal *n.* / -e	205
Idee *f.* / -n	205
Imbiss *m.* / -e	102
immer	89, 189
immer noch	189
Import *m.* / -e	159
importieren	159
in	193, 194
indem	195
Indien *n.*	149
Industrie *f.* / -n	159
Industriestadt *f.* / -städte	166

Inflation *f.*	158
Informatik *f.*	77
Information *f.* / -en	52, 87
Ingenieur *m.* / -e	31
Innenpolitik *f.*	152
Innenstadt *f.* / -städte	166
innerhalb	192
Insekt *n.* / -en	201
Insel *f.* / -n	175
insgesamt	97
installieren	39
Instinkt *m.* / -e	205
Institut *n.* / -e	72
intelligent	198
interessant	54, 199
Interesse *n.* / -n	205
interessieren (sich)	10
international	37, 150
Internet *n.*	39
irgendwo	188
irgendwohin	188
Islam *m.*	162
islamisch	162
Italien *n.*	148

J

Jacke *f.* / -n	95
Jahr *n.* / -e	11, 183
Jahreszeit *f.* / -en	186
Jahrhundert *n.* / -e	160
jährig	183
jährlich	183
Jahrtausend *n.* / -e	160
Januar *m.*	185
Japan *n.*	149
Japaner *m.* / —	149
Japanerin *f.* / -nen	149
japanisch	149
Japanisch *n.*	76, 149
Japanologie *f.*	77
Jazz *m.*	59
jemand	17
jetzt	190
Job *m.* / -s	30, 40

jobben	30, 75
joggen	57
Joghurt *m., n.*	84, 101
Journalist *m.* / -en	30
Judentum *n.*	162
Judo *n.*	57
Jugend *f.*	14
Jugendherberge *f.* / -n	53
Jugendliche *m., f.* / -n	14
Juli *m.*	185
jung	14, 198
Junge *m.* / -n	12
Juni *m.*	185
Jura *pl.*	77

K

Kabel *n.* / —	94
Kabeljau *m.* / -s	201
Käfer *m.* / —	201
Kaffee *m.*	84, 100, 109
Kaffeekanne *f.* / -n	113
Kaffeemaschine *f.* / -n	23
Kaiser *m.* / —	160
Kakao *m.*	109
Kalbfleisch *n.*	91
Kalbsbraten *m.*	106
kalt	24, 178, 196
Kamel *n.* / -e	200
Kamera *f.* / -s	95
Kamm *m.* / Kämme	25
kämmen	25
Kandidat *m.* / -en	153
Kännchen *n.* / —	100, 109
Kantine *f.* / -n	102
Kapitalismus *m.*	150
kapitalistisch	150
kaputt	20, 197
Karate *n.*	57
Karneval *m.*	63
Karotte *f.* / -n	88
Karpfen *m.* / —	201
Karriere *f.* / -n	41
Kartoffel *f.* / -n	88
Kartoffeln *pl.* (→ **Kartoffel**)	106

Kartoffelsalat *m.*	107	Kleid *n.* / -er	95
Käse *m.*	84, 101	Kleiderschrank *m.* / -schränke	20
Käsekuchen *m.*	108	Kleidung *f.* / -en	94
Kasse *f.* / -n	84, 97	klein	19, 196
Katastrophe *f.* / -n	179	Kleingeld *n.*	120
Kathedrale *f.* / -n	163	Kleinstadt *f.* / -städte	166
Katholik *m.* / -en	162	Klima *n.*	178
katholisch	162	Klimaanlage *f.* / -n	21
Katze *f.* / -n	13, 200	Klimaerwärmung *f.*	177
kaufen	87	Klinik *f.* / -en	138
Kaufhaus *n.* / -häuser	82, 86	Kloster *n.* / Klöster	163
kaum	190	Klub *m.* / -s	57
Kaution *f.* / -en	26	klug	198
Keller *m.* / —	19	Klugheit *f.*	205
Kellner *m.* / —	31, 105	Kneipe *f.* / -n	103
kennen	11, 17	Knie *n.* / —	136
kennenlernen	17, 42	Knoblauch *m.*	88
Kerze *f.* / -n	94, 112	Knochen *m.* / —	137
Kessel *m.* / —	22	Knödel *m.* / —	106
Kette *f.* / -n	94	Koch *m.* / Köche	30
Kilo *n.* / —	96	kochen	23, 110
Kilometer *m.* / —	96	Koffer *m.* / —	46
Kimono *m.* / -s	94	Kohl *m.*	88
Kind *n.* / -er	12, 14	Kohle *f.* / -n	203
Kinderbuch *n.* / -bücher	93	Kollege *m.* / -n	16, 32
Kindergarten *m.* / -gärten	66	Kollegin *f.* / -nen	16, 32
Kinderzimmer *n.* / —	19	kommen	10, 171
Kindheit *f.*	14	kompliziert	199
Kino *n.* / -s	54, 168	komponieren	59
Kiosk *m.* / -e	169	Komponist *m.* / -en	59
Kirche *f.* / -n	163, 169	Konditorei *f.* / -en	83
Kirschblüte *f.* / -n	202	Konferenz *f.* / -en	151
Kirsche *f.* / -n	89	Konflikt *m.* / -e	150
Klammerhefter *m.* / —	92	König *m.* / -e	160
klar	197	Königin *f.* / -nen	160
Klarinette *f.* / -n	59	Konservendose *f.* / -n	84
Klasse *f.* / -n	68	Kontinent *m.* / -e	175
Klassenkamerad *m.* / -en	16	Konto *n.* / Konten	120
Klassenzimmer *n.* / —	68	Kontonummer *f.* / -n	120
klassische Musik	59	Kontostand *m.*	120
Klavier *n.* / -e	58	Kontrolle *f.* / -n	123
Klavierunterricht *m.*	58	kontrollieren	50, 123
Klebstoff *m.* / -e	92	Konzentration *f.*	205

Konzert *n.* / -e	54, 59	Kunde *m.* / -n	86
Konzerthalle *f.* / -n	59, 168	kündigen	40
Kopf *m.* / Köpfe	137	Kundin *f.* / -nen	86
Kopfhörer *m.* / —	94	Kunst *f.* / Künste	54, 76
Kopfsalat *m.*	88	Künstler *m.* / —	31
Kopfschmerzen *pl.*	143	künstlich	199
kopieren	33, 38	Kunstmuseum *n.* / -museen	54
Kopiergerät *n.* / -e	33	Kupfer *n.*	203
Korb *m.* / Körbe	85	Kürbis *m.* / -se	88
Korea *n.*	149	Kurs *m.* / -e	158
Korkenzieher *m.* / —	23	kurz	96, 196
Körper *m.* / —	136	kürzlich	190
Kosmetikartikel *pl.*	87, 94	Kusine *f.* / -n	13
kostbar	197		

L

kosten	51, 97	Labor *n.*	34, 72
Kosten *pl.*	97	lachen	145
Kotelett *n.* / -s	106	Lachs *m.* / -e	106, 201
Krähe *f.* / -n	201	Laden *m.* / Läden	82
krank	143, 198	Lampe *f.* / -n	20, 94
Kranke *m., f.* / -n	143	Land *n.* / Länder	47, 150, 172
Krankenhaus *n.* / -häuser	138	landen	130
Krankenpfleger *m.* / —	139	Landkarte *f.* / -n	93
Krankenschwester *f.* / -n	139	ländlich	172
Krankenversicherung *f.* / -en	139	Landschaft *f.* / -en	174
Krankenzimmer *n.* / —	139	Landung *f.* / -en	130
Krankheit *f.* / -en	143	Landwirt *m.* / -e	172
Krawatte *f.* / -n	95	Landwirtschaft *f.*	172
Kreditkarte *f.* / -n	97, 121	lang	33, 96, 136, 196
Kreide *f.*	68	Länge *f.*	96
Kreuz *n.* / -e	162	langsam	196
Kreuzung *f.* / -en	170	langweilig	199
Krieg *m.* / -e	150, 161	Lastwagen *m.* / —	128
Krimi *m.* / -s	93	Lauch *m.*	89
Krokodil *n.* / -e	201	laufen	57, 116
Küche *f.* / -n	22, 102	laut	27, 196
Kuchen *m.* / —	108	Lawine *f.* / -n	179
Kuchentheke *f.* / -n	108	Leben *n.*	14
Kugelschreiber *m.* / —	68, 92	leben	11, 14
Kuh *f.* / Kühe	173, 200	lebendig	198
kühl	179, 196	Lebenslauf *m.* / -läufe	41
Kühlschrank *m.* / -schränke	23	Lebensmittel *pl.*	85
Kuli *m.* / -s	68, 92	Lebensmittelabteilung *f.* / -en	86
kulturell	63	Lebensmittelgeschäft *n.* / -e	83

Leber *f.* / -n 137
lecker 106, 111
Leder *n.* 95
ledig 15, 155
leer 94, 199
legen 113
Lehrbuch *n.* / -bücher 68
Lehre *f.* / -n 30, 163
lehren 71
Lehrer *m.* / — 31, 68
Lehrerin *f.* / -nen 31
Lehrling *m.* / -e 30
leicht 46, 79, 96, 142, 196, 199
Leichtathletik *f.* 57
leider 43
leihen 68, 73
leise 196
Leiter *m.* / — 36
Lektion *f.* / -en 70
lernen 10
lesen 68
Leute *pl.* 16
Lexikon *n.* / Lexika 93
Licht *n.* / -er 20
Liebe *f.* 15, 205
lieben 15
lieber 90
Lied *n.* / -er 59
liegen 20, 48, 138
Lilie *f.* / -n 202
Limonade *f.* / -n 109
Linde *f.* / -n 202
Lineal *n.* / -e 93
Linguistik *f.* 77
Linie *f.* / -n 126
link 170
links 170, 188
Linksverkehr *m.* 128
Lippe *f.* / -n 136
Liter *m.* 96
Literatur *f.* 77
Lkw (Lastkraftwagen) *m.* / -s 128
Löffel *m.* / — 113

Lohn *m.* / Löhne 34
Lokal *n.* / -e 103
löschen 38
lösen 151
Löwe *m.* / -n 200
Löwenzahn *m.* 202
Luft *f.* 176
Luftpost *f.* 119
Lunge *f.* / -n 137
Lust *f.* 205
lustig 144
Luxemburg *n.* 148

M

Mädchen *n.* / — 12
Magazin *n.* / -e 93
Magen *m.* 137
Magenschmerzen *pl.* 143
Mahlzeit *f.* / -en 140
Mai *m.* 185
Makler *m.* / — 26
Makrele *f.* / -n 201
malen 54
man 16
manchmal 189
Mandarine *f.* / -n 89
mangelhaft 78
Mann *m.* / Männer 16
männlich 155
Mannschaft *f.* / -en 57
Mantel *m.* / Mäntel 94
Mark *f.* 159
markieren 92
Markierstift *m.* / -e 92
Markt *m.* / Märkte 88, 158
Marktplatz *m.* / -plätze 169
Marmelade *f.* 85, 101
März *m.* 185
Maschine *f.* / -n 159
Maschinenbau *m.* 77
Mathematik *f.* 76, 77
Mauer *f.* / -n 161
Maus *f.* / Mäuse 39
Medikament *n.* / -e 140

Medizin *f.*	77
Meer *n.* / -e	48, 174
Meeresfrüchte *pl.*	106
Mehl *n.*	85, 110
mehr	190
mehrmals	189
mein	11
meinen	70
Meinung *f.* / -en	71, 205
meist	100, 189
meistens	189
Meister *m.* / —	30
melden	122
melden (sich)	43
Melone *f.* / -n	89
Menge *f.* / -n	96
Mensa *f.* / Mensen	72, 74, 102
Mensch *m.* / -en	16
Menü *n.* / -s	106
Messe *f.* / -n	62
messen	96, 143
Messer *n.* / —	23, 113
Metall *n.* / -e	203
Meter *m.* / —	96
Metzger *m.* / —	31
Metzgerei *f.* / -en	82, 91
Miete *f.* / -n	26
mieten	26
Mieter *m.* / —	26
Mietshaus *n.* / -häuser	168
Mietvertrag *m.* / -verträge	26
Mietwagen *m.* / —	51
Mikrowellenherd *m.* / -e	23
Milch *f.*	84, 101
Milchkaffee *m.*	109
militärisch	150
Millimeter *m.* / —	96
Mineralwasser *n.*	109
Minister *m.* / —	153
Ministerpräsident *m.* / -en	152
Minute *f.* / -n	186
Misserfolg *m.* / -e	205
mit	192

Mitarbeiter *m.* / —	36
mitbringen	61
Mitglied *n.* / -er	36
Mitgliedstaat *m.* / -en	150
mitnehmen	51
Mitschüler *m.* / —	69
Mittag *m.* / -e	116, 187
Mittagessen *n.* / —	102
mittags	187
Mittel *n.* / —	140
Mittelalter *n.*	161
mitten	117
Mittwoch *m.*	184
mittwochs	184
Möbel *pl.*	20
Modegeschäft *n.* / -e	82
mögen	10
möglich	199
möglicherweise	191
Moment *m.* / -e	43
momentan	35
Monat *m.* / -e	183, 185
monatig	183
monatlich	183
Monatsgehalt *n.* / -gehälter	34
Mönch *m.* / -e	163
Mond *m.*	179
Montag *m.*	184
montags	184
Mord *m.* / -e	123
Mörder *m.* / —	123
Morgen *m.* / —	116, 187
morgen	184
Moral *f.*	156
morgens	89, 116, 187
morgig	184
Moschee *f.* / -n	163
Moslem *m.* / -s	162
Motorrad *n.* / -räder	128
Motorroller *m.* / —	128
Mücke *f.* / -n	201
müde	117
Mühe *f.* / -n	42

Müll m. ... 23, 177
Müllabfuhr f. ... 177
Mülltonne f. / -n ... 177
Mund m. ... 136
mündlich ... 79
Münze f. / -n ... 120
Museum n. / Museen ... 54, 169
Musik f. ... 54, 58, 76
musikalisch ... 59
Musiker m. / — ... 58
Musikinstrument n. / -e ... 58
Muskel m. / -n ... 137
Müsli n. ... 101
Mut m. ... 205
mutig ... 198
Mutter f. / Mütter ... 12
Muttersprache f. / -n ... 76

N

nach ... 192
Nachbar m. / -n ... 17
Nachbarschaft f. ... 27
nachdem ... 195
Nachmittag m. / -e ... 117
nachmittags ... 187
Nachricht f. / -en ... 39, 125
Nachrichten pl. (→ Nachricht) ... 117, 151
nachschlagen ... 68
Nachspeise f. / -n ... 107
Nacht f. / Nächte ... 117, 187
Nachteil m. / -e ... 205
Nachtisch m. ... 107
nachts ... 187
nah ... 27
Name m. / -n ... 10
Nase f. / -n ... 137
nass ... 196
Nation f. / -en ... 150
national ... 150
Nationalfeiertag m. / -e ... 63
Nationalsozialismus m. ... 161
Natur f. ... 176
Naturkatastrophe f. / -n ... 179
natürlich ... 199

Naturwissenschaften pl. ... 77
neben ... 170, 193, 194
Nebenfach n. / -fächer ... 77
Nebenkosten pl. ... 26
Neffe m. / -n ... 13
Nelke f. / -n ... 202
nervös ... 145
nett ... 16, 198
netto ... 35
neu ... 19, 197
Neujahr n. ... 63
neulich ... 190
Neuzeit f. ... 161
Nichte f. / -n ... 13
Nichtraucher m. / — ... 133
nie ... 189
niedergeschlagen ... 145
niedrig ... 19, 143, 196
niemals ... 189
niemand ... 17, 43
nirgends ... 188
nirgendwo ... 188
nirgendwohin ... 188
noch ... 107, 189
noch einmal ... 43, 70
Nonne f. / -n ... 163
Norden m. ... 179
Nordpol m. ... 175
normalerweise ... 189
Norwegen n. ... 149
Notarzt m. / -ärzte ... 139
Notausgang m. / -ausgänge ... 133
Note f. / -n ... 78
Notebook n. / -s ... 38
Noten pl. ... 58
notieren ... 71
nötig / notwendig ... 197
November m. ... 185
Nudeln pl. ... 106
Nummer f. / -n ... 124
nun ... 190
nur ... 100, 190
Nutzer m. / — ... 38

nützlich	197

O

ob	195
oben	188
Ober *m.* / —	104
Oberkörper *m.*	136
Oberschule *f.* / -n	66
Oboe *f.* / -n	58
Obst *n.*	85, 89, 100
Obstkuchen *m.*	108
obwohl	195
oder	195
Ofen *m.* / Öfen	21, 22
offen	18, 198
öffentlich	127
öffnen	82
oft	189
ohne	193
Ohr *n.* / -en	137
Ohrring *m.* / -e	94
Oktober *m.*	185
Oktoberfest *n.*	63
Öl *n.* / -e	85, 110
Olympiade *f.* / -n	56
Oma *f.* / -s	12
Omelette *f.* / -n	101
Onkel *m.* / —	13
Opa *m.* / -s	12
Oper *f.* / -n	54
Operation *f.* / -en	140
operieren	140
Opernhaus *n.* / -häuser	168
Opfer *n.* / —	123
Opposition *f.* / -en	152
optimistisch	145
Orange *f.* / -n	89
orange	197
Orangensaft *m.*	107, 109
Orchester *n.* / —	58
Orchidee *f.* / -n	202
Organ *n.* / -e	137
organisieren	32, 34
Orgel *f.* / -n	59
Ort *m.* / -e	167
Ortschaft *f.* / -en	172
Ortsgespräch *n.* / -e	124
Osten *m.*	179
Ostern *n.*	63
Österreich *n.*	148
oval	196
Ozean *m.* / -e	174

P

Paar *n.*	91
Päckchen *n.* / —	96, 119
packen	46
Packung *f.* / -en	96
Pädagogik *f.*	77
Paket *n.* / -e	119
Papier *n.*	68, 93
Papiertaschentuch *n.* / -tücher	94
Pappel *f.* / -n	202
Paprika *m.*	88
Papst *m.* / Päpste	162
Park *m.* / -s	55, 169
parken	129
Parkhaus *n.* / -häuser	169
Parkplatz *m.* / -plätze	129
Parkuhr *f.* / -en	129
Parkverbot *n.*	129
Partei *f.* / -en	152
Partnerstadt *f.* / -städte	166
Party *f.* / -s	55, 60
Pass *m.* / Pässe	50
Passamt *n.* / -ämter	155
passen	95
passiv	198
Passwort *n.* / -wörter	38
Pastete *f.* / -n	106
Patient *m.* / -en	139
Pauke *f.* / -n	59
Pause *f.* / -n	35, 69
Pazifik *m.*	175
Pech *n.*	205
Pension *f.* / -en	53
perfekt	148
Person *f.* / -en	16

Personalabteilung *f.* / -en ·············· 41
persönlich ·············· 11
Persönlichkeit *f.* ·············· 205
pessimistisch ·············· 145
Petersilie *f.* ·············· 88
Pfanne *f.* / -n ·············· 22
Pfarrer *m.* / — ·············· 162
Pfeffer *m.* ·············· 110
Pferd *n.* / -e ·············· 172, 200
Pfingsten *n.* ·············· 63
Pflanze *f.* / -n ·············· 202
pflanzen ·············· 202
Pflaster *n.* ·············· 140
Pflaume *f.* / -n ·············· 89
pflegen ·············· 139
Pflicht *f.* / -en ·············· 150, 156
Pfund *n.* ·············· 96
Pharmazie *f.* ·············· 77
Philosophie *f.* ·············· 77
Physik *f.* ·············· 76, 77
Pilot *m.* / -en ·············· 31, 130
Pilsener Bier *n.* ·············· 107
Pilz *m.* / -e ·············· 88
Pizzeria *f.* / -s ·············· 102
Pkw (Personenkraftwagen) *m.* / -s ·············· 129
Plan *m.* / Pläne ·············· 47
Platz *m.* / Plätze ·············· 104, 167
Plätzchen *pl.* ·············· 90
plötzlich ·············· 190
Polen *n.* ·············· 149
Politik *f.* ·············· 152
Politiker *m.* / — ·············· 153
politisch ·············· 152
Polizei *f.* ·············· 122
Polizist *m.* / -en ·············· 31, 122
Pommes frites *pl.* ·············· 106
Popmusik *f.* ·············· 59
Porto *n.* ·············· 119
Portugal *n.* ·············· 148
Posaune *f.* / -n ·············· 59
Post *f.* ·············· 118
Postamt *n.* / -ämter ·············· 118
Postkarte *f.* / -n ·············· 119
Postleitzahl *f.* / -en ·············· 118
Praktikant *m.* / -en ·············· 30
Praktikum *n.* / Praktika ·············· 30, 74
praktisch ·············· 139, 199
Pralinen *pl.* ·············· 60
Praxis *f.* / Praxen ·············· 139
Preis *m.* / -e ·············· 97
preiswert ·············· 97, 197
Priester *m.* / — ·············· 162
Prinz *m.* / -en ·············· 160
Prinzessin *f.* / -nen ·············· 160
pro ·············· 97
proben ·············· 58
Problem *n.* / -e ·············· 151
Produkt *n.* / -e ·············· 35, 159
Produktion *f.* ·············· 35, 159
produzieren ·············· 35, 159
Professor *m.* / -en ·············· 72
Programm *n.* / -e ·············· 39
Programmierer *m.* / — ·············· 31
Prospekt *m.* / -e ·············· 52
prost ·············· 60
Protestant *m.* / -en ·············· 162
protestantisch ·············· 162
Prüfung *f.* / -en ·············· 79
Psychologie *f.* ·············· 77
Pullover *m.* / — ·············· 95
Pulver *n.* / — ·············· 140
Punkt *m.* / -e ·············· 78
pünktlich ·············· 34
putzen ·············· 20, 25

Q

Querflöte *f.* / -n ·············· 59
Quittung *f.* / -en ·············· 97

R

Radiergummi *m.* / -s ·············· 92
Radio *n.* / -s ·············· 21
Radtour *f.* / -en ·············· 55
Radweg *m.* / -e ·············· 171
rasen ·············· 129
Rasierapparat *m.* / -e ·············· 25
rasieren (sich) ·············· 25, 116
Raststätte *f.* / -n ·············· 129

Rat *m.*	205	Reisepass *m.* / -pässe	50
Rathaus *n.* / -häuser	154, 168	Reisescheck *m.* / -s	121
Raubtier *n.* / -e	200	Reisetasche *f.* / -n	46
rauchen	133, 142	reiten	57
Raucher *m.* / —	133	Religion *f.* / -en	162
Raum *m.* / Räume	20	religiös	162
Reaktorunfall *m.* / -unfälle	179	renovieren	26
Realschule *f.* / -n	67	Renovierung *f.* / -en	26
rechnen	70	Reparatur *f.* / -en	97
Rechner *m.* / —	39	Reptil *n.* / -ien	201
Rechnung *f.* / -en	97	reservieren	52, 104
recht	170	reserviert	133
Recht *n.* / -e	150, 156	Restaurant *n.* / -s	103, 104
rechts	170, 188	Rettich *m.* / -e	88
Rechtsanwalt *m.* / -anwälte	31, 157	Rettungswagen *m.* / —	138
Rechtsverkehr *m.*	128	Revolution *f.* / -en	161
Recycling *n.*	177	Rezept *n.* / -e	141
Rede *f.* / -n	153	Rezeption *f.* / -en	52
reduziert	87	rezeptpflichtig	141
Referat *n.* / -e	74	Richter *m.* / —	157
Regal *n.* / -e	21, 85	richtig	79, 199
Regel *f.* / -n	205	riesig	56
regelmäßig	55, 189	Rind *n.* / -er	173
Regen *m.*	178	Rinderfilet *n.* / -s	106
Regenbogen *m.*	178	Rindfleisch *n.*	91
Regenschirm *m.* / -e	178	Ring *m.* / -e	94
Regenzeit *f.*	178	Rippe *f.* / -n	137
regieren	152	Ritter *m.* / —	161
Regierung *f.* / -en	152	Rock *m.* / Röcke	95
Regierungspartei *f.* / -en	152	Rockmusik *f.*	59
Regisseur *m.* / -e	31	roh	91
regnen	178	Rolltreppe *f.* / -n	87
Reich *n.* / -e	160	Roman *m.* / -e	93
reich	198	rosa	197
Reichtum *m.* / -tümer	205	Rose *f.* / -n	202
Reihenhaus *n.* / -häuser	168	rösten	111
reinigen	20	rot	136, 197
Reis *m.*	85, 106	Rotwein *m.*	107
Reise *f.* / -n	46, 50	Rücken *m.* / —	137
Reisebüro *n.* / -s	50	Rückfahrkarte *f.* / -n	126
Reiseführer *m.* / —	51, 93	Rucksack *m.* / -säcke	46
reisen	46	rufen	105, 122
Reisende *m., f.* / -n	51	ruhig	27, 145, 198

Rührei n. / -er ··· 101
rund ··· 136, 196
Russland n. ··· 149

S

Saft m. / Säfte ··· 100, 107
Sahne f. ··· 109
Sahnetorte f. / -n ··· 108
Salat m. / -e ··· 107
Salz n. ··· 85, 110
salzen ··· 110
salzig ··· 196
sammeln ··· 55
Samstag / Sonnabend m. ··· 184
samstags / sonnabends ··· 184
Sandalen pl. ··· 95
sanft ··· 196
Sardine f. / -n ··· 201
satt ··· 61
Satz m. / Sätze ··· 70
sauber ··· 22
sauber machen ··· 20
sauer ··· 111, 196
Sauerkraut n. ··· 106
Säugetier n. / -e ··· 200
scannen ··· 38
Scanner m. / — ··· 38
Schach n. ··· 55
Schaf n. / -e ··· 173, 200
Schal m. / -s ··· 94
Schale f. / -n ··· 113
Schalter m. / — ··· 37, 118, 121
scharf ··· 23, 111, 196
Schaufenster n. / — ··· 83
Schauspieler m. / — ··· 31
Schauspielerin f. / -nen ··· 31
Scheibe f. / -n ··· 91, 96, 101
Schein m. / -e ··· 120
scheinen ··· 178
schenken ··· 61
Schere f. / -n ··· 92
scheu ··· 198
schicken ··· 33, 39, 119
Schiedsrichter m. / — ··· 56

schießen ··· 56
Schiff n. / -e ··· 130
Schildkröte f. / -n ··· 201
Schinken m. ··· 91
Schintoismus m. ··· 163
schintoistisch ··· 163
Schirm m. / -e ··· 94
schlafen ··· 117
Schlafstadt f. / -städte ··· 167
Schlafwagen m. / — ··· 127
Schlafzimmer n. / — ··· 19
Schlagzeug m. ··· 59
Schlange f. / -n ··· 201
schlank ··· 136, 196
schlecht ··· 199
schließen ··· 82
schließlich ··· 190
schlimm ··· 199
Schloss n. / Schlösser ··· 55
Schluss m. ··· 205
Schlüssel m. / — ··· 18, 52
schmal ··· 19, 27, 196
schmecken ··· 111
Schmerzen pl. ··· 143
Schmetterling m. / -e ··· 201
schminken ··· 117
Schmuck m. ··· 94
Schnaps m. ··· 107
Schnecke f. / -n ··· 200
Schnee m. ··· 178
schneiden ··· 91
schneien ··· 178
schnell ··· 196
Schnellzug m. / -züge ··· 126
Schnupfen m. ··· 143
Schokolade f. ··· 85
Schokoladeneis n. ··· 107
Schokoladentorte f. ··· 108
schon ··· 189
schön ··· 49, 198
Schrank m. / Schränke ··· 21
schreiben ··· 39, 69
Schreibtisch m. / -e ··· 32

Schreibwarengeschäft *n.* / -e ········· 83, 92
Schrein *m.* / -e ········· 163
schriftlich ········· 79
Schriftsteller *m.* / — ········· 31
Schriftstellerin *f.* / -nen ········· 31
schüchtern ········· 198
Schuh *m.* / -e ········· 95
Schuld *f.* ········· 156, 205
Schule *f.* / -n ········· 66
Schüler *m.* / — ········· 69
Schülerin *f.* / -nen ········· 69
Schulsystem *n.* ········· 66
Schulter *f.* / -n ········· 137
Schultüte *f.* / -n ········· 66
Schüssel *f.* / -n ········· 22, 110
schützen ········· 177
schwach ········· 198
Schwalbe *f.* / -n ········· 201
Schwan *m.* / Schwäne ········· 201
schwarz ········· 197
Schwarzbrot *n.* ········· 90
Schweden *n.* ········· 148
Schwein *n.* / -e ········· 173, 200
Schweinebraten *m.* ········· 106
Schweinefleisch *n.* ········· 91
Schweiz *f.* ········· 148
schwer ········· 46, 79, 96, 142, 196, 199
Schwester *f.* / -n ········· 13
schwierig ········· 79, 199
Schwierigkeit *f.* / -en ········· 79
Schwimmbad *n.* / -bäder ········· 56, 169
schwimmen ········· 48, 56
schwindlig ········· 143
schwül ········· 178, 196
See *m.* / -n ········· 175
See *f.* ········· 174
Seepost *f.* ········· 119
Seezunge *f.* / -n ········· 106, 201
segeln ········· 48, 57
sehen ········· 17
Sehenswürdigkeit *f.* / -en ········· 49
sehr ········· 190
seicht ········· 196

Seife *f.* / -n ········· 25
seit ········· 192
Seite *f.* / -n ········· 71, 170
Sekretär *m.* / -e ········· 31
Sekretärin *f.* / -nen ········· 31
Sekt *m.* ········· 107
Sekunde *f.* / -n ········· 186
Selbstbedienung *f.* ········· 86
selbstständig ········· 31
selten ········· 189
Semester *n.* / — ········· 74
Semesterferien *pl.* ········· 47
Seminar *n.* / -e ········· 75
senden ········· 39
Senf *m.* ········· 111
September *m.* ········· 185
Sessel *m.* / — ········· 21
setzen (sich) ········· 42, 69
Shampoo *n.* ········· 24
sicher ········· 191, 199
Sicherheit *f.* ········· 150
Silber *n.* ········· 203
silbern ········· 197
Silvester *m.*, *n.* ········· 63
singen ········· 58
sitzen ········· 69
Sitzung *f.* / -en ········· 33
Ski *m.* ········· 49, 57
Smartphone *n.* / -s ········· 39, 125
Smog *m.* ········· 177
Snowboard *n.* / -s ········· 57
Socke *f.* / -n ········· 95
Sofa *n.* / -s ········· 20
Software *f.* ········· 39
Sohn *m.* / Söhne ········· 12
Sojasoße *f.* / -n ········· 111
Solarenergie *f.* ········· 176
Sommer *m.* ········· 186
Sommerferien *pl.* ········· 47
Sommerschlussverkauf *m.* ········· 87
Sommersemester *n.* ········· 74
Sonderangebot *n.* / -e ········· 85
sondern ········· 195

Sonne f. ... 48, 178
Sonnenblume f. / -n ... 202
Sonnenenergie f. ... 176
Sonnenschirm m. / -e ... 48
sonnig ... 178
Sonntag m. ... 184
sonntags ... 184
sonst ... 85
Sorbet n. ... 107
Sorge f. / -n ... 205
sorgen ... 15
Soße f. / -n ... 111
Souvenir n. / -s ... 49
Souvenirgeschäft n. / -e ... 49
Sozialismus m. ... 150
sozialistisch ... 150
Sozialwissenschaften pl. ... 77
Soziologie f. ... 77
Spanien n. ... 148
Spanisch n. ... 76
spannend ... 93, 199
sparen ... 121
Spargel m. ... 88
Spargelsuppe f. / -n ... 106
Spaß m. ... 63
spät ... 116
später ... 43, 190
Spatz m. / -en ... 201
spazieren gehen ... 55
Spaziergang m. / -gänge ... 55
speichern ... 39
Speisekarte f. / -n ... 106
Speisewagen m. / — ... 127
Sperre f. / -n ... 126
Spezialität f. / -en ... 106
Spiegel m. / — ... 25
Spiegelei n. / -er ... 100
Spiel n. / -e ... 55, 57
spielen ... 57
Spieler m. / — ... 56
Spielplatz m. / -plätze ... 169
Spielwaren pl. ... 86
Spielzeug n. ... 86

Spinat m. ... 88
Spinne f. / -n ... 201
Sport m. ... 56, 76
sportlich ... 57
Sportplatz m. / -plätze ... 56
Sportschuhe pl. ... 94
Sportwagen m. / — ... 128
Sprachkurs m. / -e ... 54
sprechen ... 43
Sprechstunde f. / -n ... 139
Spritze f. / -n ... 141
Spüle f. / -n ... 22
Staat m. / -en ... 150
staatlich ... 150
Staatsangehörigkeit f. / -en ... 51, 155
Staatsanwalt m. / -anwälte ... 157
Staatsbesuch m. / -e ... 151
Stäbchen n. / — ... 112
Stadion n. / Stadien ... 56
Stadt f. / Städte ... 166
Stadtbummel m. ... 55
städtisch ... 166
Stadtmauer f. / -n ... 169
Stadtmitte f. / -n ... 27, 166
Stadtplan m. / -pläne ... 51
Stadtrand m. ... 27
Stadtrundfahrt f. / -en ... 49
Stadtteil m. / -e ... 167
Stadtviertel n. / — ... 167
Stadtzentrum n. / -zentren ... 166
Stahl m. ... 203
Stall m. / Ställe ... 172
Standesamt n. / -ämter ... 154
stark ... 198
Start m. / -s ... 130
starten ... 130
statt ... 192
stattfinden ... 41
Stau m. / -s ... 129
Staubsauger m. / — ... 20
stehen ... 95
stehlen ... 122
steigen ... 158

231

Stein *m.* / -e	203	Summe *f.*	97
Stelle *f.* / -n	30, 40	super	89
stellen	113	Supermarkt *m.* / -märkte	82, 84
Stellenangebot *n.* / -e	40	Suppe *f.* / -n	100, 106
sterben	14	süß	111, 196
Stereoanlage *f.* / -n	21	Süßigkeiten *pl.*	85
Stern *m.* / -e	179	Symphonie *f.* / -n	59
Steuer *f.* / -n	34, 159	Synagoge *f.*	163
Stiefel *m.* / —	95		

T

still	27, 196	Tabelle *f.* / -n	38
Stimme *f.* / -n	58, 153	Tablette *f.* / -n	140
stimmen	79	Tafel *f.* / -n	69
Stipendium *n.* / -dien	75	Tag *m.* / -e	116, 182
Stirn *f.*	136	Tagesmenü *n.* / -s	74
Stock *m.* / Stöcke	19	tägig	182
Stollen *m.* / —	62	täglich	182
Stolz *m.*	205	Taifun *m.* / -e	179
Strafe *f.* / -n	123, 157	Taille *f.* / -n	136
Straftat *f.* / -en	123	Tal *n.* / Täler	174
Strand *m.* / Strände	48	tanken	128
Straße *f.* / -n	128, 167	Tankstelle *f.* / -n	128
Straßenbahn *f.* / -en	126	Tanne *f.* / -n	202
streng	16, 36, 198	Tante *f.* / -n	13
Strom *m.*	23, 175	tanzen	55
Strumpf *m.* / Strümpfe	95	Tasche *f.* / -n	84
Stück *n.*	96	Taschenbuch *n.* / -bücher	93
Student *m.* / -en	10, 73	Taschendieb *m.* / -e	122
Studentenleben *n.*	74	Taschenlampe *f.* / -n	94
Studentenlokal *n.* / -e	103	Tasse *f.* / -n	109, 113
Studentenwohnheim *n.* / -e	72, 74	Tastatur *f.* / -en	38
Studentin *f.* / -nen	10	Taste *f.* / -n	38
Studienfach *n.* / -fächer	77	Täter *m.* / —	122
Studienjahr *n.* / -e	74	tätig	36
studieren	10	Taube *f.* / -n	201
Studium *m.* / Studien	67	tauchen	48
Stuhl *m.* / Stühle	68	Taxi *n.* / -s	168
Stunde *f.* / -n	117, 186	Taxifahrer *m.* / —	31
Stundenlohn *m.* / -löhne	34	Taxistand *m.* / -stände	168
Stundenplan *m.* / -pläne	68	Team *n.* / -s	57
Sturm *m.* / Stürme	179	Tee *m.*	84, 100, 109
suchen	26, 40	Teekanne *f.* / -n	113
Süden *m.*	179	Teelöffel *m.* / —	113
Südpol *m.*	174	Teil *m.* / -e	205

teilnehmen	49	Toilettenpapier *n.*	94
Telefon *n.* / -e	32, 124	Tomate *f.* / -n	89
Telefonapparat *m.* / -e	125	Tomatensaft *m.*	107
Telefonbuch *n.* / -bücher	124	Tomatensalat *m.*	107
Telefongebühr *f.* / -en	124	Tomatensoße *f.*	111
telefonieren	32, 124	Tomatensuppe *f.*	106
telefonisch	125	Topf *m.* / Töpfe	22
Telefonnummer *f.* / -n	43, 124	Tor *n.* / -e	56, 168
Telefonzelle *f.* / -n	124, 169	Torte *f.* / -n	90, 108
Telegramm *n.* / -e	119	Torwart *m.* / -e	56
Teller *m.* / —	113	tot	14
Tempel *m.* / —	163	töten	123
Temperatur *f.* / -en	179	Tourist *m.* / -en	49
Tennis *n.*	57	traditionell	103
Teppich *m.* / -e	20	tragen	34
Termin *m.* / -e	33, 116	trainieren	56
Terrasse *f.* / -n	18	Training *n.*	56
Tesafilm *m.*	92	Trauben *pl.*	89
Test *m.* / -s	79	Traubensaft *m.*	109
teuer	97, 197	Trauer *f.*	205
Text *m.* / -e	70	Traum *m.* / Träume	117
Theater *n.* / —	54, 168	träumen	117
Thema *n.* / Themen	71	traurig	144
theoretisch	199	treffen	17, 116
Thunfisch *m.* / -e	201	treiben	55, 159
Ticket *n.* / -s	59	trennen	177
tief	48, 196	trennen (sich)	15
Tiefkühlkost *f.*	85	Treppe *f.* / -n	19
Tier *n.* / -e	200	trinken	100
Tierpark *m.* / -s	169	Trinkgeld *n.* / -er	105
Tiger *m.* / —	200	trocken	111, 196
Tintenfisch *m.* / -e	201	trocknen	25
tippen / eintippen	38	Trompete *f.* / -n	58
Tisch *m.* / -e	21, 112	Tropen *pl.*	175
Tischdecke *f.* / -n	112	tropisch	175
Tischtennis *n.*	57	trotz	192
Titel *m.* / —	73	trotzdem	195
Toast *m.* / -s	101	trübe	197
Toaster *m.* / —	23	T-Shirt *n.* / -s	94
Tochter *f.* / Töchter	12	Tsunami *m.*	179
Tochtergesellschaft *f.* / -en	37	Tulpe *f.* / -n	202
Tod *m.*	14	Tür *f.* / -en	18
Toilette *f.* / -n	19	Türkei *f.*	149

Turm *m.* / Türme	169
turnen	57
Turnhalle *f.* / -n	57
Tüte *f.* / -n	84

U

U-Bahn *f.* / -en	126
U-Bahn-Station *f.* / -en	168
übel	143
üben	58, 70
über	193, 194
überall	188
Überfall *m.* / -fälle	122
überhaupt nicht	189
überholen	128
übermorgen	184
übernachten	52
Übernachtung *f.* / -en	52
überqueren	171
überrascht	145
übersetzen	70
Überstunden *pl.*	33
überweisen	120
Überzeugung *f.*	205
Übung *f.* / -en	70, 74
Uhr *f.* / -en	20, 186
Uhrzeit *f.* / -en	186
um	193, 194
umbringen	123
Umgebung *f.*	167
umsteigen	127
umwechseln	121
Umwelt *f.*	177
Umweltbewusstsein *n.*	177
umweltfreundlich	177
Umweltproblem *n.* / -e	177
Umweltschutz *m.*	177
Umweltverschmutzung *f.*	177
Umweltzerstörung *f.*	177
umziehen	27
Umzug *m.* / -züge	27
unbedingt	191
unbekannt	198
unbeliebt	198
und	195
unentschieden	57
Unfall *m.* / -fälle	128, 138
unfreundlich	198
ungefähr	191
ungenügend	78
ungesund	142
Unglück *n.*	205
unglücklich	144
ungünstig	199
Uni *f.* / -s	72
Unifest *n.* / -e	63
Universität *f.* / -en	67, 72
Unkraut *n.*	202
unmöglich	199
unmusikalisch	59
unnötig	197
unser	11
unten	188
unter	193, 194
Untergeschoss *n.*	86
unterhalten (sich)	60
Unterkörper *m.*	136
Unterlagen *pl.*	32, 155
Unternehmen *n.* / —	37, 159
Unternehmer *m.* / —	36
Unterricht *m.*	70
unterrichten	70
Unterschied *m.* / -e	205
unterschreiben	121, 155
Unterschrift *f.* / -en	121, 155
untersuchen	141
Untersuchung *f.* / -en	141
Untertasse *f.* / -n	113
Unterwäsche *f.*	95
unwohl	143, 144
unzufrieden	144
Urlaub *m.* / -e	47
Urlaubsreise *f.* / -n	47
Ursache *f.* / -n	205
Urteil *n.* / -e	157

V

Vanilleeis *n.*	107

Vater *m.* / Väter	12
Veilchen *n.* / —	202
Verabredung *f.* / -en	33
verabschieden	61
veranstalten	62
Veranstaltung *f.* / -en	62
Verantwortung *f.*	34, 205
Verband *m.* / -bände	141
verbinden	43, 141
Verbot *n.* / -e	205
verbrauchen	159
Verbraucher *m.* / —	159
Verbrechen *n.* / —	123
Verbrecher *m.* / —	123
verbringen	48
verdienen	35
Verein *m.* / -e	57
Vergangenheit *f.*	205
vergessen	71
vergesslich	198
Vergnügen *n.*	63
Vergnügungsviertel *n.* / —	167
verhaften	122
verhandeln	151
Verhandlung *f.* / -en	151, 157
verheiratet	15, 155
verkaufen	87
Verkäufer *m.* / —	83
Verkäuferin *f.* / -nen	83
Verkehr *m.*	129
verkehrsgünstig	27
Verkehrsmittel *n.* / —	127
Verkehrszeichen *n.* / —	129
Verlag *m.* / -e	37
verlängern	155
verlassen	116
verletzen (sich)	138
verletzt	138
Verletzte *m., f.* / -n	138
verlieren	57
vermieten	26
Vermieter *m.* / —	26
Vernunft *f.*	205
verpassen	116
verreisen	46
verschieden	199
verschlossen	198
Versicherung *f.* / -en	37
Verspätung *f.*	127
Verstand *m.*	205
Verständnis *n.*	205
verstehen	70
Verstopfung *f.*	143
verteidigen	150
Verteidiger *m.* / —	157
Verteidigung *f.*	150
Vertrag *m.* / -träge	151
verurteilen	157
verwählen (sich)	43, 125
Verwaltung *f.* / -en	154
verwandt	13
Verwandte *m., f.* / -n	13
verwelken	202
verwitwet	14
Verzeihung *f.*	43
verzollen	51
Verzweiflung *f.*	205
Videogerät *n.* / -e	21
Vieh *n.*	173
viel	190
vielleicht	191
viereckig	196
vierfach	191
Viertel *n.* / —	191
Villa *f.* / Villen	168
violett	197
Violine *f.* / -n	58
Visitenkarte *f.* / -n	42
Visum *n.* / Visa	51, 155
Vogel *m.* / Vögel	12, 201
Volk *n.* / Völker	150
Volksfest *n.* / -e	63
Volkshochschule *f.* / -n	67
voll	199
Volleyball *m.*	56
von	192, 194

von ... bis	139	waschen	21, 24, 116
vor	193, 194	Waschmaschine *f.* / -n	21
vor kurzem	190	Waschpulver *n.*	94
vorbereiten	70	Wasser *n.*	24
Vorgesetzte *m., f.* / -n	36	Wasserkraftwerk *n.* / -e	176
vorgestern	184	Wassermelone *f.* / -n	89
vorhaben	60	WC *n.* / -s	132
Vorhang *m.* / -hänge	20	Webseite *f.* / -n	39
Vorlesung *f.* / -en	75	Wechselgeld *n.*	97
Vormittag *m.* / -e	117, 187	Wechselkurs *m.*	121
vormittags	187	wechseln	40, 50
vorn	188	wecken	53
Vorname *m.* / -n	10, 155	Weg *m.* / -e	27, 167, 171
Vorort *m.* / -e	167	wegen	192
Vorschlag *m.* / -schläge	205	weh tun	136, 143
Vorsicht *f.*	132, 133, 205	weiblich	155
Vorspeise *f.* / -n	106	weich	101, 196
vorstellen	42	Weihnachten *n.*	62
Vorstellungsgespräch *n.* / -e	41	Weihnachtsmarkt *m.* / -märkte	62
Vorteil *m.* / -e	205	weil	195
Vortrag *m.* / -träge	54, 74	Wein *m.* / -e	60, 107
Vorwahl *f.* / -en	124	weinen	145

W

		Weinglas *n.* / -gläser	112
wachsen	158, 202	Weinkeller *m.* / —	103
Wachstum *n.*	158	Weisheit *f.*	205
Wagen *m.* / —	128	weiß	136, 197
Wahl *f.* / -en	153	Weißbrot *n.*	90
wählen	104, 124, 153	Weißwein *m.*	107
Wahlrecht *n.*	153	weit	171, 174, 196
wahr	199	Weltall *n.*	179
während	192, 195	Weltgeschichte *f.*	160
wahrscheinlich	191	Weltkrieg *m.* / -e	161
Währung *f.* / -en	159	Weltstadt *f.* / -städte	166
Wal *m.* / -e	201	wenig	190
Wald *m.* / Wälder	175	wenn	195
Wand *f.* / Wände	18	werfen	119
wandern	49	Werkstatt *f.* / -stätten	34
Wanderung *f.* / -en	49	wertlos	197
Ware *f.* / -n	35, 86	wertvoll	197
warm	24, 179, 196	Westen *m.*	179
warum	69	Wetter *n.*	178
Waschbecken *n.* / —	25	Wetterbericht *m.*	178
Wäsche *f.*	21	Wettervorhersage *f.*	178

wichtig	35	Wolf *m.* / Wölfe	200
Widerstand *m.* / -stände	205	Wolke *f.* / -n	178
wiederholen	70	womit	42, 194
wiedersehen	17	woneben	194
Wiedersehen *n.*	17	woran	194
Wiedervereinigung *f.*	161	worauf	194
wiegen	96	worin	194
Wiener Schnitzel *n.*	106	Wort *n.* / Wörter	70
willkommen	61	Wörterbuch *n.* / -bücher	68, 93
Wind *m.*	178	worüber	73, 194
Windenergie *f.*	176	worum	194
windig	178	worunter	194
Winter *m.*	186	wovon	194
Winterferien *pl.*	47	wovor	194
Winterschlussverkauf *m.*	87	wozu	194
Wintersemester *n.*	75	wozwischen	194
Wintersport *m.*	57	Wunde *f.* / -n	141
wirklich	199	Wunsch *m.* / Wünsche	205
Wirtschaft *f.*	77, 158	wünschen	61, 104
wirtschaftlich	158	Wurst *f.* / Würste	91
Wissen *n.*	205	Würstchen *n.* / —	91, 106
Wissenschaftler *m.* / —	72	Wurzel *f.* / -n	202
wo	188	würzen	110
wobei	194	Wut *f.*	145, 205
Woche *f.* / -n	182	wütend	145

Y

Yen *m.*	159

Z

Wochenende *n.* / -n	185		
Wochentag *m.* / -e	184		
wöchentlich	182		
wöchig	182	zahlen	97, 105
wodurch	194	zählen	69
wofür	194	Zahn *m.* / -Zähne	136
wogegen	194	Zahnarzt *m.* / -ärzte	139
woher	188	Zahnbürste *f.* / -n	25
wohin	188	Zähne *pl.* (→ Zahn)	25, 116
wohinter	194	Zahnpasta *f.*	25
wohl	144, 191	Zahnschmerzen *pl.*	143
wohnen	11, 18	Zebra *n.* / -s	200
Wohngegend *f.* / -en	27	Zebrastreifen *m.*	171
Wohngemeinschaft *f.* / -en	74	Zeder *f.* / -n	202
Wohnort *m.* / -e	11, 155	Zehe *f.* / -n	136
Wohnung *f.* / -en	18	zeichnen	54
Wohnviertel *n.* / —	167	Zeit *f.*	117
Wohnzimmer *n.* / —	19	Zeitschrift *f.* / -en	93

Zeitung f. / -en	37, 93	zuerst	190
Zensur f. / -en	78	zufällig	190
Zentimeter m. / —	96	zufrieden	144
Zentrum n. / Zentren	27	Zufriedenheit f.	144, 205
Zeuge m. / -n	122, 157	Zug m. / Züge	127
Zeugnis n. / -se	78	zugreifen	61
Ziege f. / -n	173, 200	zuhören	71
ziehen	132	Zukunft f.	205
ziemlich	178	zuletzt	190
Zigaretten pl.	84	zum Wohl	60
Zimmer n. / —	19, 20	zumachen	18
Zimmernummer f. / -n	53	zunehmen	142
Zimmersuche f.	26	zurückgeben	73
Zins m. / -en	158	zurückhaltend	198
Zitrone f. / -n	88	zurückkommen	47
Zoll m. / Zölle	51, 159	zurückrufen	43, 125
Zollbeamte m. / -n	50	zusammen	26, 105
zollfrei	51	zuvor	190
Zoo m. / -s	55, 169	zweifach	191
Zorn m.	145	Zweifel m. / —	205
zornig	145	Zweig m. / -e	202
zu	190, 192, 194	zweimal	189
züchten	173	Zwiebel f. / -n	88
Zucker m.	85, 100, 110	zwischen	51, 170, 193, 194

■著者

ヴォルフガング・シュレヒト（WOLFGANG SCHLECHT）

早稲田大学名誉教授。

専門は日本文学で、ドイツ語圏に日本文学を紹介し、『春雨物語』（上田秋成）、『キッチン』（吉本ばなな）、『神様のボート』（江國香織）などの独訳に携わる。近年は井上ひさしの戯曲などの翻訳を行っている。2022年に完成した、『和独大辞典（全3巻）』（iudicium）の監修・執筆に携わった。

著書に『独検3・4級突破単語集』『気持ちを伝えるドイツ語』『ドイツ語ミニフレーズ25』（三修社）など多数。

木川弘美（きがわ・ひろみ）

清泉女子大学教授。

専門は北方ルネサンス美術史。近年は、マンガなどさまざまな視覚芸術を研究対象としている。『日独交流150年の軌跡』（日独交流史編集委員会編）の論文訳や、展覧会カタログの翻訳なども行っている。

著書に『北方近世美術叢書』シリーズや、『異世界への憧憬：ヒエロニムス・ボスの三連画を読み解く』（ありな書房）などがある。

■イラスト

朝倉亜美（あさくら・あみ）

Webディレクター／イラストレーター。1981年長野県生まれ。2001年桑沢デザイン研究所卒。Webコンサルティング会社を経て、現在、フリーランス。Webサイトのディレクションやデザインを中心に、ロゴやパッケージ、広告やイラストレーションなどを多く手がける。

https://satoami.com/

よく出る分野をまとめて覚える
独検イラスト単語集　2・3・4級レベル

2014年4月10日　第1刷発行
2023年7月10日　第3刷発行

著　者　ヴォルフガング・シュレヒト
　　　　木川弘美
発行者　前田俊秀
発行所　株式会社　三　修　社
　　　　〒150-0001　東京都渋谷区神宮前2-2-22
　　　　TEL03-3405-4511　FAX03-3405-4522
　　　　https://www.sanshusha.co.jp
　　　振替　　　　　00190-9-72758
　　　印刷・製本　　広研印刷株式会社

©Wolfgang Schlecht, Hiromi Kigawa-Schlecht 2014 Printed in Japan
ISBN978-4-384-05630-3 C1084

[JCOPY]〈出版者著作権管理機構　委託出版物〉
本書の無断複製は著作権法上での例外を除き禁じられています。複製される場合は、
そのつど事前に、出版者著作権管理機構（電話 03-5244-5088 FAX 03-5244-5089
e-mail: info@jcopy.or.jp）の許諾を得てください。

イラスト：朝倉亜美
本文デザイン：ジャレックス
カバーデザイン：山内宏一郎（SAIWAI design）
編集：本多真佑子